幽燕拾珠

金 玲 著

光明日报出版社

图书在版编目（CIP）数据

幽燕拾珠 / 金玲著 . -- 北京：光明日报出版社，
2023. 5

ISBN 978 - 7 - 5194 - 7229 - 0

Ⅰ. ①幽… Ⅱ. ①金… Ⅲ. ①文化史—介绍—北京
Ⅳ. ①K291

中国国家版本馆 CIP 数据核字（2023）第 089167 号

幽燕拾珠

YOUYAN SHIZHU

著　者：金　玲

责任编辑：李　倩　　　　　　　责任校对：李壬杰　乔宇佳
封面设计：中联华文　　　　　　责任印制：曹　净

出版发行：光明日报出版社

地　址：北京市西城区永安路 106 号，100050

电　话：010 - 63169890（咨询），010 - 63131930（邮购）

传　真：010 - 63131930

网　址：http://book.gmw.cn

E - mail：gmrbcbs@gmw.cn

法律顾问：北京市兰台律师事务所龚柳方律师

印　刷：三河市华东印刷有限公司

装　订：三河市华东印刷有限公司

本书如有破损、缺页、装订错误，请与本社联系调换，电话：010 - 63131930

开　本：170mm×240mm

字　数：380 千字　　　　　　　印　张：17.5

版　次：2024 年 1 月第 1 版　　　印　次：2024 年 1 月第 1 次印刷

书　号：ISBN 978 - 7 - 5194 - 7229 - 0

定　价：89.00 元

为了那份深深的挚爱

2006 年 5 月 18 日，世界博物馆日这一天，首都博物馆新馆正式开馆。《北京青年报》用整版篇幅进行了报道，我在读过这些报道后便被吸引走进了新的首都博物馆，同时也开始了我的文物摄影，这是我生活经历中的一个新阶段，带给我极其充实与美好的感受。

为什么这么喜欢博物馆？为什么这么热衷于文物摄影？最初的感觉是因为它们太美了，引得你不由得举起相机。但是古代的美不同于今时的美，有不少在博物馆观看过展品的人都提出过相同的问题：为什么古人做的东西这么美，今人的科技水平这么高，却再也做不出来了？这个问题仿佛难以回答，只能让人无奈地摇摇头，直到我看到古陶文明博物馆馆长路东之先生的一段话我才找到答案。

2007 年夏天，首博举办过一个"古陶文明展"，这个展览对我有着启蒙的作用，不仅让我开始了解古代文明之美，也回答了今人为何再也达不到古人的智慧这个问题。

古陶文明展的内容包括：神与巫的主题——红山时期带有神秘祭祀色彩的人、神、动物，引领着人们去完成探寻中华文明起源的痴心与梦想；黄河古韵——中原绚烂的彩陶文明，不仅登峰造极，也构成了东方艺术和汉语文字的源头之一；泥封探隐——最初的古代印章于方寸之中所保存的大量最原始也最真实的古代印迹，已成为继甲骨文、金文、简牍之后，金石学的又一重要成果；瓦之精英——始于周而造极秦汉的瓦当文化，让我们领略秦汉瓦当所展示的大气与唯美并被深深震撼；砖之荟萃——伴随着先民地面建筑产生而生成的秦砖，不仅猛硕大块，而且留下了足以令后人时常浩叹唏嘘而又无以穷尽的奥妙和美；古陶撷英——华夏先民以陶为依托，将智慧与美发挥得淋漓尽致，以至常常使后人叹为观止，形成了一脉相承而异彩纷呈的陶的文明史。总之，古陶文明博物馆里的东西，都是一些更老、更早的文物，为了收集整理它们，路东之先生放着画展不办，"固执孤旅，低首前行，从来未曾改变过方向！为了能在'理想主义的细瘦行列'中不掉队，我们动用了最大的真诚、智慧和信念，忍受着艰辛、苦闷和孤独，也感知着欢乐、幸福与自豪。"（路东之）

这个展览告诉我们一个内涵，如路东之先生自己所说："我知道在那本不遥远的古代，神是真真切切存在着的，神或者说超人就在人们中间。不像我们今天，神已经远去，世间只有人了，处处都是差异越来越小的人了。在那个时代，人类的精神是那么完整。他们与宇宙和大自然浑然一体，他们可以感知和使用我们今天已经难于感知与使用的智慧，所以我们看到的先民作品是那么浑然那么完整。看看我们这个时代吧，现代文明把我们的精神分割得支离破碎。我们迷失了关于'完整'的记忆和本能。在这个神性远离以至消失泯灭的时代，我们多么需要看到一束来自远古，来自祖先，来自人性自身的神性光芒。它将提示我们对智慧、理想以及崇高感与神秘性的认知和理解。"

终于明白为什么今人不如古人聪明了。是因为我们自身精神世界的支离破碎；是因为蒙蔽我们心灵的层层尘埃，我们自己已经不完整了；更是因为离自然越来越远。我们需要祖先神性光芒的照耀，这一束远古的神性光芒，不是迷信，更不是巫术，它是来自人性本源的、毫无污染的、纯粹的光芒，它来自我们的内心。从此，我迷上了神与巫的主题，它引导着我，开始学会了解历史，并尝试着去回答"我是怎么来的"这一终极问题。

因为拍摄文物，我开始产生兴趣去了解它们背后的事情。北京的那些文物不再是一件件孤立的东西，历史也不再是零散的碎片，我从对文物单纯的欣赏喜爱迈步到历史的长河之中，文物的美与历史融会贯通，使我对它们美的理解有了深度，有了厚度，并让我懂得了更多的道理。一年又一年，一天又一天，我背着那台普通的佳能单反，用始终伴随我的那几只定焦镜头，记录下一个个、一尊尊文物，为它们编写短文，叙述它们的历史，讴歌它们的美，这一过程带给了我极大的乐趣，充实了我的生活，滋养了我的生命。

历史是一面镜子，更是一把护佑心灵的大伞，我们只有把自己放到历史的长河之中，才是一滴永远也不会干掉的水，才不会对生命发出无奈的喟叹。博物馆以文物的形式让我们更直观、更具欣赏性地了解历史，它所提供的独特的环境，恐怕是其他场所难以比肩的。奥运期间首博开办了五大联展，人们不惜花几小时排队等待，只为一睹五千年文明瑰宝。更可喜的是，越来越多的年轻人走进博物馆，不仅怀有对历史文化的热爱之情，而且还颇具专业水平和认知深度。他们以越来越沉稳的心态以及越来越专业的水平，加入欣赏、钻研文物的队伍。一位在校研究生在参观首博时说："中国在不久之后，一定会再出现那些书香门第的。"这种对文化传承的自信，是最为可贵、也是最让人充满希望的。文化的裂缝正在弥合，博物馆在文化传承与发展中起着越来越重要的作用。

然而仍有令人忧心之处。那些焕发着古代文明与智慧之光的文物不会始终存在并时时展现在我们的眼前。抛开那些人为的破坏因素不说，出于对文物的保护，有些文物只能作为特展展出，展览一结束即被收起，何时能再见，就连博物馆的工作人员都不能确定。另外，因为博物馆所必须执行的一些任务，以及换展甚至是撤展，有些文物也会见不到了。首博的城建展厅是常设展览中的重头，以考古实证的形式，向人们述说着北京城的由来与发展，是对北京通史的重要补充。然而这一花费巨资建造的不可或缺的部分，在奥运前夕被换展了，改成了更能博人眼球的精品文物。那些标示着燕都蓟城位置的陶井圈再也见不到了，这些陶井圈以文物的形式，对北京建城历史的开端这一重要的时间点进行了实证。斗拱，这一充分利用力学原理而又颇具美学成分的建筑构件，曾在展厅中被解析给人们看，使我们能从视觉的角度了解它、弄懂它，如今它们都不在了。城建展厅撤展那天，首都博物馆城建厅的志愿者全体到馆，把展览内容整个讲了一遍，以此作为对自己心爱展厅的告别。

面对这些遗憾，我们只能依靠手中的相机，将那些文物及时记录下来，昭示给后人。北京考古学家苏天钧先生，也以那种"固执孤旅，低首前行，从来未曾改变过方向"的精神，做着毫无商业性的基础工作，倾其精力编写了十五卷之浩的《北京考古集成》。苏先生将北京浩繁的历史文化史料，众多的历代古迹，异彩纷呈的文物，丰富多彩的民俗，以及有关北京考古的分散出版的著作和见于各种报刊的论文、文章编辑整理成一部类书，于2000年出版，供热爱北京、热衷于北京史研究的人们查阅翻检。著名历史地理考古学家侯仁之先生为这部书题写了书名。然而苏先生还有一个心愿，他希望将《北京考古集成》中涉及的内容尽量图片化，以更加生动、直观地展示北京的历史，并希望我来做这件事情。

十几年来，我也积攒了不少自己拍摄的文物照片，基本上都离不开《北京考古集成》中的内容，因缘契合，看来这件事是非做不可了。根据苏先生的要求，从新石器到明清，我选择了四百多件北京地区出土与传世的文物，大多数为在首都博物馆展出的展品。这些文物贯穿了三个主题：

第一，是以文物实证来见证北京建城、建都的历史；第二，是以文物来展现北京是在中原与东北、西北的民族融合与民族纷争中，地位日趋重要，逐步上升这一历史发展特点；第三，是要用异彩纷呈又奢华富丽的文物展示北京历朝古都都城文化的特色。用文物讲述历史，用文物展现各历史时期的不同特色，就是这些图片想要起到的作用，也是《幽燕拾珠》要说的事儿。

苏先生认为做这样的收集与整理工作是件功德之事。老一代文物考古工作者担心老祖宗留下来的这些东西传不下去，他们希望更多的人见到它们，了解它们的历史及故事，为此他们不遗余力。他们中的很多人辛勤耕耘，将自己的一生都献给了艰苦、孤独而又枯燥的文物与考古事业。在《北京考古集成》中我读到了这样一则事例：

考古学是揭示、研究遗存及其和时空的关系，并据此探讨人与自然，以及人们所处社会关系的一种历史学科。资料是信息的载体。有一位研究者自调查拒马河先秦古文化遗存开始，中间选择镇江营和塔照两遗址进行发掘，至结束遗址的发掘，共用了5年的时间；从整理、研究发掘资料，到编写报告，又费去了7年时光。作为这一研究项目的主持人，随着这个12年时光的流逝，从风华青年进入了深沉的中年。人生有多少个12年，人生能以旺盛精力工作的年代，又有几个12年！用这么多的时间，完成这样一项研究，值吗？这本研究报告无疑很有价值，然而花费这么多精力写出的书，只是为后来研究者砌的让他们登上超越的台阶。研究者本人在书的后记中写道："在发掘结束后的几年里，遗址破坏较为严重。由于当地盛产大理石，两遗址原有的采石沟不断扩大。现在镇江营遗址的西半部被切削至生土，塔照遗存已不复存在。"这位考古学者独此一家的对塔照遗址的研究，已死无对证了。这不仅未能使她流露哪怕一点点的暗暗欣喜，透过这不多的文字，见到的却是一位正派学者埋在内心深处的痛楚而无可奈何的情绪，正在向外汩涌地流淌出来。

把宝贵的青春都奉献出来，只完成了一项考古研究的竟然是一位女性。我默然，继之肃然起敬，我轻轻抚摸着书中她的名字，不知如何表达我的敬意。他们默默所做的一切，归根结底，还是为后人"砌的让他们登上超越的台阶"，而不是自己的纪念碑。这些大多处于"灯火阑珊处"的学者，做出的成就令我们"蓦然回首"，在惊叹与赞赏之后，我们更加懂得学史、读史的意义，逐渐领会历史对于价值判断的影响，我们建立起敬畏之心，学会不再孤立地看待问题，学会把自己放在一个坐标之中，鉴往知来，为现在的自己正确定位。

满怀对中国博大精深文化的敬畏与对老一辈文物工作者的敬佩之情，跟着前辈们的脚步，也做一些文物宣传与保护工作，这些工作使我的生活更有意义。历史的延续也是生命的延续，我也希望能砌一节为后人"登上的超越的台阶"。为了那份深深的挚爱，让那些精美的文物始终留在我们身边，始终伴随着我们，我们共同欣赏它们的美，读懂文物背后的故事，并记住它们。

目 录
CONTENTS

神秘的彩陶，文明的曙光

人类文明是何时起源的，与小孩子总爱向父母发问"我是怎么来的"一样，对于中华文明源头的追寻和探索已经构成浸淫于人文科学领域中人们最大的痴心和梦想。通过田野考古实据及对历史文献研究的综合努力，考古学家逐渐突破了西方所谓文明起源三大要素（文字的出现、金属的发明、城市的形成）理论，特别是对新石器时期诸先民祭拜的图腾的主体，如红山文化中坛、庙、冢相结合的大型祭祀建筑群和发达的玉器，以及他们祭祀活动即"事神"程式及祖先崇拜的研究，不断认识到史前文明对中国礼制的形成起到了极其重要的基础性作用，因而逐步探索出具有中国特色的文明标志与要素，所以新石器时期无疑是人类文明的第一道曙光。

所谓新石器时代，是指旧石器时代与青铜时代之间的一个历史阶段。这一叫法是相对于旧石器时代而言的。考古学家把农业、畜牧业和制陶、纺织等生产的出现作为新石器时代文化出现的标志和基本特征。根据目前的考古材料，中国境内各区域的新石器时代文化发展不平衡，在黄河流域和长江流域，新石器时代文化起源于距今一万多年以前，终结于约公元前二十一世纪夏王朝的建立。

提起新石器时代，最为灿烂的文化花朵莫过于彩陶。它们已经成为中华文明的符号，根据考古学测定，彩陶的年代距今在7000年到6000年。陶的发明之所以具有非凡的意义，是因为相比起人类从自然界中直接取材加工成的各种工具，陶是人类最早通过自己的智慧将一种物质转化为另一种物质而制成的工具，这也成为人类社会进入新石器时代的重要标志。

彩陶是将各种天然矿物颜料绘制到陶器上，形成缤纷的各类图案。大多数彩陶都是先在陶坯上绘制，然后入窑烧制，颜料发生化学变化后与陶胎融为一体。这也是为什么历经数千年，彩陶的色彩依然不曾脱落，将无数耐人寻味的远古印迹保留至今。在地下深埋了如此之久，却依然光彩夺目、栩栩如生。奇特的造型，神秘的纹饰，这扑面而来的远古气息仿佛使我们触摸到了祖先的文化血脉,但又似乎因为时间太过久远而让人难以解读。

如果说在人类的发明史上,陶器的产生是为了生活的现实需要,那么制作彩陶又是为了什么呢?这种不易脱落的纹饰色彩是否寄予着原始先祖们的某种情感和精神上的需求呢?彩陶上那些奇特的纹饰包含着什么样的含义,可以向我们描绘哪些故事呢?

大地湾遗址的宽带纹

甘肃省秦安县位于黄土高原的中部,坐落在黄河支流泾河、渭河之间,这里一直是中国西北传统的农业地区,河谷中是大片的农田,村庄的民居都建在河谷两边的台地上。千百年来,这里的人们祖祖辈辈过着平静的乡间生活,很少被外界打扰,当地人习惯把这片河谷叫作大地湾。

大地湾遗址出土了一大批精美的彩陶,令人吃惊的是,彩陶的年代几乎囊括了新石器时代仰韶文化的各个阶段,跨度达3000多年,考古学家把这里称为中国彩陶历史的天然博物馆。

大地湾出土的彩陶中,有许多碗和盆的口沿上只有一条暗红色的彩带,考古学界称它为宽带纹。据碳14考古测定,这种彩陶的年代距今已达8000年之久。

作为探索彩陶纹饰的重要线索,发源阶段盛行的宽带纹一定有着很深的内涵。原始先民为什么首先在陶器口沿上盛行这种装饰,然后才逐步在其下部和内壁绘制各种图案呢?

事实上,红彩早在距今数万年前的中国北京山顶洞人时期,就被赋予了十分神秘的宗教寓意。考古发掘表明,在山顶洞人死者尸骨旁,涂撒红色矿石粉末已经成为一种葬俗。此外,山顶洞人的一些装饰品的穿孔中,也发现残留的红色。这些都充分说明红色的运用早已超越了感官的刺激和装饰作用。今天,一些非洲部落中还依然保留着这种用红色装饰身体的习俗,似乎可以多少帮助我们想象红彩在远古彩陶中所要表达的意味。

宽带纹是彩陶纹饰的起源,但值得注意的是,它几乎存在于彩陶发生、发展乃至消亡的全过程。在彩陶文化发展的漫长历史时期,其文化类型在不同的时期也各不相同。但是宽带纹却是普遍存在的,常与各种纹饰相结合形成更深广的内涵。

半坡遗址的人面鱼纹

在河南省西部渑池县有一座非常普通的小村庄——仰韶村，与周边山区的许多村庄一样，被黄土丘陵所环绕，千百年来，沿袭着古老而平静的农耕传统，很少与外界接触。但那座竖立在田间地头的石碑却在告诉人们，这里曾经发生过不同寻常的事情。仰韶村因出土的史前彩陶而成了一处历史遗址，进而成了中华文明的一个符号。半坡遗址在西安市东面浐河边上的半坡村，它的年代大约在距今 7000 年前，属于仰韶文化时期，是一座完整的原始氏族部落居住遗址。

迷人的红陶与黑彩的结合是仰韶文化彩陶最大的特点。西安半坡博物馆大门的造型十分特别，最引人注目的就是那个标志性图案：人面鱼纹。人面鱼纹盆是当年半坡出土的最重要的文物之一，这件陶盆上最令人回味的就是这神秘的人面鱼纹了，它的画面由人和鱼组成。小孩子的脸圆圆的，眼睛被画成一条线，看上去像闭着眼睛，然而用母亲的心去仔细体会一下，他又仿佛是微阖着双眼，并没有闭紧。这与文明时期的佛像有些共同之处。佛像大多是半垂着眼帘，以表示关照自己的内心，使修行升华到更高的阶段；而这微阖着双眼的孩子，脸上是安详而又期待的表情，他在等待什么呢？鱼纹是仰韶文化彩陶的主题纹饰，也许鱼能产下丰沛鱼子所代表的生殖能力，以及它与水的亲和力，正是先民们所向往的。他们希望能在险恶的生存环境下更多地生养子女，并对洪水有巨大的抗争能力。原始先民的祈望就是这样简单而又明确，这样的期望所构成的画面，就具有朴拙而又神秘的美感。

马家窑遗址的彩陶旋纹瓶和涡纹罐

马家窑村位于甘肃临洮县城以南十公里处。临洮，历史上曾经是古"丝绸之路"的要道，它位于兰州市东南不足 100 公里的洮河下游，洮河是黄河的支流。马家窑遗址出土的系列彩陶器距今约有 5000 年。当彩陶文化在中原地区逐渐走向衰落之后，马家窑文化的彩陶仍继续发展了数千年，并达到了史前文明前所未有的高度。

马家窑陶片上的彩绘图案与仰韶文化的图案完全不同，它出土的彩陶显示出了一种全新的文化类型，器形精美多姿，纹饰以黑彩为主，它最主要的特征就是那种用曲线勾勒的图案，犹如河水的漩涡和浪花，给人以强烈的动感。与仰韶文化相比，马家窑的彩陶显得更加精美、制作工艺也更加复杂。不仅陶胎很薄，陶器光滑的表面也经过了精心的打磨抛光。彩绘的手法十分纯熟，线条精细流畅，构图严谨对称，风格典雅华丽。

1957年，考古工作者对瑞典考古学家安特生曾发掘过的遗址进行了地层分析，发现马家窑文化叠压在仰韶文化的地层之上。这证明了仰韶文化的年代要早于马家窑文化，它们之间相隔了近两千年的时光。

马家窑遗址中的双耳旋纹瓶和双耳涡纹瓮是它的代表性器物。这些旋纹与涡纹都用一个圆点做中心，一圈一圈向外转出去，形成了环绕着的、无始无终的美丽曲线。

有人说，这是古人眼中黄河的水波和漩涡。

有人说，这是天上太阳和星辰的旋转。

有人说，这是鸟的飞翔。

还有人认为它更像音乐。一个圆点是一个音符，然后，一条线延长出去，将悠扬的音乐传得很远很远。

其实，在这一圈圈跌宕的线条中，是我们的先民快乐地抒发着他们对于生活、生命的感悟与享受。

原始信仰中，除了鬼神崇拜与祖先崇拜之外，生殖崇拜也是一项重要内容。1974年青海乐都柳湾出土了一件马家窑文化裸体浮雕彩陶壶，人脸上浮现出神秘莫测的微笑，身体上被塑出了男女双性的生殖特征，特别是他的双手，正捧护着这生命的缔造者。这么神奇的表达方式，使它成为新石器原始生殖崇拜中最具代表性的器物。

原始信仰生发出了音乐与舞蹈。那些虔诚的祭祀动作渐渐衍生出韵律与舞步，信仰产生了美。青海出土的舞蹈纹彩陶盆，梳着发辫的远古先民手拉着手，跟随着节拍在欢乐地起舞，让我们看到了5000年前的一个生动的生活场面。不难想象，类似这样的巫术舞蹈活动一定占据着当时人们生产生活之外的大部分时间。他们先是模仿那些在氏族部落中深入人心的神灵形象的动作，继而加入了自己对于美、对于韵律的理解与憧憬，这些舞蹈，一定带给他们心灵无限的愉悦与满足。

彩陶身上变幻莫测，富有规律的纹饰就像密码一样记录着史前人类的故事。它们告诉我们，早在7000年前，远古人类就已经有了灵魂的概念。当我们追溯人面鱼纹盆真正的来历时，才惊讶地发现它与生死竟然是密不可分的。原来，人面鱼纹盆是原始人用于埋葬儿童的瓮棺上的棺盖，是葬具的一部分。但是它并不是在半坡遗址的墓葬区被发现的，而是被埋于居住区内的窝棚附近。深情的母爱通过这种对孩子死后灵魂的祈愿，穿越时空的阻隔，让远古与现代之间有了一种人类共同情感的联系。

它还告诉我们，对中国彩陶艺术鼎盛期的判断不仅仅来自彩陶工艺的飞速发展和纹饰图案的日臻精美，更重要的是这些发展到顶峰的彩陶背后，是人类社会形态的演进。学者们在对仰韶文化和马家窑文化进行了比较之后发现了一些奇怪的现象。早期仰韶文化类型的彩陶大多出土在与人类生活有关的遗址中，它使人们可以清晰地看到当时远古人类的社会生活形态，而马家窑文化类型的彩陶却大多都出土于墓葬之中，在地下世界陪伴着它们的主人。这些摆放在墓葬者身体不同部位的彩陶，说明了当时的人们已从单纯对灵魂的祈祷与归宿中，逐步进化出了礼制的雏形，显露出社会等级的萌芽。

彩陶的发展脉络，还向我们展示了一条远古人类不断大迁徙的路线。为了氏族部落的发展繁衍，人们必须不断地寻找水源、土地，重新建立新的部落，而那些突如其来的洪水等自然灾害，也迫使他们不得不放弃自己已有的家园。为了远离洪水，也为了解决人口增加带来的压力，原始先民不得不开辟新的家园。而他们迁徙的路线，必然是沿着河谷往上游走，以寻找更高更安全的栖息地，于是黄河流域的河谷就成了先民们向西穿越群山峻岭的一条捷径。经过数千年的不断迁徙，原始先民逐渐到达了黄河上游的甘肃和青海地区。

人类学家普遍认为，远古时期，人类一直在不断地迁徙。这种迁徙历时数千年，人们将自己祖先发祥地的彩陶文化逐渐融合到了新的环境和生产活动中。但是，不论纹饰如何发展演变，祖先的氏族印记依然被清晰地保留着。中国的彩陶文化前后沿袭了长达5000多年，历史学家把没有文字记载历史的时代称为史前，而谁又能否认，彩陶虽然没有直接以文字的形式记录历史，却也在以它独特、夸张而抽象的纹饰，悄悄传递着古老的信息。

我们的远古先祖到这个时候已经开始由崇拜心理形成了原始的宗教理念。他们从最初的那个自己无法理解万物、又被强大自然所威慑的人类幼年时期，渐渐成长起来，他们开始用自己的方式诠释自然，诠释生死，用智慧的创造将所诠释的精神寓意绘在彩陶那些形形色色的纹饰中。有了这种物质与精神的融会，原始先民们才会拥有如此巨大的勇气，在由生死组成的传承中创造了今天的我们。

《易传·系辞》中有一句："安土敦乎仁，故能爱。""仁"是儒家经典的核心，是意识形态领域里一个抽象的概念，而《易传》中的这个"仁"字是什么意思呢?"安土"意为安定在土地上,"敦",现代汉语词典中解释为"诚恳、质朴",如"敦厚"等;而《说文解字》中则说它的另一个意思是"谁何也",即具有由谁去做、如何去完成的动词意味。而这里的"仁",我们不妨将它理解为在坚硬外壳包覆中的一粒柔软的种仁,所以"安土敦乎仁"可理解为,种子安顿于土壤之中,这个生命的源泉就能生发,就能长叶、开花、结果;而由于生命得到了保护与生长的土壤,人与人之间的互助互爱就产生了。这句话能够帮助我们理解人类从蛮荒走向农耕文明的发展历程,农业的出现使人们能够定居下来,而彩陶正是定居生活的产物。人类进入了新石器时代,生产方式从攫取经济过渡到生产经济,第一缕文明的曙光终于升起了。神秘的彩陶,文明的曙光,在这曙光地照耀之下,先民继续迈着前进的脚步,书写着文明的篇章。

1. 马家窑文化 裸体浮雕彩陶壶 1974 年

青海乐都柳湾出土　国家博物馆①

———————————————

① 此图及全书所有图片均为作者本人拍摄

轻轻抚摸历史的年轮

在故宫博物院的馆藏文物中，有一件众人皆知的艺术珍品，它是中国玉器宝库中用料最巨大，运输最艰苦，花费最昂贵，器形最宏巨，气魄最壮阔的玉雕作品，那就是大禹治水玉山。把一块玉料通体雕琢成山形的摆件，俗称"玉山子"，这是清代玉雕工艺中的新品种之一。玉山子的显著特点就是以著名的画稿为蓝本进行设计制造。这座玉山子根据清内府所藏宋代的《大禹治水图》临仿而成，描述了千古流传的大禹治水的故事。

"玉禹山"用名贵的密勒塔山和田玉雕成。禹山卓立如峰，有着直插云天的风范，在山间峥嵘的峭壁、激湍的瀑布、参天的古木之间，聚集着凿山导水的千万劳动大军。工匠巧妙地利用原石随形而雕，灵活地安排山水人物，使大禹治水的故事既有一气呵成的连贯，又曲折有致地引导着人们的目光。"玉禹山"置于错金丝的褐色铜座上，青白玉的莹润光泽与铸造古朴的青褐色铜座相配，更显得雍容华贵，相得益彰。夏禹是久传民间的圣王，大禹治水是数千年来人们一直传颂的伟大功绩，大禹的前人都是用"堵"的方法来治水，唯独大禹采用了疏导的方法征服了洪水。他不仅给后人留下了不畏艰难、改造山河的巨大精神力量，也给我们留下了值得深思的道理。

大禹到底是故事人物还是确有其人，古籍中所描绘的那种"天下为公"的大同之世与"天下为家"的小康之世真的存在过吗？中国古代文献记载，在商王朝之前还存在着一个夏王朝。这一观点长期以来为中国古代史学家确信无疑。然而到了近现代，一些学者对夏王朝存在的可信性产生了怀疑，这些怀疑主要来自国外的一些学者，他们认为由于缺少文字证据，夏至多属于神话传说而不是历史事实。夏王朝是否存在，不是神话与现实的争执，而是关系到中国古代文明和国家起源的重大问题。夏王朝的诞生，是中国历史发展进程中一个重要的转折点，中国历史从此出现了科学意义上的国家，跨进文明社会的门槛，因而具有十分重要的学术意义。

当今，中国从事历史学研究的学者几乎一致认为，在中国历史上的确存在着一个夏王朝。主要依据是：在中国最早的文献《尚书》中就有关于夏的记载；周人较早的文献《诗经》以及东周时期的其他著作或西周、东周的铜器铭文中还具体提到了禹的事迹；西汉时期的司马迁根据他所掌握的材料写成的《史记·夏本纪》，还比较详细地记录了夏朝世系和历史。另外，甲骨文的发现使《史记·殷本纪》得到了印证，特别是《史记·殷本纪》中所记属于夏朝时期的商先公，其中一些也在甲骨文中得到了证明。据此判断，同出于司马迁之手的《史记·夏本纪》就绝不会全属虚有。因此，他们相信夏朝在中国历史上是客观存在的史实。由于探索夏文化的学术意义重大，所以他们不辞劳苦，前赴后继地追寻夏王朝的文化踪迹。

早在二十世纪三四十年代，中国史学界就开始了探索夏王朝历史的尝试。当时学者主要是依靠文献资料来考订夏代都邑的地望并取得了一定的成绩。但是仅仅依靠十分有限的文献材料还无法有效地辨认出夏朝时期以夏族为主体创造的物质文化遗存特征。那么用什么方法去辨认和寻找夏王朝的遗存呢？

我们脚下的土地中，沉睡着古代遗留下来的痕迹和物品。只要人们能够正确释读这些沉默的古代遗存，它们就会真实地述说其所经历的历史。考古学就是解决古史疑问的方法。那么什么是考古学呢？它是通过发掘和调查古代人类的遗迹遗物并结合文献记载来研究古代社会的一门人文科学，可简要地概括为"从文献到文物"。文献是历史研究的导引，出土文物的实证意义又是毋庸置疑的，文献中记载的资料，通过考古发掘出的文物得到实证，这一历史事实即被认定。考古学研究的对象是实物，即物质的遗存，而这些遗存应是古代人类活动遗留下来的。考古学的研究集中在对过去的研究上，包括过去文化所遗留下来的各种资料，所以它的研究对象是属于一定时间以前的古代。

北宋以来的金石学是中国考古学的前身，但直到二十世纪二十年代，以田野调查发掘工作为基础的近代考古学才在中国出现。1928 年至 1937 年对河南安阳殷墟的发掘可以看作是中国考古学诞生的标志。安阳殷墟考古发掘证明曾经作为传说的商朝历史是可信的，从而印证《史记·殷本纪》有关商王朝的记载基本上是可信的。从考古学文化中确认出商文化这一成功的例子，不禁使人们自然地想道：夏文化是否也能通过考古学找到呢？夏文化问题就这样在中国考古学上提了出来。

夏文化的探讨涉及许多学科领域的知识，是一场多学科的大会战。继历史文献学之后，古文字学、考古学、地理学、天文学、物理学等不同学科的专家学者，都不同程度地相继参与到探索夏文化的行列。从事文献学研究的学者更多地致力于对有关文献的可信性考证，结合有关文献记载对夏王朝所经历的绝对年代、夏族的迁徙、社会形态、信仰习俗、与周边方国古族的关系等问题进行研究；考古学家根据有关历史文献提供的线索，通过对田野考古发掘获得的实物遗存材料的分析研究，对夏文化各个不同发展阶段以及与周邻相关文化的相对年代关系、有关文化特征和性质作出判断；地理学家除了对与夏王朝重要历史事件有关的地望进行历史地理研究外，近来还更多对地貌环境予以了关注；天文学家借助文献中记载的发生于夏王朝时期的重要天文现象，对"仲康日食""五星联珠"等天文现象发生的绝对年代进行推算；物理学家主要是运用测年技术对考古学提供的标本进行绝对年代测定。

多学科成果的互相参照，无疑为夏文化探索提供了更多的依据。1996 年至 2000 年实施的夏商周断代工程，其目标就是制定有科学依据的夏商周三个朝代的年代学年表。中国文明是古代世界上少数具有独立起源的文明之一，是四大古代文明中唯一没有中断、始终绵延流传的文明。夏商周三代，是中国古代文明由兴起到繁盛的重要历史时期。但是中国历史的明确纪年始于公元前 841 年，即司马迁的《史记》只追溯到西周晚期周厉王的共和元年，再往前的西周早、中期和夏、商两代，只有帝王的世系而无年代，也就是说文献中作记载的中华 5000 年文明史只有 3000 多年可查，这无疑是一个巨大缺憾。夏商周断代工程，对有关学术问题实施多学科联合共同探讨，最终在 2000 年 11 月公布的《夏商周年表》中，把夏王朝的绝对年代定在公元前 2070 年至公元前 1600 年，夏都地望位于洛阳平原中部的偃师二里头，二里头文化即夏文化也成为被接受的观点；而武王伐纣这一关键时间点，被定在公元前 1046 年。历史曾经把武王伐纣的年份深深地隐藏起来，这一问题的解决，下至西周，上至夏、商，很多历史的谜团都能顺次揭开。研究取得了阶段性的结果。

从西汉的刘歆就开始了对共和元年以前中国历史年代学的系统研究，之后一直到清代中叶，又有许多学者对共和元年以前中国历史的年代进行了推算和研究，但都难以取得突破性的进展。只有多学科的大兵团作战才能完成这一任务。夏商周断代工程正式公布的《夏商周年表》，填补了中国文明史的空白，把我国的历史纪年由西周晚期的共和元年向前延伸了 1200 多年，即夏朝之始，它弥补了中国古代文明研究的一大缺憾，为研究中国古代文明的起源发展给出时间上的标尺，以及对于今后的学术研究起到了推动作用。夏商周断代工程取得的成绩虽然是阶段性的，但年表的发布给出了一个学术讨论的基础。学问越辩越明，更深入的讨论有益于学术的进步，而且专项资金与技术的投入使得中国考古学特别是在技术层面得到了很大的发展。多学科的共同研究有利于考古学这个交叉学科的发展，高规格的工程和广泛的学术讨论，以及大幅度的宣传，对于普及历史、考古知识都有着不可估量的作用。

中国早期国家的探索是随着考古学的不断发展而推进的。在 20 世纪 20 年代，学术界认为中国从周代开始进入国家，而其后安阳殷墟的发掘与研究，把中国进入国家社会的年代提前到商代晚期；郑州商城的发掘与研究，把中国进入国家社会的年代提前到商代早期；偃师二里头遗址的发掘与研究，把中国进入国家社会的年代提前到夏代。在新石器时代末期的中原地区，率先发生了国家进程的演化，相继诞生了夏王朝、商王朝和周王朝，史称老三代，成为中国的早期国家。禹最终建立了夏王朝。文物与考古材料显示夏文化分布、影响地域之广袤，内部等级差别之强烈，大体符合恩格斯提出的科学意义上的国家概念，即按地域划分子民和公共权力的设置这两项标准，由此判定夏王朝是中国历史上的第一个王朝国家，华夏民族由此跨入了文明的门槛。

夏代直接从原始氏族社会演化而来，与原始氏族有着一脉相承的关系。这种关系不仅具有政治方面的内容，即经过分封的氏族成为夏王朝统治的基础，执行夏王朝的各项管理任务，而且还标志着夏王朝与方国部落间经济关系的建立，《尚书·禹贡》中记载的赋税征收，就是关于夏代封建与贡赋关系的一个重要记载。这种经济关系是原始氏族社会演进为夏代氏族社会后的新形态，表明这种关系已经由萌芽状态渐趋成熟，上层建筑与经济基础都已开始发芽、长叶、开花。作为一种新的社会制度，夏代的氏族奴隶制开中国奴隶社会之先河，对其后的商、西周两代的社会演进产生了重大影响。然而特别需要指出的是，这里所说的国家，并非中国古代文献中记载的"国"，它只是处于发生国家进程最初的一些阶段，远未形成大一统的局面，而只是林立邦国中的佼佼者。

中国的封建社会长达数千年，而"封建"一词在中国古代的含义，就是封邦建国。按《尚书》中《大诰》《昭诰》记载，周原本是商王朝西方的一个小邦，在公元前 11 世纪灭商，取代"大邦殷"成为天下共主。周公东征胜利结束后，坐落于西面关中平原的首都镐京被称为"宗周"。而位于东部伊洛平原以王城为中心的雒邑，因属于护卫宗周的屏障和镇抚东方的重镇，被称为"成周"。为了维护和巩固西周王朝，武王灭商之后立即开始实行封藩建卫措施，分封诸侯国，以藩屏周。西周时期分封制度的实施，促使宗族形成并进一步发展。这种分封制度导致了社会等级与血缘的亲疏远近相联系，宗法成为处理各级贵族之间关系的准则。西周时期的宗族严格区分嫡庶，并且由此形成了严密的大宗与小宗体系。西周时期分封的诸侯国，历代文献记载详略不一，目前经过考古工作能够基本落实下来或取得重要线索的封国有鲁、齐、燕、晋、卫等。西周通过分封诸侯，开发了边远地区，建立与巩固了自己的政权。

燕乃召公始封。老一辈考古学家认为，燕乃是随地方生产的发展而自然生长的一个方国，并不是从周朝的分封所开始的，它与周或通婚姻或通盟会。可见，燕是西周王朝分封以前就已经存在的一个古国。

《史记·燕召公世家》记载，武王灭商后，即封召公奭于北燕，作为西周王朝的北部屏障。召公奭历经武王、成王、康王三王，是西周早期对周室有着重要贡献的人物，是西周著名的三公即周公、召公、姜太公之一。有专家甚至认为他与周公齐名，将燕地封给他，可见此地对于屏周的重要性。关于燕的始封地，汉代以来，意见各异，后来的文献记载也不一致，但大致范围还是集中在北京及其河北省交界地域。直到1962年北京市文物工作队发现了房山琉璃河遗址，经过多年的考古工作，已确认就是燕国的始封地。

有关琉璃河西周遗址的重要考古发现有：20世纪70年代在董家林村发现了建于西周早期的古城垣，地面上尚可见到残高3米左右的夯土墙，静静伫立，散发着沧桑的气息。在城内发现古代房基、窖穴、废弃物堆积坑等遗迹，城外有护城壕。90年代在城的东北角发现用鹅卵石垒筑的通往城外的排水道，在城的偏北部发现宫殿建筑基址群和陶窑，在城的西北角发现平民居住区。对西周墓葬的发掘，发现了带有墓道的大型墓葬和车马坑，出土了大量的青铜器、玉器、原始瓷器、漆器等随葬品，其中青铜器铭文多次出现"匽侯"字样，表明这是一处燕侯家族墓地。另外，这里出土的西周早期的甲骨文和青铜器铭文还显示出这里与首都宗周和成周的交往关系。西周的武王封燕，使周文化从此扩张到北京地区并成为当地的主导文化因素，标志着北京地区正式纳入西周王朝的版图。琉璃河西周遗址的发现与发掘，使人们得以确认西周王朝所封燕国的地望，逐步认识到西周时期燕文化的特征。

周朝对于中华文明的一大贡献，就是周公所制的宗法制度与礼乐文明。《尚书大传》说"周公摄政""六年制礼作乐"。周公是被后世代代尊为楷模的人物，他高尚的品格与治世之才被世代称颂。但他总是显得有些面目不清，也许是由于他应有的名分及历史位置和作用始终未见清晰明确的记载，只说是辅佐成王，但这反而更增加了他的个人魅力。中国文化中，对那种默默无闻、鞠躬尽瘁却又功绩卓著的人总是充满着敬佩之情，"周公吐哺，天下归心"就是对他人格的感叹与赞誉。

中国古代的礼乐文明是在周代形成并完备起来的，周公的制礼作乐，使中国古代的礼乐文化传统最终得以成熟和定型。在儒家经典"三礼"即《仪礼》《周礼》《礼记》之中，记载了周代形成的冠、婚、丧、祭、朝、聘、乡、射以及职官制度等礼仪、礼制和礼义；周代盛行的"六代之乐"及乐德、乐语、乐舞等内容本记于《乐经》。但《乐经》毁于秦火，好在"礼乐相须以为用"，不少乐制的内容可以在"三礼"中的礼仪制度中看到，而专述乐义的《乐记》也保存在《礼记》之中。相较于远古对巫与神的原始崇拜时的礼乐，周朝的礼乐不仅形成了系统的制度，而且拥有了丰富的人文内涵。礼乐文化的形成，是西周社会宗法封建制确立的标志。

什么是礼？《史记·礼书》认为，礼是"人道经纬""万端规矩"。首先应该明确的是，这里的"人道"指的是等级社会之人道，也就是说，礼制只能产生于等级社会。它是古代王朝统治者治理国家的政治、宗教、刑法和制度的"万端规矩"，在于它规定了人在等级社会中的关系与位置，是维系天下等级制社会秩序的准则。

"礼"的要义有数端。其一，"礼"是人性的基础，是区别于人与动物、文明与野蛮的标志，是人类文明社会最主要的特征之一。其二，"礼"的重要作用在于规范人在社会中的地位和关系。礼使人明确自己在社会中的位置，懂得尊敬和谦让维护，使人能区别事物或行为的是非，懂得什么是该做和不该做的。"礼"作为一种行为规范，维护了社会的秩序和正义。其三，"礼"也是一种道德规范，引导人们向善和自律。通过礼教，使社会规则成为人内心的道德尺度，有荣辱心，有道德底线。其四，《论语》中的"礼之用，和为贵"，即礼的作用是在彼此遵守社会秩序的情况下达到和谐，只有通过知礼、守礼，才能达到和谐的社会状态。

"乐"的最原始起源，也许是来自原始先民在祭祀活动中的节奏，他们挥动着手臂、跳跃着、晃动着头颅，以期得到与天地的沟通。这种令人沉醉的节奏慢慢形成了鼓点，配上了吟唱与呼唤，随着先民们情感的不断注入，优美的"乐"形成了，演奏乐的"器"也逐渐出现。如何能演奏出优美的音乐，最重要的一点，在于有秩序的协调一致。《礼记·乐记》中说："乐者，天地之和也。礼者，天地之序也"，是说乐的作用在于协调上下左右，礼的作用在于建立秩序。乐的作用使人们各安其位，和谐相处而形成一种完美的状态，交响乐队的组合就是最生动的例子。所以"乐"的社会作用重在和谐精神。周代的礼乐虽各有制度，在形式、功用上不同，但它们是相辅相成的。"礼"是人文的大概念，"乐"是礼制的一项内容，"乐"的和是为"礼"的秩序而服务的。

《左传》文公十八年记："先君周公制《周礼》，曰：'则以观德，德以处事。'"周公制礼作乐，不仅将远古至殷商的礼乐加以改造和发展，形成系统化的典章制度和行为规范，而且注入"德"的因素，使其具有道德伦理的深刻内涵。所以树立"德"，以"德"为教化，是周公制礼乐的一个重要目的。周公心目中的"国"，就是一个理想化的原始共产主义社会，后又被陶渊明加以艺术化的提升，桃花源留给人们无限的憧憬与想象，永远是纷繁世界中的一个精神乐园。有人能塑造出周公的形象吗？我心目中的周公，挺拔、高大，有一缕极其优雅的美髯垂至胸前，他目光谦逊温和而又智慧深远，手指白皙修长，在宣导与教化时，从不以手指人，或是情绪化地挥动手臂，他的手总是轻捻着胡须，含蓄地注视着前方，然后再缓缓而言。无论如何，周公的形象始终清晰不起来，他只是雾中的一个身影，只能令人感知，而不能刻画。

昏庸荒唐的周幽王烽火戏诸侯，为一个人称褒姒的女人玩死了自己，平王东迁把国都搬到洛阳，历史进入了春秋战国，一个礼崩乐坏、诸侯争霸的时代到来了。春秋战国的政治大动荡、大变革，使西周建立在宗法秩序基础上的等级分封制度、世官世族制度、国野都鄙制度遭到了严重破坏。随着社会政治体制和经济关系的深刻变化，新型官僚制度、俸禄制度、官吏选拔制度、郡县制度建立了起来，为中国古代统一的中央集权国家的建立奠定了基础。

民族大融合是实现封建大一统的前提。春秋时期华夏中原地区以外的东夷、北狄、西戎、南蛮不断内迁或内侵中原，使中原地区形成了"诸夏"和蛮、夷、戎、狄交相杂处的局面。然而，战争和政治联系也是民族交往的形式之一，而且是最为激烈的形式，各民族通过交战和政治往来达到互相认同，是民族融合的必经之路。另一条民族融合的渠道就是通婚。当时夷夏通婚是一个非常普遍的现象，这种血统的融合，对民族融合是一个大促进。春秋后期，在黄河、淮河、长江流域与诸夏交往杂处的各族，不是被分化就是已经同化，不少都加入了华夏的版图。春秋以后形成的中原三晋、东方齐鲁、南方楚、西方秦、北方燕几个大的政治、经济、文化中心，也无不以华夏为核心融合了一些少数民族及其经济、文化因素，因此，在华夏民族已经成为稳定的民族共同体的基础上实现天下一统，已经成为不可抗拒的历史趋势。

战国时期，是中国古代通过激烈的战争由诸侯割据走向统一的巨变时期。战国的百家争鸣，虽然常常是各引一端，互相难辨，但各家思想的宗旨大都着眼于国家的统一，都是为即将出现的大一统封建国家出谋划策。他们或鼓吹王道，或者称颂霸道，或主张以仁义治世，或主张以霸道统一，或主张王、霸并用，或主张"合纵""连横"，以及垄断商业以富国等。所谓"大一统"观念，就是主张华夏族和四方的"五方之民"在一个统一的政权下共同生活，共同发展。战国时还没有实现大一统，但成书于战国时期的许多著作都讨论了"大一统"这个课题。所以，百家争鸣从整体上说是一股促进君主专制主义和大一统的洪流，成了多民族国家形成的舆论先导。这样一个动荡而又繁荣的时代，文化作品也一定是独具魅力的，所以春秋战国又是一个充满浪漫色彩的时代。

《论语》是孔子的学生和孔门后学辑录的一部记载孔子言行的书，为语录体散文。书中记载孔子和他的弟子们的对话，文字虽短，但语言洗练，言简意深，有一种徐缓含蓄的风格。这些语录，用鲜明的、人们常见的事物做比喻来阐明人生哲理，句式上使用并列排比的语句，层层推进，阐明深刻的道理，耐人寻味，给人以启示。值得一提的是，《论语》虽然是语录体，但也能用简洁的语言生动描绘出人物的举止神情，把老师的风趣幽默、学生的笃信师说，以及师生间的亲密之情写得委婉细腻。通过简短的几句对话就将人物性格跃然纸上，堪称大师水平。而后世的《红楼梦》也是靠写对话来描写人物、交代各种关系与结构的翘楚之作。

与孔子温文典雅的风格不同，《孟子》文章仍属对话体，但不像《论语》那样简洁含蓄，而是长篇大论，词锋犀利，气势磅礴，富于辩论性。《孟子》的文章据理驳斥，写得理直气壮，层层推进，非常有说服力，那些一连串的排比反问句，具有一种咄咄逼人的气势，在各种辩论场合都是以驳倒对方而告结束的。《孟子》不仅文风犀利，而且善设机彀，欲擒故纵，运用巧妙生动的比喻和幽默的故事深入浅出地阐明自己的思想，带有百家争鸣激烈竞争中的辩士特色。这样的文章读起来是不是很过瘾？《孟子》的文章对中国散文的发展影响很大，他的文章不仅气势充沛，而且语气也极为逼真，有很多接近口语，自然流畅，非常生活化，说明《孟子》散文也在脱离语录体上迈出了很大的步伐。

《庄子》的散文又是一种独特的艺术风格，与后来的散体辞赋相类，是它独有的特色。《庄子》散文构思宏伟，想象奇妙，汪洋恣肆，变化多端，语汇也丰富多彩。如著名的《逍遥游》，根据神话传说，以夸张的手法写鲲鹏之大以及它展翅于天海之间的壮阔景象，富有浓厚的浪漫主义气息，极具画面感。而《秋水》则用拟人的手法写河伯从"欣然自喜"到"望洋兴叹"，一波三折，说明宇宙是广阔无垠的，而一个人所了解的东西是有限的。既蕴含着意味深长的哲理，又具有开阔深远的意境，如风行水上，自然成纹。《庄子》散文多用韵，读起来和谐而有节奏感，这种朗朗上口的文章，结合着隽永的味道，读之如嚼橄榄，沁人心脾。

提到现实主义与浪漫激情的完美结合，非《国风》与《楚辞》莫属。《诗经》是我国第一部诗歌总集，它汇集了从西周初年到春秋中期500多年间的诗歌305篇，分为风、雅、颂三部分，《国风》就是《诗经》的第一部分。"风"的意思是风土民谣，包括了十五个地方的民歌即"十五国风"；"雅"是正声雅乐，即用于宴会典礼的正统宫廷乐歌；"颂"则是祭祀乐歌，用于宫廷宗庙祭祀祖先、祈祷赞颂神明。如果《国风》奠定了中国诗歌艺术创作的现实主义基调，那么楚国伟大的爱国主义诗人屈原则用他所创作的富于楚文化色彩的骚体诗歌，以充沛的感情、奇诡的想象以及华美的语言开拓了长篇抒情诗歌之路，奠定了中国浪漫主义艺术的基础。

《楚辞》本意为楚地的歌词，实际上是骚体类诗歌的总集，西汉刘向编辑，以屈原的作品为主，共计16篇。提起《楚辞》，人们的自然联想就是浪漫，它想象奇特，感情汹涌澎湃，仿佛被一种抑制不住的力量推动而向外奔涌，具有极强的感染力。屈原在《离骚》中借诉说离别的忧愁，自叙平生遭遇，并以奇诡的想象抒发自己坚贞不屈的精神和爱国情感；而《天问》是屈原被放逐后，忧心愁悴，因此指天说地，评古论今，一口气洋洋洒洒地向老天提了170多个问题的著作，这些问题中的有些至今都是人生的终极问题，不断地被后人感悟与思考。特别浪漫的是，屈原以奇幻优美的笔调写出他幻想着去寻访女神，向宓妃求爱，以及他寻爱不得的痛苦甚至是那梦交幽媾的蛛丝马迹，这种奇艳的想象被现代人称为"意淫"。其实，所有这一切，不过是作者想表达自己对理想的一往情深以及对理想始终不渝的追求和坚持。后辈诗人都继承了这一手法，表面在写爱情，内核却与政治形势、个人命运以及对仕途的期望密切相关，无题诗即是其中的代表作。无题诗几乎都是爱情诗，诗句都写得极其婉转深沉、清丽典雅，都很有画面感，都带有那种咫尺天涯、求之不得却又欲罢不能的隐痛，对于中国文人百转千回的九曲之肠来说，这种形式也许最合他们的胃口，又想表白，又要隐晦，那么就只能依靠浪漫了。

风起云涌的战国七雄争霸，最后的结果，商鞅变法奠定了中央集权制的政治基础。经济制度的改革导致了秦国国力的增强，而他的连坐法、奖励军功、废除世卿世禄法，甚至调动了人性中恶的一面，使集权制进一步强化并使秦国拥有"虎狼之师"的强大兵力，迅速崛起为七国中实力最强的国家。有专家说，是以商鞅、李斯为代表的法家把秦推上统一中国的舞台，由秦消灭六国而完成"千古一帝"的伟业；读《史记》专家王立群老师则说是因为秦国的六代明君，重用人才，几代图强且能抓住时机又没犯错误，而六国则国君昏庸，又总犯错误，国内人才流失又贻误诸多机会，恰是杜牧在《阿房宫赋》中说的："灭六国者，六国也，非秦也。"小杜紧跟着又来了一句："族秦者秦也，非天下也。"深刻，辩证，历史的总结。

《阿房宫赋》是我除《长恨歌》之外最喜爱朗读、背诵的篇章。"长桥卧波，未云何龙？复道行空，不霁何虹？""明星荧荧，开妆镜也；绿云扰扰，梳晓鬟也；渭流涨腻，弃脂水也；烟斜雾横，焚椒兰也；雷霆乍惊，宫车过也；

辘辘远听，杳不知其所之也。"念着这样的句子，口中仿佛嚼着一枚橄榄。然而那迤逦三百里的繁华胜景，转瞬间"楚人一炬，可怜焦土。"随着杜牧的一声"嗟乎"，他发出了对世人的警叹："使六国各爱其人，则足以拒秦。使秦复爱六国之人，则递三世可致万世而为君，谁得而族灭也？秦人不暇自哀，而后人哀之；后人哀之而不鉴之，亦使后人而复哀后人也。"这段有点绕口的文辞，在中学的课堂上，被学子们朗朗诵读，听上去是那样悦耳，具有深入人心的力量。历史的余音缭绕，杳然知其所之也。

轻轻抚摸历史的年轮，从夏王朝迈入国家的脚步开始，到西周的制礼作乐所确立的社会制度及其具体内容，进而到春秋战国为华夏大一统所做的铺垫，以及它带给我们的无数浪漫之作，中国的历史就是这样波澜壮阔，跌宕起伏。为了让更多的人看清历史的年轮，让这么美丽的年轮不断扩展开去，历史学家与考古学家对于中国历史的追寻真正可以用"前赴后继"四个字来形容与概括。强大的科学技术手段，多学科大兵团作战的组织形式，为考古学提供了雄厚的物质基础，越来越多的历史遗案将昭告于天下，对历史会有更加深入、更多层次与角度的认知。然而，面对如此丰富的古代文化遗产，全民意识中对祖宗遗产保护责任的认知和自觉性到底达到何种程度呢？周公在礼乐制度中所倡导的"德"的核心，在现代人的价值观中占到几许地位呢？我们永远只是轻轻抚摸历史的年轮，不要惊扰它，更不要伤害它，让它的年轮永远清晰，始终能为我们讲述那一串串隽永的故事。

1. 青铜爵 二里头文化　　　　　　2. 西周武王时期 利簋 时期
　河南偃师二里头出土　国家博物馆　　陕西临潼零口出土　国家博物馆

曙光初照下的幽燕大地

——记北京几处著名的新石器遗址

　　北京是我从小生长的城市，然而直到我年过半百之时，才开始对"……是怎么来的？"这一问题感兴趣，也许在这之前我根本就没能力回答这类终极问题，所以也没有认真想过。我幼年时多次去过的周口店，在儿子幼年时又带他去过。当我再次面对周口店猿人的雕像，它似乎在对我说，北京从原始聚落周口店到最新的革命文物——人民英雄纪念碑之间，已经相继走过了五十万年的历史。

　　北京是怎么来的？这个问题不要扯得太远，还是从北京的新石器时期说起。

　　人类居住场所和生活方式明显受着环境的制约，在远古的蒙昧时期尤其如此。将环境演变的顺序与古人类居住遗址结合起来，便不难看出史前和历史初期人类居住场所的变化，这些变化向我们揭示出我们的先人是如何走出洞穴，由山区走向山前丘陵地带及山前的平原台地，最终走向平原的移动或称进化的轨迹。

　　北京地区位于华北大平原的西北边缘地带，它的西部、北部以太行山和燕山山脉为屏障，东南呈东向渤海湾缓缓倾斜的平原。它很像半封闭的海湾，因而被形象地称为"北京湾"。北京平原在经过近代古地理环境的演变过程之后，冲击形成了三块台地：一块位于太行山山前，处在永定河与拒马河之间的台地，在北京的西南，它是北京平原三大台地中最小的一块，被称为房山—良乡台地；一块是位于军都山南，处在潮白河与永定河之间的台地，是三大台地中最大的一块，温榆河发育其上，称为昌平—北京台地；第三块位于燕山以南，潮白河往东的一块台地，泃河、错河发育其上，被称为杨各庄—平谷台地，这三块台地都位于山前，在这些台地之间发育着广阔的泛滥平原。考古发掘向我们展示，有着优越地理位置的北京小平原，从很早的时候起，先民们就在这里生息繁衍，创造了悠久历史的灿烂文化。北京在经过"新洞人"和"山顶洞人"的发展以后，大约在距今10000—4000年前进入了新石器时代。

在大约距今10000年的新石器早期，在西山清水河的东湖林二级阶地上存在着东湖林人的遗址；距今约8000年的新石器早、中期，在平谷泃河北岸二级台地上存在着上宅遗址；而位于房山拒马河西岸台地上的镇江营遗址，存在于距今7000—8000年的新石器早、中期。不仅是新石器时期，就是其后的商周遗址，也都分布在二级台地或二级阶地上。我们的先人为什么会选择这样的土地来繁衍生息，他们又留下了怎样的足迹呢？

考古发掘似乎总是能与"偶然"扯上关系。1966年4月初，北京大学地质地理系的同学实习时在北京门头沟区东胡林村西侧发现了一些人骨，随即通知了中国科学院古脊椎动物与古人类研究所，经过考古发掘，认定为是一处新石器早期遗址。遗址的南面，蜿蜒的清水河流过由侏罗纪火山碎屑岩系构成的侵蚀低山区，向东注入永定河，清水河河谷较窄，两侧分布着河漫滩和两级阶地。人骨与文化遗物均产于第二阶地上的次生黄土堆积里，它的时代应为全新世。

东胡林遗址就这样浮出了水面，它是距今10000年左右的新石器时代初期的墓葬遗址。根据保存的三对完整的骸骨判断，墓葬中为两男一女。考古学家认为，这种两男一女的合葬制度反映了氏族社会内家族组织的存在，其所处的社会发展阶段，应是母系氏族公社的繁荣期。

该氏族社会的墓葬文明程度反映了北京人类发展的初级阶段与其生活的地理环境密切相关。第四季末次冰期后，全新世初期，气候开始转暖，人们纷纷离开穴居的山洞，向近水源的山间及山间的平坦地面迁徙。附近的山地仍是采集、狩猎的场所，平坦开阔的黄土台面便于人们活动，也是较好的墓葬地。黄土阶地面既有利于人类生活取水与土地利用，又有利于抵御洪水的侵袭，反映了新石器时代初期人类开始向平原过渡的特点。

墓中以女性个体保存的材料最多，可判断为一少女，而且文化遗物保存在原来的位置上，就是都在少女的身上。一串螺壳项链位于颈部，骨镯在腕部，河蚌制品置于胸前。螺壳项链由五十多枚小螺壳组成，专家鉴定这种螺壳属于生活在海滨的蜓螺，每个螺壳的顶部，均有磨成的小孔，穿系起来，可以想见当年戴在少女的脖子上一定很漂亮。位于腕部周围的七枚扁状骨管，系由牛的肋骨截断磨制而成，四长三短，从原排列位置观察，可能是长短相间，用绳索穿连为一副骨镯。河蚌饰品则已破损。文明曙光初照下的北京人，已经有着这样精致的审美意识，并做出了这么美观的饰品，少女像被电脑复原之后，她佩戴着这些饰物，穿过远古安静地看着我们。

从文化遗物的性质，人骨上的一些特征看，要比现代人，甚至新石器时代晚期的人都原始，专家认为是比较早的遗存，但缺少文化遗物。因此，北京地区到底有没有新石器时代早期文化仍是一个未解的疑问。直到镇江营一期文化类型的发现，才为解决这一疑问提供了重要线索。

镇江营遗址位于房山区北拒马河西岸，南依镇江营村。其一期遗址属新石器早期，距今8000多年。先民们从山区的洞穴中走出来，在就近的阶地面上生活，而且进一步迁徙到了山区边缘的冲洪积扇与台、高阶地上定居。镇江营遗址就是坐落在北拒马河西岸开阔的平原区，第二级阶地面上。优越的气候、水源、土地是使镇江营文明发展的主要条件。遗址反映了当时人类主动适应与选择自然的结果，它填补了北京新石器早期阶段考古学的空白。

东胡林与镇江营两个遗址的存在及其特征，说明了它们是周口店旧石器时代人类活动的继续，是人类生产和文化的一个进步，有力地展现了人类已有了较强的适应及开始改造自然的能力。

上宅文化遗址位于平谷区城东的上宅村北，金海湖的西北岸，文化遗址分布于第二级黄土台地上的一条东北至西南向的冲沟内，距今7000年左右。遗址中出土了包括农业生产用的石器和生活用的陶器，文化层中还出土了禾谷作物的孢粉、碳化果核和灰烬、家畜和野兽的雕塑艺术品以及石质捕鱼工具等。这反映了在全新世最适宜气候条件下新石器时代中期人类以农业为主，开始定居，文化日益繁荣的事实。上宅遗址的发现，填补了北京地区新石器时代中期文化的空白。地理考古学家侯仁之先生认为，上宅文化可称得上是北京东部沟河流域的新石器文化的代表。

北埝头遗址位于平谷区城西北的北埝头村西，距今6000年左右。新石器时代的北埝头人是在错河改道到北埝头村北形成了第二级阶地之后，开始定居在这临河的第二级阶地面上的。当时的气候、地貌、水文、土壤等条件都极有利于人类的生存。湿润的气候及临河丰富水源加上阶地面上的黄土底层，既适宜人类生存，又利于农业生产。该遗址与平谷上宅遗址相比，处于距离山地较远的河流平原区，说明先民们走得更远，进一步走向了平原。由于周围没有直接的山地作为依托，为避风暴及走兽，人们选择了阶地东侧较高的地势，并用挖半地穴的方式保护住室的安全。在房屋遗址中，发现了埋在地下保存火种的深腹陶罐内有木炭和灰烬。这表明居住在这些设有火塘房屋内的人们，很可能是一个对偶家庭。专家推测为氏族部落遗址。

雪山遗址位于昌平区西的雪山村南。雪山一期相当于仰韶或龙山文化时期，距今6000多年；二期距今4000—5000年。人类当时对居住地理位置的选择是十分恰当的，是台地与冲洪积平原交界地带，台地两侧有源自山地的关沟河与虎峪河流过。研究发现，气候较湿润时期的雪山一期文化遗址多分布于较高的第二级台地面上，而气候较干燥的第二期文化遗址又多分布于较低的第一级台地面上。这与人类自古以来"随水而居"的准则是一致的。人类就是在不断地适应自然与自然的矛盾斗争中生存与发展的。

以上我们可以大致勾勒出北京地区新石器时代人类由山区向山前丘陵地带和山前平原台地，并进一步向平原地带移动的轨迹。与人类这种一步步脱离山区、半山区而向平原地带发展相对应的，就是人类逐渐脱离狩猎、采集方式而向农业生产方式的转变。在人类最初懂得栽培之后，只有平原地区才能为人类提供更多的便于开垦的肥沃土地。在生产水平十分低下、生产工具十分简陋的情况下，不断寻找便于耕作的土地，才是人类不自觉地由山区、半山区向平原地区迁徙的真正原因。山前丘陵和平原靠近河流的台地，本身可避免水患，四周有肥沃的土地可供开垦，又有丰富的水源可供灌溉和交通，因此成为新石器时代人类主要的栖身之所。北京新石器时代遗址就其大多位于河旁台地这一点来说，在中国具有普遍性。

恩格斯在《家庭、私有制和国家的起源》中说："农业是整个古代世界的决定性的生产部门"。世界各大原生文明，无一不是在早期较为发达的农业基础上产生的。这是因为只有农业的发明与发展，人类才能告别游猎时代，走向定居的聚落并进入较为稳定的社会组织——氏族之中，从事生活资料和人类自身的生产和再生产，而人类文明也只有依托于经济基础的发展才能不断进步。

北京新石器时期先民们的迁徙轨迹告诉我们，由于不断进步的工具制造技术，使人类增强了与自然斗争的能力，人类的文化也就不断地进步。新石器时代的北京人，已经从石器的打制技术为主转变为磨制技术为主，创造了许多农业生产工具。制陶技术的发展也十分迅速，上宅遗址在早期是夹砂陶占大多数，到晚期的遗址中泥质陶大量增加，至第三期则以细泥陶为主。学术界一般认为，陶器的生产是和农业经济的发展联系在一起的，一般是先有了农业，然后才出现陶器。陶器制作的进步，反映了上宅人生产和生活用具的不断进步，以及残留的采集活动逐渐被农业取代的事实。原始农业与饲养业形成并发展，这是社会进步的重要标志，说明人类社会进入了新的阶段。

新石器时代北京三大地貌区的发育演化特征及其规律，决定了山前地带是北京文明发展的主要地区。该地区既是沟通中国南北方交通的重要枢纽地带，也是新石器时代南、北方中国文化交融的地带。历史地理学家侯仁之先生指出，昌平雪山以及平谷上宅等遗址出土的遗存中，就已经显示出南北文化交流的迹象。来自北方的红山文化和来自中原的龙山文化，在北京的平原上，与本文化相接触，从而使这里的古代文化既具自身特征，又融有相邻文化的某些因素。

这一特点，通过近年来的考古发现和研究，正在日益显示出来。考古学上所说的"燕文化"，应该就是在这一历史背景上逐渐发展起来的。这为北京城的起源和北京城成为全国的文化中心奠定了基础。因此，从历史渊源上看，北京今日能成为全国的文化中心不是偶然的。

1. 新石器早期 骨镯与项链 门头沟
东胡林人遗址出土 首都博物馆

镇江营断想

在首都博物馆的通史展厅中，端坐着一只红陶壶，来自北京房山区著名的镇江营遗址，距今至少已有 7000 多年的历史。镇江营遗址所处的环境靠山面水，适宜人类生存，很早就出现了人类活动遗迹甚至是居住遗址。遗址出土的大量陶器及石磨盘、石磨棒、陶网坠等表明镇江营一期文化的经济生活是以采集和渔猎为主。镇江营为我们留下了不少珍贵的文物，遗址的发现填补了北京西南地区新石器早期较晚阶段考古学的空白，它证明后冈一期文化不可能来自磁山文化，其源头就是镇江营一期文化。

在镇江营的考古研究报告中，经常可以看到"后冈一期"这几个字眼，它是一处什么样的遗址呢？后冈遗址位于河南省安阳市西北，临近殷墟。梁思永先生因主持了 1931 年的发掘，获取了中国考古学史上第一个明确的仰韶文化和龙山文化的地层关系而闻名。后冈遗址仰韶时期遗存成为豫北冀南区的代表，被称之为后冈类型。20 世纪 80 年代以来仰韶文化研究进入了更深的层次，各地区仰韶时期的遗存有着各自的源流和分期，已不再是仰韶文化一词所能包容的了，因此，有专家提出"后冈一期文化"的概念，将其从仰韶文化中分离出来。1979 年武安县磁山遗址的发掘引发了后冈一期文化来源方面的问题，当时非常盛行的观点是磁山文化为后冈一期文化的直系祖先。而镇江营遗址的发掘与研究，导出了这样的结论：后冈一期文化是镇江营一期文化的直接继承者，承袭了镇江营一期文化的制陶工艺和审美意识。

这些专业的考古结论讲的是文化年代发展之间的关系，它们能向我们说明哪些道理呢？

考古学家告诉我们，任何文化都有其自身的稳定性贯穿文化始终，这种稳定性可以称之为"内核"。文化内核就是由本身的集中突出特征组合而成的文化躯干，从而显示出与别种文化相区别的特色。我们把握住内核，才能澄清文化的本来面貌，避免内涵的不断外延，正确理解一种文化的类型。这种红陶器就是镇江营一期文化的内核，所以只有它才有资格坐在博物馆里。小小一件文物，承载了太多的信息，它告诉我们，考古学家们是如何根据早期的特征探寻文化的源头，如何依照晚期特征考察发展趋势，如何依据每期的横断面以纵观同期的生产生活总况，又是如何观察各期的纵向联系来区分不同的文化。也许只有"抽丝剥茧"这四个字，才能形容考古工作者的工作历程，它告诉我们，严密的、科学的分期是文化研究的必要基础，而客观、审慎、不懈的工作，才能不断地揭开历史的面纱，看到它本来的面目。

因为这件小小的红陶壶，使我对它的历史产生了浓厚的兴趣，有了去探访镇江营的意愿。我翻开《北京考古集成》，让我读到了更多的感人信息。

蜿蜒的拒马河发源于山西省北部，东流横断山脉，于北京市张坊处分为南北两支，在它注入大清河之前，滋润着两岸千里沃野，万顷果园。拒马河流域西、北毗靠太行山余脉，东邻燕山南麓，南向华北大平原敞开门户，处于南北交通之要道，沿拒马河逆流直上，又成为东西联系之孔径。1986年，由北京市文物研究所的人员组成调查组，对北京境内的拒马河流域进行了详尽而又艰苦的调查，共发现先秦古文化遗址20处及采集点15处，尤其是镇江营新石器文化遗存的发现，修正了1959年以来认为该遗址属商周时代的认识。另一重要收获是在当地农民采石沟的断崖上发现了塔照遗址。从1986年9月至1990年7月，发掘工作持续了五年，隶属于北京房山南尚乐乡的镇江营遗址一直是工作重点。这一项考古发掘及研究工作，清楚地理出了这类遗存的年代关系，使拒马河流域有了完整的新石器时代文化的考古学编年，其重要意义不言而喻。

关于这项考古研究工作很多年前就已有专著出版，但令人最为动容、甚至难以忘怀的是在这项工作中考古工作者的敬业精神。考古学家自调查拒马河先秦古文化遗存始，中间选择镇江营和塔照两遗址进行发掘，至结束遗址的发掘，共用了5年时间；从整理、研究发掘资料，到编写出研究专著，又费去了7年时光。作为这一研究项目的主持人，随着这12年时光的流逝，从风华的青年进入了深沉的中年。人生有多少个12年，人生能以旺盛精力工作的年代，又有几个12年！考古工作者就是这样，不要说用自己的风华年代，就是付诸了毕生的精力，也完成不了几项考古工作，或说取得不了几项成绩。是什么样的价值观支持着他们，忍受着艰苦、孤独与寂寞，年复一年、月复一月，在风霜雪雨的考古现场，在堆积如山的资料之中，默默地耕耘。也许专家对此项考古研究项目的评审意见，能帮助我们进一步理解这项工作的意义：

　　"过去，拒马河流域所做的考古工作很少。我所拒马河考古队十余年的辛勤劳动，获得了大批的第一手资料，由此建立起拒马河流域先秦考古学文化的编年。一个地区的文化编年是今后考古工作的标尺，是类比的基点。拒马河流域的考古学文化编年对整个华北平原乃至长城沿线的先秦考古研究有着重要的贡献。"

——北京市考古学会会长 北京市文物研究所所长 研究员 齐心

"实事求是是此书突出的特点。目前编写的考古报告中，人为地增减资料是普遍现象，虽然是研究后的增减资料，但确实给进行第二手研究的人造成选材上的困难。本书以严谨的态度对待实物资料，将所有的地层关系、平面图和剖面图全部发表，标本也尽可能多地使用，对迄今尚未解决的问题并不避讳，这是考古工作者应有的科学态度，是一种难能可贵的求实精神，也是作者学术水平的客观标志。

作者在核实标本的过程中，将数千张标本卡片反复核对过三遍，力求准确无误地反映标本的特征，对千余组叠压打破关系也反复核对过三遍，使地层确实成为相对年代的可靠基础。在严谨、认真、客观主导的精神下研究，才能具备科学性、准确性、可信性，才能为后人再研究提供全面的资料。该书在这一点上确实下了大功夫。"

中国社会科学院考古研究所研究员 徐苹方

考古工作者就是这样，通过自己不懈的努力，为后人展示着历史的脚步与脉络，敬业、奉献的价值观，神圣的使命感，严谨、认真、客观的治学态度，在当今物欲横流、追求眼前利益的时代，始终是一盏明灯，照亮我们的灵魂，告诉我们人生的真正意义。

基于对考古前辈的敬仰以及对文化遗址的向往之情，我曾两次专程前往镇江营遗址探访。驱车从京港澳高速琉璃河出口下来，便直奔长沟—大石窝方向驶去。一路可见从大石窝一带开采下来的，摆放路旁的石料及石雕，那些石料具有不同的色彩和天然形状，花纹如行云流水，风格各异，唯美中彰显出北方雄健的风格。据说天安门的汉白玉都是出自这里。一路打听镇江营和那座古塔，令人欣慰的是，年纪稍长的人都能熟门熟路地指出方向。一位大姐还告诉我说，今年雨水大，听说上边又来水了，已经好几年没见水了。话语中的那种欣喜之情感染着我，更增加了对镇江营的向往。下了公路进了村路，终于顺利地到达了镇江营村。从苏天钧先生（我称他为苏舅舅）主编的《北京考古集成》中，找到过一张1986年镇江营开始发掘时的遗址照片：一座小山坡上，那座辽塔立于槐树之旁，宽阔的拒马河在脚下流过。时隔二十多年，我来到此地时，小树已长成大树，遮蔽着辽塔，脚下是镇江营村，依然有河水流淌。但它旁边却是一条宽阔的碎石滚滚的采石大沟，时有运输的车辆穿梭而过，羊儿寻找着石窝中的嫩草，何处是大姐所说的涓涓细流？村里的老乡说，遇上上游下大雨，这条大沟仍是一条大河，从这沟中采集的沙石是用作修京港澳高速二线的。城市在不断地建设，遗址及文化层却早已荡然无存，连一座陈列展馆都没有留下。我怅然若失地站在村口，仰望那槐树与古塔，想起一路看到的那些待价而沽的缤纷石料，不禁有些黯然神伤。《镇江营与塔照》出版时，因开挖石料，遗址就已遭到毁灭性的破坏，印有祖先足迹的那些遗址，如何抗拒得了商业利益的诱惑？二十多年是能成长起一代人的时间，然而也正是这二十年，将何止几代先人们生活的文化遗址毁坏殆尽。考古工作者奉献青春甚至是毕生精力发掘出的遗址，该由谁来保护，谁人又保护得了？空中飘下细细的秋雨，渐渐打湿了地面，老槐树与古塔依然健在，仿佛是给我为镇江营的悲哀送上一个淡淡的安慰。

"蓦然回首，那人却在灯火阑珊处"，这是王国维先生所说人生三境界中的最高境界，也是我翻开《北京考古集成》时会有的心情。我们的考古工作者很多都具有这种力量，虽居于"灯火阑珊处"，却能将后人惊得频频回首。所谓"蓦然回首"，是因为受到了震撼，中国拥有一批默默无闻地造福于人类、为社会做贡献的人们，他们的品质与精神，构成了中华民族的灵魂。中国就是因为有了一大批这样的人，才拥有了自己的国力与国格，成为被世界所尊敬的、屹立于世界东方的大国。遗址虽然消失了，但历史永远不会消失，它是一把能真正护佑心灵的大伞，使我们能在历史的长河之中探索、思考，建立起自己的人生坐标，以史为鉴，为自己的人生定位。

1. 镇江营遗址的辽塔

平谷上宅遗址

    1984 年文物普查时，考古工作者在平谷发现一处重要的新石器时代遗址——平谷上宅遗址。遗址位于北京市平谷区韩庄乡上宅村西北的一块高地上，因为以前建有古庙，所以被当地称为大庙台。遗址北靠燕山支脉的金山，南临洵河，是地势高出洵河河床 10—13 米的一块台地，时代最早可上溯到距今 7200 年左右。遗址的遗存十分丰富，包括农业生产用的磁制石器和生活用的陶器，还出土有禾谷作物的孢粉、碳化果核和灰烬，石质捕鱼工具和一些精美的工艺品。这反映了在全新世最适宜气候条件下新石器时代中期人类以农业为主、开始定居、文化日趋繁荣的事实。

    上宅一期的遗存虽然不多，但特征显著，其文化面貌与兴隆洼文化有较多相似之处，专家推测也许北京地区的燕山南麓正是兴隆洼文化分布的南界。上宅二期文化堆积层是该遗址的主要堆积，出土遗物丰富，特征十分鲜明，其中鸟首形镂孔器和大口深腹陶罐是自身特征明显的代表性器物。尤其是具有北方文化因素的之字形、筒形罐和具有中原文化因素的篦点纹、陶盂、支架形器共存的现象，在已知考古文化中很少见到。因此专家认为，以上宅二期文化遗存为代表的文化是分布于中原和北方两大原始地区接触地带的一种新的文化类型，这种文化的面貌独特，很难归属为任何一种已知的文化。

    在上宅遗址中未发现人类居住建筑，但是在与它同类性质的平谷北埝头遗址中，清理发掘了十座半地穴房屋遗迹。这十座半地穴式房屋遗迹多为不规则椭圆形，居住面平整光滑，并经火烧成红色硬土面，室内中部附近均埋有一个或两个较大的深腹罐，是炊煮或保存火种的火塘。这是北京市第一次发现的新石器时代早期房屋建筑，为复原当时的聚落形态提供了较为重要的资料。

    上宅遗址是北方早期文化与中原地区早期文化的一个中间类型，其文化层出土的器物，既反映了中国北方草原文化的特点，又兼有中原文化的特征。这与上宅的地理环境有关：其东沿燕山山麓与东北地区相通；西沿燕山山麓又与内蒙古、山西相接；西南沿太行山麓与中原沟通。上宅文化以其独特的文化内涵，表明在东北和中原两大原始文化区内，有不同的原始文化共存，是一种代表北京东部地区洵河流域的独具特征的新石器时代文化类型。它所反映出的与东北、中原地区新石器时代文化相互影响的因素，说明在新石器时代的北京地区，就已开始了中国南北文化交融的历史，为北京成为一个全国文化中心奠定了基础。上宅遗址的发掘，为燕山南麓新石器文化较早阶段的研究增添了新材料，使考古学家对北京及附近地区新石上宅器时代早期文化有了新的认识。

红顶碗是上宅文化中非常亮眼的一件器物，因口沿处呈现出红色而得名。在甘肃大地湾出土的彩陶中，有许多碗和盆的口沿上只有一条暗红色的彩带，考古学界称它为宽带纹，据碳14考古测定，这种彩陶的年代距今已达8000年之久。上宅文化最早也可上溯到7200年左右，这种碗上的红顶与大地湾的宽带纹有着什么样的关联吗？事实上，红彩早在距今数万年前的中国北京山顶洞人时期，就被赋予了十分神秘的宗教寓意。这只红顶碗在冬日阳光的照射之下，仿佛被笼罩在一层远古文明之光中，神秘而又美丽。

大口深腹罐是上宅文化特征明显的代表性器物。它大口外敞，厚圆唇，深腹，平底或底稍内凹，夹砂褐陶质，是先民们用于炊煮或保存火种的用具。还有提水用的双耳罐，新石器时期的那些双耳罐都十分有趣，不仅是因为它们的造型朴拙可爱，还因为罐耳位置与罐子重心具有十分微妙的和谐关系，灌水时倾倒，水灌到一定量时罐子会自己立起来，罐耳设计的总是能在打水或提系时使罐身保持在平衡位置。先民们是怎么找到这种位置关系的，至今还是一个谜。

上宅遗址的红陶猪头与石磨盘、石磨棒都在证明当时的先民已经进入农耕文明。仔细看那只小小的红陶猪头，会发现它的獠牙已经很小，更多表现出家猪的特征。石磨盘和石磨棒是用来研磨谷物之类的农作物的，表明这个时期不仅出现了原始农业，先民还有了处理谷物的工具。农作物与农业的出现，使先民们定居下来，聚落出现了，逐步发展为部落，文明的脚步向着国家而迈进。

鸟首形镂孔器是上宅文化中所独具的，为泥质类砂褐陶。顶部为一鸟头形，两侧的戳印纹描绘出秀美的长眼，腹部有4道长方形镂孔，遍体还饰刻了划线纹，构成了流畅的羽状，造型奇特，十分具有吸引力。因为镂孔部分器壁很薄，不具备支撑力，因此不像是生活用品，在其他新石器文化中不曾见过。专家认为它是一件宗教祭祀用品。望着这件陶器的造型，它多么像先民们早期居住的窝棚的结构，而它顶部的鸟首，则融入了先民们鸟崇拜的原始信仰。实用的窝棚与神鸟相结合，这就是他们心中理想的殿堂吗？他们是否将一座宏伟的殿堂浓缩成一件类似今天神龛的小型祭祀物，以便于每天的顶礼膜拜？这是我心中的想象。

　　英文单词考古学——archaeology，它的词根具有古代、初始的意思。有专家认为，这个词暗示着这门学科是人们通过发现和观察古代物质遗存而建立起个人与上古时期的联系。而只有这种与那神秘"大始"的个人联系，才能解释考古学家对其事业终其一生的献身与迷恋。不仅是考古学家，这种对个人与上古时期联系的追寻，以及这种追寻所具有的摄人魂魄的魅力，令普通人也难以抗拒。

　　既然平谷新石器时期的遗址与文物这么丰富，我们不禁会产生一个问题：平谷地区遗址多，历史久远，为什么没有成为京都所在地？考古发掘告诉我们，城镇的设置与兴衰是受政治、经济、文化、交通、环境等多种因素决定的。在生产力低下的原始社会，刚刚走出洞穴的先民们，对生活地区的选择，是以在狭小的地区能获得多种生活来源为依据，在这种相对封闭的小区域内，先民们感到更安全，与外界接触甚少。平谷盆地的北、东和东南均为中低山环绕，而西南有着西北—东南走向的 10 千米长的低丘分布，这样它与北京平原既紧密相连，又有自身相对的独立性。盆地中有潺潺的洳河和错河穿流而过。青山绿水加上沃土，为先民提供了衣食之源，这里成为先民们较理想的生活场所。但是，当铜器时代出现，直到铁器时代的到来，农业生产逐渐成为人们生活主要来源。生产的进一步发展，促使人们对交换的需求与日俱增，此时，平谷三面环山及丘谷的较封闭环境成了人们交往的障碍，生产、文化都逐渐落后于交通便利的地区，更谈不上京都在平谷建立。这从另一侧面说明北京城的兴起，环境、地理起了很重要的作用。

　　平谷上宅文化陈列馆，坐落于金海湖的西北方向。驱车从枯柳树环岛一直往东，一路上景致开阔，初冬的阳光洒向宽阔的路面，宁静而又温馨，路边不断有果园出现，平谷大桃的名头是很响的。过了金海湖大坝，就来到了陈列馆。这是一座人字形马架子式的建筑，遥现出当年先祖们半穴居式的建筑形制，主体建筑旁的那座建筑更像一座马架子，只不过现代化的结构取代了窝棚的简陋，看上去非常漂亮又很抽象。馆内展品不多，精品大多被大博物馆或文物研究部门提走了，但仍有一半左右的石器工具，在彰显着自己珍贵的文物价值。陈列馆院内还陈列一批石雕，孤独地站在角落里，寂寞地焕发着那种掩盖不住的古朴气息。其中有一座石棚吸引了我的视线，它让我想起了辽宁海城析木城石棚。那是商周北土青铜时代的遗物，由五块巨大的白色花岗岩石板组成，盖石巨大，因形状像古代帝王的冠冕，所以文献又将它称为"冠石"。我曾在辽宁省博物馆石棚的复原像前徘徊了很久，因为我总是被这种带有祭祀色彩的神与巫的主题所吸引，并深深地迷恋于它。上宅文化陈列馆的这座石棚要小很多，没有析木城石棚那种磅礴的气势，但它的构成仍带给人一种深沉的暗示。这批石雕没有说明，也就无法了解它们背后的故事，也无从知道这座石棚是什么时期的。专家认为上宅遗址的文化面貌与兴隆洼文化有较多相似之处，而北方文化因素与中原文化因素共存，构成了上宅文化的独特特征，是分布于中原和北方两大原始地区接触地带的一种新的文化类型。文化之所以有魅力，很多都在于它们的相互交流与相互融通而产生的多层次的美。能够享受到这种美，对我来说已经足够了，不求甚解的我也就不去追根寻源了。

上宅文化陈列馆周围是大片的果园，初冬时节的枝头果实虽所剩无几，但苹果的颜色因为彻底成熟而更加美艳，咬一口，清甜新鲜的滋味与汁水溢满口中，这是被天然肥料培育出的果实，这里也是一块曾经养育我们先祖的沃土。

1. 新石器中期 红陶鸟首形镂孔器
平谷上宅遗址出土　首都博物馆

铜钺生辉，金钏灿灿

——平谷刘家河商代遗址

在探访镇江营回来的路上，琉璃河西周遗址博物馆是必去的地方。我一路寻访过去，无论是路标还是向当地人询问，他们对琉璃河遗址的称呼都为"商周遗址"。在回答我的问路时，都要纠正式地再询问一遍："是商周遗址吗？"在我的头脑中，因为琉璃河西周城垣的发现，已将其定位为北京建城的起始点，这已成为北京市委、市政府的宣传用语，所以我把琉璃河遗址与"西周"两个字牢牢地联系在一起，但对把琉璃河与"商"扯上关系颇为诧异。

武王分封为何把北方的封地选在燕？按照一般的逻辑推理，在北方建立新的统治据点，所选之地一定要具有建邦的基础，不可能白手起家去建立邦国。专家告诉我们，召公受封燕国，是周武王灭商后采用"封邦建国""以藩屏周"的统治政策的重要组成部分，而其分封的具体办法又往往与被灭国家的状况有密切的关系。商朝是起源于黄河下游的漳河两岸，以太行山东麓的冀南、豫北广大地区为活动中心的商族所建立的强大的奴隶王国，先以中原为基地，后又不断向外扩大势力。它在"内服"之外大封"外服"即方国作为屏障，东方有商奄、薄姑（蒲姑）为与国，北方有同姓之燕亳、孤竹为与国以及肃慎等属国，西方在晋西南之石楼、永和、灵石一带建有与国，南方则在湖北黄陂盘龙城等地建有邑国。其中又以东方与北方之方国较为强大。在这些地区商代文化的大量出土，尤其是大墓、城址的发现，以及象征权威的兵器——各类青铜中多钺的事实，都可以得到说明。所以，当周初分封时，必须从这个基本前提出发，采取相应的统治措施。为此，周初分封时，在商朝的首都——安阳和汲县（即朝歌）一带，派出了武王的弟弟康叔建立了卫国；在东方之商奄，封周公建立鲁国；薄姑封师尚父吕尚建立齐国；在北方于燕亳，封召公建立燕国，于蓟城封帝尧之后建立蓟国等等。同时，周之统治中心又从西向东移，在河南洛阳建立东周，谓之"成周"。如此，周在商之力量最强大的地区，如武庚发难之地，北方抵御燕亳之区，都有最强大的力量和重要首领分封于此，坐镇其地以藩屏周。周王这样部署的目的，主要是对付被打倒的商族和其他各族的反抗，同时把同姓封于内线，在成周最近之处，构成犄角之势，也可防止联盟中异族的内叛，其用心是十分良苦的。正因为如此，再加之其他原因才使周之天下长达八百余年，是中国历史上一个姓氏统治时间最长的王朝。

专家的研究成果告诉我们，燕之起源并非始于周初的分封，而是殷商时期就已经发展起来的一个地方势力，或称方国。这个从属于商的自然生长的奴隶制方国，早期称匽，至于燕之名得于何时，至今尚无定论。最早的燕字只见于甲骨文，为象形字，稍晚的燕字为金文篆体，隶定后的燕字，大概始于简册。周初分封时，燕之名已有文字记录，其地望就是"燕之亳社"或"燕亳"。周王的北方封地，定都何地有一个能否站稳脚跟的问题，而且周朝的北方之敌又主要是方国燕亳等，因此召公到北方后直指燕亳旧邑，是最为有利的，既可就地控制，又可利用本地资源，燕亳旧都乃是周王的最佳选择。

既然召公被封燕前，燕地并非荒无人烟，已有方国存在于北京地区，那么商代之燕创国于何时？商代燕国文化的面目如何？这都是追根寻源的考古工作者所关注的问题。1977 年，在平谷区刘家河村发现了商代墓葬，出土了一批青铜器。专家认为，无论从器物的组合关系，还是从器物的造型和花纹，都可以判定刘家河铜器群属于"商式"铜器，大体属于殷墟一期，约相当于商代历史上的盘庚时代。尽管当时还无法准确地判断刘家河铜器是当地铸造的，还是来自中原的制品，专家都断言它们与中原商文化的关系最为密切。

刘家河遗址出土了一件青铜三羊罍，一直稳稳地坐在首博的通史展厅中。商代前期铜罍的演变大势是器体从瘦高向矮肥发展，主要是颈、腹逐渐变得矮肥。刘家河的三羊铜罍已经是矮肥形，在它的肩部凸起三个羊头，卷曲的犄角呈祥云状，下垂的目光十分内敛，微抿的嘴巴显现出温顺的性格，腹部有两道扉棱，底部宽宽的外撇形圈足稳重中透着优雅，整件器物精巧美观。

刘家河还出土了一件重量级文物，那就是铁刃铜钺。它的刃部是铁的，但它采用的不是人工冶铁，而是天然陨铁。就是将陨铁锻制成薄铁刃口后，和青铜钺身一起浇铸，使铁刃和铜钺熔成一体，成为铁刃铜钺。这件看似不起眼的器物，告诉我们一个重要的信息：早在 3000 多年以前，北京地区的先民，已经懂得利用天然陨铁，并且掌握了加热锻打技术。铁刃铜钺在考古中极少发现，至今全国只发现了三四件，国内现有的商代铁刃铜钺只有两件，另一件出土于河北藁城台西村。这件珍稀文物说明，北京地区从商代开始使用铁，到现在已经有 3000 多年的历史，从而将我国用铁的历史从春秋时期向前提早了 1000 多年。

平谷刘家河铜器群的发现，意味着商人势力北进之前锋，在盘庚时代已抵达燕山南麓。商人迅速地向外扩张势力，表现在考古学上便是商文化的分布范围或商文化的直接影响，向四周有了较大的扩展：往东达到鲁中地区，向南跨越长江，西进关中地区，北方则至少到今石家庄一带，在太行山西侧还要更往北。盘庚时期基本保持了这种强劲的扩张势头，而其进取的目标，主要是西北和北方。殷墟卜辞中有充分的材料证明起码从武丁开始，便大力征伐西北及北方的敌人。然而实际上，盘庚迁殷，商王朝统治中心北移，主要原因是为了对付势力渐大，对商王国构成严重威胁的西北方向的敌国。在这种背景下，商人在先前的基础上继续往北推进，便是必然之事。

商人在燕山地区的活动尚难以详考，但在商代晚期，商文化的影响已经越过北京继续北上。在河北的卢龙，辽宁的朝阳、喀左，内蒙古的克什克腾、翁牛特、赤峰等地陆续发现十余起计20多件商代晚期的"商式"青铜器即可为证据。至商代晚期，燕山南北的一些方国已经与商王国建立了密切关系，有的成了商王国的附庸，成为商王国东北方向之屏障。这与盘庚时代商人涉足北京地区，应有直接关系。专家认为，盘庚时期对燕山南麓的经略，在后来商人与北方地区的交流方面，确有积极意义。

刘家河商代墓中还出土了几件非常漂亮的金器。一对金臂钏，用圆形金条打制而成，端部捶打成扇形；一对金耳环为扁喇叭形，底部还有一道沟槽，可能用于嵌饰；一支金笄子，就是女人的发簪，这几件金器造型简洁。以我的美学观点来看，金器的造型一定要简洁，即所谓的良材不雕，而这种简洁的造型，一定是提炼出来的，值得推敲与玩味的那种，而不是随便捶打出来的。刘家河金器的造型就是简洁的美，金笄子捶打出的那一道棱形，是现代工艺美术装饰中好用的手法，金臂钏端部的扇形，特别是金耳环那种三维的喇叭形，令人赞叹。

从历史的角度讲，刘家河金器具有夏家店下层文化的特征，它与"商式"铜器同出一地，该如何理解？据文献记载，商汤灭夏，一部分夏人往北方迁徙，后来发展成秦汉时期的匈奴。遗址考古也发现，被迁的夏移民已经分布到了燕山北侧，而且与当地权贵融为一体了。作为北方草原地区一支强悍的青铜时代游牧民族，当然是商王国不可忽视的力量。在这种历史背景下，商人势力在中原文化与北方文化的交界地区出现，或者说在北京这种特殊的交界地区出现两种不同时期的文化，应该是必然的事情。

从黄金工艺制品的角度讲，我国用黄金制作实用器及装饰品始于何时，文献中记载很少也缺乏物证。考古工作中，在河南郑州、安阳，河北藁城的商代遗址中分别出土过金块与金箔；四川广汉南典镇发现的商代金杖，是用纯金皮卷制而成，而金面罩、虎形饰是用金箔模压制成的；还有山西的保德县、石楼县也都出土了商代赤金弓形与金珥状器和金片。这些零散出土的器物，还没有形成工艺体系，只是出于原始阶段，说明商代已开始使用黄金制品。平谷刘家河商墓中的这几件金器，很是精致，引起考古工作者的极大兴趣，可以从中了解金器工艺品产生与发展的线索。专家们对几件金器进行了多次研究与鉴定，一致认为具有很高的历史与艺术价值，应列为国家一级文物收藏。1993年上半年，国家文物局对全国一级文物进行核查时仍定为国家一级文物。

1. 商 铁刃铜钺 平谷刘家河遗址出土　首都博物馆　　　　2. 商早期 金臂钏 平谷刘家河遗址出土　首都博物馆

青铜韵，青铜魂

在中国曲折漫长的历史文化长廊中，在原始社会迈入阶级社会的门槛之处，金色辉煌的青铜出现了，并逐渐取代了古朴的陶凤，中国的青铜时代开始了。一件件锈色斑驳、神秘而又具狞厉之美的青铜器，标示着上层贵族社会与普通平民生活明显的等级差别，人类进入了等级社会，并逐步进入了国家与文明社会。

CCTV 曾在一档节目中明确指出了文明的要素为"文字、城市与礼制"，这比之前的"文字、城市、青铜器"更为科学严谨地概括了文明的要素，青铜器就是礼制这一上层建筑抽象概念的具体体现。青铜器最初的功用主要是作为礼器使用，礼乐器主要用于祭祀和庆典，而钟鸣鼎食也是贵族身份与奢华的象征。考古发现的商周青铜器多是王室或王室大臣的重器。商代青铜器厚重，雄浑，纹饰带有浓重的神秘色彩，纹饰基本上是以浮雕的凶猛逼人的饕餮纹和夔龙、夔凤纹为主，这和商人的神权政治有关。周代强调礼治，常常在礼器上铸造长篇颂扬祖先和功业的铭文，风格也趋向于洗练、典雅、庄重，这是理性文化发展的表现。春秋以后，王室衰微，诸侯称霸，青铜器开始从王室垄断中解放出来，王室、王臣的器物明显减少，诸侯的器物明显增多，器形也突破了西周的传统开始向轻薄灵便和工整细腻的方向发展。青铜器的纹饰由礼器的狞厉之美演化为有血有肉的魂魄之美，而长江文明的青铜器更带有蓬蓬勃勃的浪漫色彩。

青铜器的鼎盛时代是商周，但是青铜器铸造工艺水平的高峰则是春秋战国时代。从考古发现情况看，春秋时期已使用的失蜡铸造技术，是中国古代青铜器成型加工的重要工艺之一。失蜡工艺是用蜡料制模，外糊范料，烘焙时蜡料融失，而得到无分范面的整体陶范，可一次获得具有三维空间构造、立体透雕效果的铸件，是中国青铜铸造工艺技术的重大进展。春秋中晚期以后的青铜器普遍采用了浑铸、分铸、锡焊、铜焊、红铜镶嵌等工艺。分铸工艺是器身与附件分别做模，最后把各部分铸件组合在一起浇铸、焊接成型的工艺。它便于铸造形制复杂的器形，同时使铸件的各部分连接坚固。

战国以后，青铜器的使用范围更是扩大到社会生活的各个领域。日用器物，如釜、扁壶、铜镜、带钩、建筑装饰件、车马器件等明显增加；在青铜器的装饰手法上，铜镶嵌、透雕、金银错等新工艺迅速发展，这标志着青铜器时代在让位于铁器时代之前又达到了一个艺术高峰。纹饰更多反映现实生活场景，像贵族宴乐、农妇采桑、水陆攻战等，或单独成画，或组合成画，场面阔大，人物造型生动，反映出先秦造型艺术从表现神道到表现人道的转变，映现出战国艺术家出神入化的创作技巧。

青铜器与礼制是花与果的关系，而礼器之美也被越来越多的专业及业余爱好者津津乐道，他们与青铜时代的美器对话，希望能与它们沟通，以建立远古与现代的联系。杜牧的诗句："折戟沉沙铁未销，自将磨洗认前朝"，正是那种在遗迹文物面前想与前朝古人沟通，寻寻觅觅中有些怅然若失的心情写照。在大美青铜之中，我更迷恋长江文明的那些铜器，长江文明青铜器所散发出的那种难以言喻的神秘气息，使我经常在掩卷时发问：我们的先人对于天、地、人、自然、生命到底有着什么样的理解，才致使他们创造出这么唯美而又寓意深刻的造型？那种思辨，那种对于格调、意境、韵味等精神世界内容的理解，那种对于复杂与凝练、均衡与动感、和谐与冲突、整体与细节的把握，我们后人为什么难以企及、只可望尘莫及呢？这些精美的作品，均出于那些工匠之手，他们所追求和表达的美，由于是脑力劳动与体力劳动相结合的结果，为文人墨客所不为或不能为。这些天才的工匠或艺术家，在自己长期的艺术与工艺实践中，用自己的艺术思想与工艺技巧，表达出了他们对于美的理解与向往，并让几千年后的我们，也感受到这些美，并被他们的表达所震撼。他们都是些什么样的艺术大师啊？

现代人完成了比古人不知高出多少倍的科技创新，然而我们的灵魂呢？我们的灵魂也如先人那样那么清澈透亮、那么简洁聪慧吗？去享受那些大美之作吧！让它们帮助我们拂去商业社会的蒙尘，让远古之光继续照亮我们，让我们的灵魂与自然再次浑然一体吧。

黄河是中国的母亲河，中原是中华文明的发祥地，在这片广袤的土地上，青铜器的那一道金光特别灿烂。

1923年8月的一天，河南新郑的一名乡绅，因为打算掘井浇灌菜地，不料掘井人的镢头却打破了春秋郑国贵族沉睡了数千年的梦境，一座郑国国君的陵寝被发掘出来。昏暗的地下墓室里，堆满了大大小小的随葬器，而那两件莲鹤方壶就是其中的佼佼者。这次发掘震动了国内外，莲鹤方壶也成了名震寰宇的文物精品。

莲鹤方壶被陈列在河南省博物院一个安静的角落里，我在它面前站了很久。昏暗的背景衬托着深邃的灯光，莲鹤方壶仿佛依然停留在远古时代。气氛倒是烘托出来了，可是由于光线太暗又不允许用三脚架，即使用大光圈的定焦镜头，也难以把它拍得清晰，再加上玻璃罩难以滤除的杂光，最终也没得到一件理想的片子。拍不成不要紧，但可以仔细观赏。

它是一件分铸成型的青铜器。壶的颈部有两个回首反顾的龙做双耳，腹部满饰着缠绕不绝的浅浮雕纹饰，还蟠伏着四只带翼的怪兽。圈足下是两只长角的走兽作为支撑，与楚文化中长角的怪兽十分相似。最不凡的是它的壶盖，盖上双层莲瓣中站立着一只清新俊逸的白鹤，伸颈展翅欲飞，形象极为美观，完全突破了商周以来铜器装饰的神秘风格，鲜明地展现出一种变化，以至于郭沫若先生第一眼见到它时就强调这是"时代变革精神的象征"。无论是舒展的莲瓣，还是展翅欲飞的白鹤，抑或是器身上奋勇高攀的小兽，都表现出昂扬的生命意志，体现出那一时期欣欣向荣、蓬勃向上的文化思想意识。青铜器不再仅仅是礼器，它已经超越了神秘与王权的桎梏，把笔触投向了生命、自然的美好与力量。

郑国是春秋时期的诸侯国，它的民歌——《郑风》在《诗经》中占有不少的分量。里面描写男女青年恋爱时的欢愉与幽思，那些带点儿"打情骂俏"式的相互追逐与戏谑，甚至是那些渴望的暗示，都是用质朴的白描手法写出来的，这些活泼生动的场面感热辣辣地撩人心。朱熹老夫子虽然沉着脸指斥它们为"淫奔之诗"，"奔"可理解为奔放，但一个"奔"字，流露出他也难抵诱惑以及对真情的肯定意味。

"青青子衿，悠悠我心。纵我不往，子宁不嗣音？青青子佩，悠悠我思。纵我不往，子宁不来？挑兮达兮，在城阙兮。一日不见，如三月兮！"

诗曰：你那青色的衣领，令我悠然心动。纵然我没有来到你的身旁，你就不能给我捎来信息吗？你那青色的佩带，牵动我的幽思。纵然我没有前去探望，心爱的人儿啊，你就不能来到我身旁吗？独自徘徊于城阙之上看人来人往，一日不见，犹如三月之长。

这首古诗，犹如古代版的《忠孝东路走九遍》。动力火车演绎的这首歌曲，并不是说台北那条名街的繁华与时尚令人流连忘返，而是讲述一个男孩与他女友的伤心往事，因为茫然与痛苦而在忠孝东路徘徊多日，走的是一段伤心之旅："忠孝东路走九遍，脚底下踏着曾经你我的点点，……忠孝东路走九遍，穿过陌生人潮搜寻你的脸。有人走得匆忙，有人爱得甜美，谁会在意擦肩而过的心碎……"那种在繁华热闹之下的孤独与寂寞，心痛的感觉在流光溢彩的烘托之下, 更是痛入心髓。《子衿》与《忠孝东路走九遍》之间仿佛有一条连线, 将人类最美最痛的那种情感倾诉绵延了数千年。而《子衿》中对于衣领与佩带的幽思之情及其暗示意味比现代人更直白、更热辣地表达了情爱的诱惑。这就是《郑风》的风之魅力。

至美青铜器除了鹤还有鸟, 鸟本来就是远古先民们的挚爱。1988 年山西太原金胜村的春秋晋赵卿墓出土了一尊鸟尊。全器为一昂首挺立的鸮鸟。凤冠尖喙, 双目圆睁, 向前伸展的脖颈赋予它一种不凡的气势。全身羽毛丰满, 羽纹清晰。鸟背上置虎形提梁, 并设弧形盖, 与鸟身羽毛衔接, 浑然一体。仔细观瞧, 鸟的双蹼紧蹬地面, 脖颈前伸, 收紧的翅膀就要张开, 匠人抓住了鸟振翅欲飞前的一刹那进行塑造, 可称得上是春秋晚期晋国青铜工艺的杰作。

晋是春秋五霸之一, 流亡国外十九年的晋文公重耳, 辗转八个国家, 备尝艰难险阻, 对诸侯各国的政治情况和老百姓的真实情况了解甚多, 所以继位后即整顿内政, 进行政治、经济改革, 加之对周襄王勤王有功, 既捞到了政治资本, 又将国土扩展到黄河北岸; 与楚国的"城濮之战"的胜利, 对晋在中原立威定霸有决定性的意义, 次年被周襄王册封为"侯伯"(霸主), 标示着晋文公的霸业进入辉煌时期。

然而这件具有不凡气势的杰作却是出自晋国一位卿大夫的墓葬。一位卿大夫的墓中有这么精美的陪葬物, 特别是那种健硕的、不甘居人下的气度, 以及必将展翅飞翔的姿态, 反映出春秋时期王室衰微, 诸侯争霸的活动风雷激荡, 越演越烈。出土文物从一个侧面证实了春秋诸侯僭越礼制的普遍性。最终, 韩、赵、魏三家分晋, 成了进入战国时期的时间点。

中原的青铜器大多是一本正经的样子。其实最让我迷恋是长江文明的青铜器, 那些来自楚国的青铜器, 不但用其繁美的纹饰诠释着楚文化的浪漫色彩, 而且它们所采用的精密铸造与焊接的技术, 也达到了登峰造极的地步, 令人叹为观止。我经常问自己, 楚文化是因为屈原的存在而充满着浪漫主义色彩, 还是屈原受到了楚文化的滋养而成为中国顶尖级的绝品浪漫主义大师? 楚辞那种以六言为主, 在音乐形态下歌唱的句法, 浪漫缥缈, 充满着来自楚地的香草气息, 令人心驰神往, 魂魄随之飞扬, 是其他诗词所无法比拟的。而《天问》中那些关于天地、自然和人世一切事物现象的发问, 蕴含于浪漫情怀之中, 永远给人以深深的震撼。我还特别迷恋长江流域文明古国铜器上那些优美的羊头, 那些神秘的涡形纹, 这些造型经常会令我思绪飞扬, 引出许多遐想。

羊因为与"祥"相协, 是古代器物造型的挚爱。长江文明特别是巴蜀文化青铜器中羊的形象颇多, 如在四川彭州市竹瓦街一地就出土了两件以羊为题材的铜罍，一件是羊首六涡纹铜罍，器身上有六个旋转的涡纹，另一件是兽面纹羊首环耳铜罍，都具有以羊头为主的造型，犄角极其粗壮，脖颈孔武有力，这种羊的形象不具备温柔、祥和的意味，反而凸显出张扬力量的主题。老电影《尼罗河上的惨案》中那位神经兮兮的女作家对埃及神庙中的公羊这样赞美："弯弯的犄角是雄性生殖器发达的象征"，这两件铜罍上的羊首就表现了那种力量。对于羊的另一面，早已经被我们的祖先和其他文明的祖先们深刻地感受到了，尼罗河畔神庙中的公羊与巴蜀文化中的公羊都表现出那种对生命精神与力量的顶礼膜拜和特有的赞颂。

1938 年在湖南发现了一批青铜礼器窖藏坑，其中最著名的就是四羊方尊。它的造型高大奇伟，纹饰极其瑰丽细腻，方尊腹部的四只卷角羊首，是尊的核心雕饰，神态宁静优雅，眼神聪慧，甚至有点水汪汪的感觉，四足脚踏实地，承担着尊的全部重量，通体饰有晚商青铜器常用的纹饰，我们只能用美轮美奂来形容它。这四只羊与四川彭州市竹瓦街出土铜罍上的羊粗犷甚至带点野性的风格不同，它所表现的是羊温顺典雅美丽的一面，这种表现手法，明显带有中原文化的风格。夏、商、西周时期，尤其是在跻身于中国早期国家行列的形成时期，中原文化区周边各族在其自身发展过程中，受到了中原文化的重大影响。中原地区的礼制，随着青铜礼器的传播，被周边各族吸收，为中原文化与周边各族文化的融合奠定了基础。

巴、蜀是生活在中国西南地区的两个十分古老的民族。文献记载，夏代以前就有巴国，商代甲骨文也记载了商王武丁曾经派军队征伐巴方，而西周时期巴成为周王朝控制的南土。巴人主要活动于包括湖北西北部、四川东部的三峡地区。蜀也是生活在中国西南地区的一个古老民族。根据考古发现和文献记载，夏、商、周时期蜀国的地望大致分布于成都平原。至少在原始社会晚期的黄帝时代，华夏人就与蜀山氏通婚并开始交往，《史记》甚至称蜀为黄帝的后代。《蜀王本纪》记载，蚕丛氏最早称蜀王，那时候的蜀还处于没有礼乐制度、没有文字的年代，大约相当于原始社会晚期至夏代。商代之时，蜀是一个势力强大的方国，与商王朝保持着密切的联系，甲骨文中有关于蜀粮食收成的卜辞，也有征伐蜀国的卜辞。武王克商，蜀国随从周人参加了灭商的战争。

在四川广汉西的中兴乡，有一个名叫三星堆的村庄，被称作"三星堆"的三座土堆，与被称作"月亮湾"的一座高出地面的土岗，在牧马河的南北两岸隔相对望，自古就有"三星伴月"的美称，是当地的一大美景。1929 年春天，这里偶然发现的一个玉器坑里面显现出了 400 多件玉器，引起了古董商与考古学界的注意。1933 年冬天到 1934 年春天，华西大学博物馆考古队在月亮湾进行了第一次考古发掘，获得文物 600 余件，初步估计其时代为铜石并用时代至周代初期。1958 年四川省博物馆在三星堆调查发现这里与月亮湾文化遗存完全一致，根据这一带遗址非常密集的现象，专家断言这里很可能是古代蜀国的一个中心都邑。

20 世纪 80 年代，位于成都平原的广汉三星堆遗址以其恢宏的城址、埋藏丰富的祭祀坑、精美的金质面罩和权杖、独特的青铜面具和人像、富有特征的陶器群等文化内涵震撼了国内外学术界。这一重大考古发现唤醒了沉睡几千年的古蜀国文明，为中国青铜文明格局的研究设置了新的课题，揭开了长期覆盖古蜀国历史的神秘面纱。

三星堆遗址发现的大型埋葬坑，随葬器物数量多，种类丰富，多属王室宗庙之器。大型铜器埋葬坑的出现非一般情况所能解释，必然以重大历史事件为背景，专家分析很可能是一次王权变换的标志。

三星堆遗址所在的成都平原，优越的地理环境十分利于人类生息与文化交往。将三星堆遗址文化内涵与中原地区同时代文化遗存比较之后，不难发现其与中原地区曾存在不同程度的文化交往。在保持地方文化传统的基础上，对周边文化因素的兼容并蓄，尤其是对中原地区先进青铜文化的引进和创造性发展，使三星堆创造了一支崭新的、具有独特文化面貌的区域性青铜文明。在以中原地区为主、被周边地区不同程度文化的影响与推动下，三星堆完成了由氏族公社到酋邦，进而到都邑的历史转变过程，从而进入了文明时代。

三星堆的铜人头与铜面具极具地方特色，多数学者认为，这与古蜀人祭祀祖先的活动有关。

文献记载古蜀王蚕丛为"纵目"，就是眼球突出，而他的后人在塑造蚕丛神像时，抓住这一特点并进一步神化。这件已为人所熟知的铜面具，眼球突出，极度夸张，他就是被神化了的蚕丛王吧？而这件带金面罩的铜人头像则更为华丽，金面罩掩住了他的面孔，只露出了两只眼角上翘的大眼睛，紧抿的嘴角显示出威严的风仪。戴着金面罩的青铜人头，王权的象征要明显强过神秘的气息。三星堆的文物不仅向我们展示蜀国高度发达的青铜文明和独具一格的文化面貌，还让我们感受到了文明发展的脉络与足迹。

除了巴蜀文明，云南还有一处文化遗址，出土的铜器每每令我一见到它们就挪不动脚步。

西汉时期，古代中国的云贵高原有一个古滇王国，存在时间有 500 年左右，域内的主体民族为滇族。数百年间滇族人民通过自己的社会实践，部分接受了外来文化的影响，创造出了一种独具地方和民族特色的文化——滇文化，它的核心内容就是滇青铜文化。新中国建立后，晋宁石寨山、江川李家山等一系列滇国墓葬被发现，超过10000件铸造精美、装饰纹样丰富、题材造型生动的滇国青铜器出土，从形式和内容两个方面诠释了滇文化的真谛。从战国到西汉短短的几百年间，滇人用高超的技艺为我们留下了一段雄奇瑰丽的青铜史诗。这些青铜器所携带的大量的远古信息，既是严肃的研究课题，也是令人着迷的艺术瑰宝。

云南古滇青铜文化中的贮贝器出现于战国末期，到西汉中期达到鼎盛，消亡于东汉初期。晋宁石寨山和江川李家山出土30多件特殊的青铜器，里面往往盛放贝壳。此类青铜器在我国其他地区都极为罕见，因此，云南考古学界给它们定名为"贮贝器"，顾名思义，就是贮藏贝壳的器具。贮贝器是古滇地区社会历史画卷的缩影，其制作工艺集青铜文化之大成，显示了极高的水平。贮贝器与铜鼓一样，同为"国之重器"，是财富、权力与地位的象征，只能为滇王及贵族所拥有。由于贮贝器并不具有全民性、普遍性和商品性，自然也就失去了生命力，最终在中原文化的冲击下，作为一种文化现象随着滇国的灭亡而衰落了。

贮贝器的器身多为筒形，腰部微收，底部有四足，华彩乐章集中于器盖之上。器盖上有很多场面，有的是几头公牛环绕着一头领袖牛，有的是高贵典雅的鎏金骑士被四头雄姿勃勃、傲视一切的公牛所围绕，血脉偾张的公牛体现了古滇的狂野与神秘以及对生命的崇拜，令人非常着迷。史前的生殖崇拜到了古滇青铜时代仍然延续着自己的力量，希望生命更强劲。现代人越活越脆弱，精神世界也越发支离破碎，所以看到这种本源的艺术表现就像打了强心针一样振奋，几乎使我们匍匐在地，从内心发出对远古的呼唤。

虎牛共处是古滇青铜器喜爱的造型。贮贝器的桶身以虎做耳，这种虎与牛共存的场面，没有一丝一毫的血腥气氛，牛的温良中透出高傲，貌似凶残的老虎，由于对牛的可望而不可即露出了一分无奈。古滇青铜器中凡是虎牛共存的场面都带有一种难以言状的苍凉色彩。滇人的艺术审美风格真是很独特，驯良与凶残的较量到底孰胜孰负？他们是怎么看待这种生死对立的？值得我们细细地品味。

芦笙是云南少数民族喜爱的乐器，在一只芦笙的顶部站立了一头公牛，青铜的锈色并未笼罩它的全身，硕大的犄角上仍有金色透露出来。在以牛为题材的古滇青铜中，牛总是处于高高在上、俯视一切的位置，而不是勤勤恳恳、低头耕作的姿态。显然牛在古滇人的心目中，不仅仅是财富的象征，一定还具有更为神圣的宗教意味。

蜀与滇都是我国西南地区的古老民族，它们的青铜文化都十分发达，虽然风格迥异，但都携带了大量的远古信息。这些青铜器与古蜀、古滇的巫师们有着哪些关系？它们反映出的礼器、巫师在各自社会中的地位、功能，这类社会结构关系方面的信息，该如何去解读？对于这些问题，已不仅仅局限于专家研究的范围，有越来越多的非专业人士被它们所吸引。奥运会期间在首都博物馆展出的"长江文明展"，是首都博物馆、重庆中国三峡博物馆与长江沿线十四家博物馆合作共同向北京奥运盛典献上的一份厚礼。它向我们简要地展示了一条长江文明的脉络，那些从各博物馆集调来的珍品，它们所具有的神秘与浪漫的色彩，吸引着人们流连在它们的身旁，并用自己的方式记录着它们。展厅中有一位手持速写本的老者，一边观赏，一边在本子上寥寥数笔勾勒出它们的风采。长江，这条中国的第一大河，是大自然从世界屋脊到太平洋之间划出的一条美丽连线，她和黄河共同哺育了中华民族，是中华民族的摇篮和文化发祥地，是我们伟大祖国的母亲河。被母亲哺育出的异彩纷呈的长江文化，怎能不具有那源远流长的魂魄之美？长江流域古老民族创造的青铜文化犹如群星闪烁的夜空，异彩纷呈。巴蜀的神秘、古滇的淳朴、荆楚的浪漫、吴越的隽秀，都在一件件青铜器中凝聚成一种精神，一种文化，虽历经两千多年的岁月冲刷，却依旧气韵非凡、光彩夺目。它们所呈现出的天人合一、生机盎然、融会贯通、刚毅自强，散发出多元文化交织所形成的独特魅力，迸发出精神与力量碰撞下的激情。长江文明在青铜铸造技术和艺术造诣上取得了辉煌的成就，创造出一个新的文化高峰。

1. 春秋中期青铜莲鹤方壶 河南新郑李家楼出土 河南省博物院

2. 曾侯乙 铜尊盘 湖北博物馆

3. 西汉 古滇鎏金骑士四牛铜贮贝器 曾展 2008年"长江文明展"

燕文化的深沉与厚重

——燕地青铜向我们讲述的故事

"大雨落幽燕，白浪滔天。秦皇岛外打鱼船，一片汪洋都不见，知向谁边？"领袖的诗句为我们描绘出一派苍茫壮阔的幽燕景色，厚重、深远，诗中那种见于言外的对于将来的期待与不确定的情绪，总是深深地感染着我们。幽燕在华夏大地上已成为一个带有符号意义的文化地标，那么燕文化是怎样一种文化？考古学家对于燕文化的认知又是怎样一个过程呢？

西周燕国，自西周早期分封始，地处北方民族的环围之中，曾是周王朝的东北屏障。但是，文献里有关燕的记载甚少，尤其西周时期的燕国，自第一代燕侯起，有八世燕侯无任何文献记载，直至第九世燕惠侯继位时，已是公元前864年。也就是说，西周早、中期历时约200年的历史，在文献中处于空白状态。因此，要了解这一段历史，对考古发掘实物资料的释读尤为重要。从考古学的角度界定燕国文化，研究其产生、发展以及与周边文化的碰撞、选择、排斥、覆盖的过程，是对燕国初期历史的一种再现。西周燕国遗物早在上上个世纪便有发现和著录，但真正解决问题的是20世纪60年代的一系列重要考古发现。其中最重要者当是1960年对北京琉璃河遗址的发掘，一大批有明确出土地点，并经过考古发掘的燕侯、燕王等发现的铭文铜器，为认识燕国历史提供了坚实的依据。

1986年在北京房山区琉璃河地带，考古工作者发现了大面积的燕国文化遗址，清理出西周时期大量墓葬和车马坑，其中带有铭文的堇鼎、伯矩鬲就是代表。进一步调查和发掘，查明琉璃河董家林村，有一座西周时代的城垣遗址。从古城遗址、墓葬规模和带有燕铭文的青铜器等推断，这里就是燕国的都城。这是已知北京史上最早的城邑，距今已有3000多年的历史。

琉璃河西周遗址的文化内涵非常丰富，其中最著名的，能在首都博物馆牢牢坐稳宝座的就属克盉、克罍和堇鼎了。

克盉、克罍同出土于琉璃河1193号大墓。"克"是人名，盉与罍都是青铜酒器。它们的重要价值是铸造在器盖内壁上的铭文。据史料记载，周武王灭商后，分封同姓贵族和开国功臣到各地任诸侯。将燕地，即今天的北京及周围地区封与召公。召公的长子名叫克，由于召公要留在西周王朝的京师宗周辅佐王室，就由克到燕地就封，成为事实上的第一代燕侯。克盉、克罍的铭文记载周王分封燕王的史实，与史书记载完全相符，说明燕国的始封地就在琉璃河镇的董家林村，这就是北京历史上最早的城。我们常说北京建城已有三千多年，就是从这时算起的。

董鼎是迄今为止北京地区出土的商周青铜器中最大、最重的一件。"董"也是人名，它造型雄浑凝重，纹饰简洁古朴，它的器形、风格、铭文、字形与黄河流域商周遗址出土的同类器物完全相同。说明了三千多年前，北京地区已具有了高度的物质文明，同中原地区在政治、文化、经济各方面形成了统一的整体。鼎腹内壁铸有铭文4行26字："匽候令董饴太保于宗周，庚申，太保赏董贝，用作太子癸宝尊枘"。记载了董奉匽候之命去宗周向召公奉献食物，并受到召公的赏赐，董因铸鼎，以记荣宠。铭文内容进一步证实了克盉、克罍铭文所记载的召公封燕的史实，说明燕地与周王朝的从属关系，周王朝一直有效地管理着燕地。

北京3000多年城建史的起点已经找到，就是始于周王分封的燕地。但是我们马上会产生另一个问题，究竟是什么原因促使周人到千里之外的燕地封国，占据这块土地后又是怎样巩固统治的呢？

据文献记载，周公率军镇压管蔡之乱，商王子禄父北奔，禄父原被封于殷墟原地，其之所以北奔，原因可能有二：一是齐鲁已建立，东奔已不可能；二是北方原曾是商之盟族，势力还相当强大，北奔可寻求庇护。由于禄父的北奔，使周王感到来自北方的压力，由此建立了燕国，将周朝三公之一召公的后人封在那里"以蕃屏周"。

燕国建立之初，面临的形势是严峻的。华北大平原，西有巍峨的太行山，时有山地民族侵扰，东有渤海海浸和黄河故道的滚动所造成的沼泽地带，道路不畅，平原中部地势平坦，一望无际，无险可守，南面是商人腹地，商人复国心盛，不可能帮助周人，北面是曾保护商王子，与周人抗衡的商旧臣。周人率军越过广袤的商地，远离王畿，其艰难程度可想而知。

燕国初立，战事频繁，平定领地内的土著，抵抗北方民族的侵扰，均凭武力解决。燕侯墓中随葬多件铜戈、戟、护面和车马器，中型墓中有兵器、车马器者的墓室较大，也可看出在同类墓中具有较高等级的现象，燕侯本人尚武，手下贵族也都是大大小小的军事统领。

燕国是周王同宗，召公是周朝重臣，燕国在北方要比其他分封国等级高，是北方诸侯中名正言顺的统领，但是燕国所面临的北方民族也曾十分强盛，因而时有冲突发生。到西周中期，燕国势力已跨过永定河，在京西的昌平落脚，昌平白浮燕墓，随葬品中日常容器相当少，大部分为兵器、车马器。其 M2 为一女性，仅随葬的各种青铜戈就达 15 件之多，另有戟 6 件，加上剑、斧、盾、矛等共 37 件，还有车马器 33 件，而铜、陶容器总共只有 3 件，可见当时的武力在人们心中的地位。

在众多兵器中，有非常漂亮的青铜短剑，剑柄用鹰首和马首装饰。北方辽阔的大地上，苍鹰盘旋于蓝天，骏马奔驰在草原，先民们把鹰和马的造型用在了这两把短剑的剑首上。北方民族特有的生活方式、生活环境，决定了其豪放、剽悍、重义、尚武的民族性格与文化特征，这与重礼仪、重文教的中原农业文化迥然不同。因此北方民族的青铜器没有中原的礼器，而主要是兵器、装饰品、生活用具，造型与纹饰粗犷豪放，装饰纹饰多为写实的动物，极富草原风情与生活气息。由于草原上经常有野兽出没，功能灵活的青铜短剑是北方民族最常见的护身利器。

盾是古代手持的防护性武器，多用木、藤、皮革等轻便材料制成，表面上大多镶有青铜盾饰，既加固了盾，又装饰了盾体，盾饰上狰狞的图案具有威慑敌人的作用。在一面盾上饰有蛇，盘曲着身体，三角形的脑袋，微张着口，狡黠而又蓄势待发。有意思的是，无论是我们从好莱坞大片中看到的古埃及的蛇纹装饰，还是意大利著名珠宝制造商宝格丽首饰上的金蛇，都具有这种极其聪慧而又凝聚着力量的姿态。对于自然力的理解，在不同民族的文化中有着相同的表现，这说明了人类在思维与情感上的趋同性。盾饰背面有铭文"偃侯"二字，表明这件镶有盾饰的盾属燕侯所有。

这些兵器印证了周朝初期保卫北疆封土的艰辛历程，然而"封召公于燕"仅仅是屏周吗？或者说"以藩屏周"是当时的一种政治体制，如果从历史发展的角度，从不同文化相互交融与相互推动的角度，召公封燕又给了我们哪些启示呢？

我们在研究燕文化的著述中，经常能看到这样的字眼"夏家店下层文化"，仿佛在研究探索燕文化的特征与渊源时，不能不把夏家店下层文化作为研究的主要内容之一。这是一种什么样的文化呢？夏家店下层文化是活跃在我国北方的一支早期青铜文化，其活动区域北从西拉木伦河起，经赤峰、朝阳达京津地区，南北约有千公里，东从辽河起，向西至张家口，宽约 500 千米。夏家店下层文化内涵极为丰富，在燕山南北发展延续的时间里，大体与夏商相始终。上限可达龙山文化晚期，下限在京津塘地区已与西周文化相接触，其发展轨迹有从北向南延伸的趋势。这支雄踞北方的古代部族，分布范围广，延续时间长，是任何北方早期青铜文化所不能与之相比的。经过考古专家和学者们多年的潜心研究，普遍认为夏家店下层文化是由红山文化、小河沿文化发展演变来的。它的一支越过燕山长城，进入华北平原北部地区，与当地先进的商周文化融合为一体，所以夏家店下层文化与中原传统文化，特别是商文化有着极为密切的关系。

早在 1983 年，在辽宁朝阳召开的燕山南北长城地带考古座谈会上，苏秉琦先生就指出过："认识到了燕山南北长城地带为中心的我国北方地区，在我国古文明缔造史上的特殊地位或作用，我国统一多民族国家形成的一连串问题，似乎都集中地反映在这里。"有学者认为，苏老的讲话是针对红山文化和夏家店下层文化而讲的。因为这两个北方文化无论是在有关我国文明社会的到来还是多民族国家的形成过程中都起着"脊梁"的作用，它也为燕文化找到了源头与构成元素起到了作用。有专家更为明确地指出：夏家店下层文化，即北方先燕文化的一支，它是北方燕文化的基础。召公封燕的历史背景与夏家店下层文化在北方的发展壮大有着直接的关系。燕文化是由北方诸多民族文化集聚融合形成的。

了解了燕文化的渊源与构成，流连于燕地青铜之间，西周燕国的那些名臣显贵便一一浮现于我们的眼前。

西周名臣贵族有哪些？老大当属召公无疑，除了克之外还有一串名单：毛班、矩、圉、攸、杨……这些西周的百名老者们，衣着光鲜，佩戴着名贵的、有着草原风范的青铜宝剑，车辚辚、马萧萧地穿行于燕都之内。青铜器上的铭文一一记录下了他们所拥有的无上荣光与恩宠。

班簋是中国古代青铜器中一件蜚声中外的器物，也称毛伯彝。它有四个兽首环耳，下连向内卷曲的象鼻作为足，托起布满饕餮纹的簋身。器腹内有铭文20 行共 198 字，主要记载周成王命毛伯伐东国狷戎的史实，大意为：某年八月，周王命令毛伯继承虢成公的官位，夹辅王位，并监管繁、蜀、巢 3 个方国；又命令毛伯率领军队讨伐东国狷戎，吴伯为左师，吕伯为右师，三年平定了东国……毛伯将这些事迹告诉了子孙班，并告诫班要吸取蛮夷国灭亡的教训，要敬德爱民，不要有一丁点的违背。班拜手叩首，做鼎以颂扬父考蒙受周王室美好的福荫以及先祖的辉煌事迹，并铭记先祖曾被周王任命为执政大臣的这个荣耀。

这是一篇毛班记录毛氏族先人煌煌事迹的回忆录，它的历史价值在于，有关周成王伐东夷国之事，史无记载，此簋铭文补充了史籍的不足，因此弥足珍贵。班的名字在《穆天子传》中多次现身，可见其在周王朝中拥有的位置，因此班簋是西周穆王时期的一件青铜器。此簋何时何地出土无考，自北宋年间被历代皇家所珍藏。清代末年八国联军抢掠北京皇宫，班簋流散民间。十年浩劫中，多少国宝重器、字画珍玩在"破四旧"的狂风中化作碎片，肩负使命的文物工作者把焦虑的目光投向了查抄物资和废品收购站，专门成立了文物清理拣选小组，每天在废物堆中搜宝、捡宝并且还收获颇丰，抢救出了一大批文物。1972年夏季的一天，文物清理拣选小组的呼玉衡、华义武师徒二人又来到北京有色金属供应站拣选文物，在一堆废铜中发现了几块铸有西周铭文的青铜碎片和一个残破的簋身，经过他们在小山般的废铜堆里锲而不舍地翻找，终于一片片地凑出了器物的口、耳、腹部。经著名青铜鉴定家程长新的鉴定、考证，初步认定它就是清宫旧藏"班簋"。经过故宫博物院文物修复厂的修复，险些遭遇回炉命运的班簋重见天日，如今它安稳地坐落于首都博物馆的青铜展厅之内，成为首博的镇馆之宝。在观赏班簋的同时，让我们也永久地记住那些为保护文物呕心沥血的文物工作者们。

首都博物馆中有一件青铜鬲曾被陈列在精品展厅中，是我所见过的最美的一件鬲，它就是伯矩鬲。一般鬲的袋足以光素无纹的为多，而伯矩鬲的三个袋足分别铸饰了三个牛头，牛角的角端翘起，高于器表，下端是圆圆的眼睛、活泼的耳朵和美丽的云纹状鼻翼；顶部的平盖装饰着浮雕牛首纹，角端也是翘起的，盖中央有一个由两个相背的立体小牛首组成的盖钮，整个器物的构图精美绝伦，还透出一丝梦幻般的童话色彩。器盖及颈部内铸有相同的铭文"才（在）戊辰，匽侯赐伯矩贝，用作父戊尊彝"。铭文大意是，在戊辰时，燕侯赐贵族伯矩一笔钱，伯矩用这笔钱铸造了这件铜器，以此表示对父亲的纪念。这件器物出土于北京琉璃河遗址的黄土坡村 M251 号墓，是周初青铜器中的杰作，也是北京地区出土的最精美的一件青铜器。

伯矩，或曰矩是何许人？他是带有周血统的诸侯，还是商人后裔？他与燕侯之间存有何种关系？考古学家告诉我们，伯矩所做的铜器不止一件，出土的加上见于著录的传世器共计 22 件，其上都带有"伯矩做宝尊彝"或"白巨做宝""矩用宝尊彝"的铭文，可见做器者矩在西周初年的政治舞台上，是个地位很高的上层贵族。而与伯矩鬲同墓出土的伯矩盘及其铭文，为回答伯矩的身份提供了依据。伯矩盘造型古朴，纹饰精湛，是一件具有商末遗风的文物精品，盘底内铸有铭文"癸伯矩作宝樽彝"。此铭的字体和器形、花纹的特征等，都和伯矩诸铜器时代一致，可知癸伯矩与伯矩、白矩同为一人，但"癸"为何意，它是古代的一个方国吗？关于癸国的情况，文献中的资料不多，专家们只能从金文和甲骨文中寻找有关线索。

甲骨文和金文资料显示，癸国族在商王武丁时期就已存在了，并且一直延续到西周早期。现有资料已经说明，周初的诸侯国中有相当一部分本是商王所封之国而被周王所承认的。因此有专家根据考据推断，伯矩鬲铭文中记述燕侯赐伯矩贝是事实，从一个侧面反映燕侯与癸伯之间存在着比较密切的关系。古时诸侯之间馈赠礼品也会称"赐"，《说文解字》中释"赐"字为"予也"，而"赏"则是"赐有功也"。所以从这两个字的区别，以及伯矩做器是为了纪念父亲而不是记载燕王的恩宠，也可体悟出燕、癸应是两个并存的国家。

有专家指出，伯矩鬲虽然出自琉璃河的燕国贵族墓地，但做器者矩应是跟燕侯并存的另一个诸侯——癸伯。燕、癸的差别在于，燕国所封的爵称为侯，而癸国所封的爵称为伯。西周中期以后的癸国器和矩器在近几十年的考古工作中出土很少，但从一些有铭铜器上看到，伯矩的后裔在西周的政治舞台上仍很活跃。矩是族氏名者，从五年卫鼎铭文中可知，那时的那个矩官居司空之职，是周王身边的重职之一。这一事实从一个侧面反映了癸伯矩及其后人在西周历史上的位置。

癸既是周初诸侯国中的一个，那么它的地望在哪里？北京琉璃河出土了伯矩铜器，陕西宝鸡峪泉和甘肃西峰出土了伯矩簋，辽宁喀左山湾子出土了伯矩甗，由此看来癸国应是北方地区的一个小国。琉璃河遗址已被证明是燕国的都邑，不应是癸的封地。但是伯矩鬲铭文记述的燕侯赐癸伯矩贝币的事实，反映出癸国和燕国应相距不远，或许就在燕国附近。令专家作出这一推断的，还在于商代癸器的西周伯矩铜器群，它们的形制和花纹都带有北方青铜器的特征，那些用大兽面和牛头做装饰，就是北方青铜器常见的装饰纹样。也许在燕山南北、长城内外的某一片土壤之下，就静静地躺着癸国的遗存。无论田野考古能否找到这一遗存，伯矩鬲与伯矩盘都告诉我们，燕文化不仅是由北方诸多民族文化集聚融合形成的，它还拥有强大的中原文化的元素，而商文化总是在燕文化中留下自己鲜明的一笔。

圉也是西周的名人，留下不少有铭铜器。圉方鼎器盖内、器腹内铸有相同铭文："休朕公君，燕侯赐圉贝，用作宝樽彝。"铭文记载了贵族圉参加周王典礼并获赐贝币，铸鼎纪念这一殊荣。圉卣是圉诸铜器中最典雅的一件，它器形浑圆，十分端庄有范儿。器盖上有一对相互对视的长冠鸟，在纤丽的鸟纹旁边，是大大的兽面纹，对比强烈；器身施有四道弦纹，将颈部的夔龙纹与腹部的兽面纹分割成两个画面，在腹底部还各有一鸟。盖内及器内底各铸有相同的铭文，内容与圉甗相同，因此这几件器物是同时所做。看来这次典礼非同一般，圉用周王赐予的贝币做了这么多宝彝，真是非一般的尊荣，看来他是西周初期的一位老资格的人了。

西周的青铜器尚未脱离狞厉之气，但它的纹饰很有意思。比如在圉方鼎的口沿下装饰着一条小龙，它双身共首的图案同时表现出龙的两个侧面，如果把这两股龙身合起来，即是一条立体的龙。这种独特的艺术透视法，或称把立体剖开展现成为平面的画意，与我们今天在平面上画出立体的图画正好相反，古人的思维真是有趣。鼎的纹饰也采用了古人特有的透视法，把立体的牛头展开成平面，如果我们引导小朋友们来做这样的手工游戏，把画在纸上的这种牛头对折起来成为一个立体的牛头，是否可以帮助他们理解古人的艺术构思呢？

除了这种独特的透视法，西周铜器在造型上也很华美。尊是盛酒器，也是地位较高的酒器，贵族在祭祀中往往捧尊飨神。西周宝尊造型具有挺拔的曲线美，纹饰极尽繁缛，工艺精湛，尊身上的四道扉棱又称出戟，给尊贵华丽的色彩中添上了挺拔刚劲的一笔，令我们想起高级轿车上的腰线。扉棱和腰线被广泛用于现代装饰中，这种装饰需要极高的审美修养并且经过提炼才能做到，而远古的匠人已将这种扉棱技术运用到了炉火纯青的程度。宝尊的器口内仍闪烁着金灿灿的黄铜光芒，令人第一眼见到就立刻被它吸引，而宝尊幽绿的青铜锈色显得十分高雅。铭文中的"单子工父戊尊"中的"工"字，是否可理解为动词呢？那么这尊就是单子为父亲戊做的。

随着平王东迁，历史进入春秋战国时代，青铜器脱去了礼器沉重的盔甲。鼎的器形越来越秀丽，壁薄足细，狰狞的兽面纹不见了，纹饰也变得更加生动活泼，完全脱离了西周铜鼎庄重、雄厚的风格，代表了春秋礼器的新风尚，洋溢着浓郁的时代气息。

鉌是春秋时期出现的饮酒器，斑驳的锈色难掩金色的铜身。扁圆的器身带点儿异国风情，上腹部那一圈带状钩云纹与三角云纹，到战国时期成了特有的纹饰。

匜用于沃盥之礼，以匜浇水为客人洗手。周代沃盥之礼所用的青铜水器经历了盘、鉌匜与盘、匜两种组合。匜腹部浑圆的曲面与单耳云纹鉌的曲面很一致，有一圈带状钩云纹与三角云纹，浅浅的非常雅致。宋元时期，匜成了瓷器中的宠星，极力追求古雅的造型与纹饰，是仿古瓷中的佼佼者。

还有一件鉌的曲线与上两件一致，那种半圆半扁的腹部美得难以言喻，纹饰都做在上腹部，绝不影响腹部收束的过渡。三角形纹饰的每个角上都有乳钉纹，就像新疆帽上美丽的珠子，有一种闪闪烁烁的感觉。三足也是那种由浑圆收束而变细，底部墩出圆脚，有如三只小巧的高脚杯。这三件器物的造型值得学工艺美术的学生们仔细揣摩。

在首博的青铜展厅里，有一件战国的小口鼓腹鼎，这种小口鼓腹鼎是燕国特有的铜鼎造型，用于烧水，迄今发现极少。它鼓腹带盖，形制极为巧丽，只有三足呈现出我们熟悉的鼎足的样子，器身已被彻底圆润美化了，而足也不是那种圆壮的老虎腿，因为在腿部加了几道棱彰显出一种优雅的气质。现代的中高档轿车的车身也喜欢用这种棱做装饰，这种十分洗练的线条令车身显得非常洋气。最让人着迷的是它的锈色，那一抹一抹幽深的绿色，让我想起有一次乘飞机俯视黑龙江大地。那大地的色彩就是一抹绿、一抹黄、一抹棕，加上它一望无际的宽广，就像一块巨大的画板，任画笔在上面恣意地涂抹，竟还是用枯笔皴出来的那种效果。这青铜锈色也是被自然与时间孕育出来的，幽绿中还有一抹蓝，实在是太美了。

战国的青铜壶非常美，而在壶身上做出几层纹饰的壶更是战国时期的典型器物。其时金银技术已经出现，镶嵌（错）红铜鸟兽纹壶，在壶盖及器表均以红铜镶嵌花纹，盖顶中央饰一组叶状纹饰，其外围饰三组鸟纹。壶身有五层纹饰，分别饰有虎、马等动物，特别是在第五层纹饰中的马纹清晰可见。有专家把这种丰富具体的纹饰称为"人事活动纹"，即指有关贵族的社会生活和宣扬作战勇敢的水陆攻战等景象的装饰图案。这类纹饰的装饰手法有的是嵌入红铜薄片，有的则嵌入金银丝以构成富丽的花纹。它的出现，标志着青铜器纹饰已彻底地摆脱了商周神秘的风格，呈现出人性化与世俗化，并为以后两汉画像砖艺术的发展奠定了基础。

美丽青铜器向我们展示了一条历史及社会发展的主线。商末周初的青铜器，是我国青铜时代的第一个高峰，以商人的风格占主导地位。商人尚鬼神，所以这一时期的纹饰，绝大多数是表现动物或曰兽面的形象，而动物形象中又以幻想动物居多，怪异的主题纹饰与繁缛的附加纹饰结合在一起，加上厚重的器形，给人以神秘诡异之感。审美意趣服从于宗教信仰，纹饰的功用，主要不是满足审美的需要，而是为了信仰上的需求。西周中晚期青铜纹饰的风格已趋向简单，布局多环绕口壁周围，且不很注意两相对称，这种为西周晚期所独创的纹饰，已摆脱了商代余韵，特别是摆脱了宗教观念的束缚，形成了周人质朴的风格。经过了王朝更替，现实的周人对于天命的解释偏重在夺取政权与巩固政权方面，更注重礼乐制度，制器较多地注重对祖先的祭祀，青铜器上常铸有长篇铭文记述盛典并颂扬先人之德。春秋战国是中国青铜时代的又一个高峰期。春秋中期以后，奴隶制社会走向解体，新兴地主阶级的权贵们最终抛弃了公式化的奴隶主阶级艺术，倡导一整套新的装饰艺术，这样就促使青铜艺术在新的历史条件下获得了发展，逐渐消除了作为奴隶主阶级礼器的标准，向着新兴地主阶级的生活日用器物转化，纹饰也随之发生了巨大的变化。战国时期百花齐放、百家争鸣的社会现状，给艺术提供了广阔的空间。而范铸法的新发展，令青铜工艺进一步提高，能够做出更为精微华丽、复杂繁密的纹饰，无论是具象的还是抽象的纹饰，都到了令人叹为观止的地步。燕地青铜在这样的大时代背景下，展示出与中原文化发展的一致性，同时也拥有自己鲜明的特征，那就是发达的中原文化与北方地方文化在北京地区这一特殊的地理位置上，相互影响，相互融合的特点。

1. 西周 班簋 首都博物馆

2. 西周 伯矩鬲 琉璃河周墓出土
首都博物馆

秦皇汉武，帝国风范

伟人毛泽东是个大诗人，又是个书法家，在他的作品中，将书法与诗词结合得最完美、同时又最能抒发情怀的，恐怕非《沁园春·雪》莫属了。这幅作品不仅被制作成最大的篇幅，而且被赋予过多种画意，也是人民大会堂中的扛鼎之作。雄视古今的毛泽东，面对陕北雪后壮阔的风景，挥笔写下了"江山如此多娇，引无数英雄竞折腰。惜秦皇汉武，略输文采，唐宗宋祖，稍逊风骚"，而那一句"俱往矣，数风流人物，还看今朝"总是被朗诵得激情澎湃，荡气回肠。上下五千年，那些被伟人认为都差那么一点儿的古代帝皇，到底给我们留下了哪些遗产呢？

《百家讲坛》中有位老师曾说过，评价中国古代皇帝有两类，一类叫作一代之皇帝，一类叫作百代之皇帝。一代之皇帝是说这个皇帝的影响仅限于一个朝代，例如汉高祖刘邦；百代之皇帝是说这个皇帝造成的历史影响并没有随着他那个朝代的消亡而消失，影响反而继续存在，持续很长的一个历史阶段，例如秦始皇和汉武帝。秦始皇建立了大一统的封建集权制国家，而汉武帝对整个中国古代历史都有着深远的影响。

汉代的文景之治是中国有名的治世之一。汉武帝的父亲给他留下了一个极其富裕的国家，国库中钱多得以至于穿钱的麻绳都烂了，粮库中的粮食多得装不下以至于腐烂了不能食用。从汉高祖刘邦的百废待兴到文景之治的汉武帝即位之初，不过短短60多年的时间，西汉王朝取得了这么显著的经济发展。社会稳定，老百姓拥戴朝廷，秦朝颁布的苛政法律在西汉前期被废止，面对这样的"好摊子"，汉武帝要有哪些作为呢？是沿用前朝的政策还是改革旧制推行新政？那时候的封建王朝，毕竟还是处在起步阶段，在政论家、思想家董仲舒的建言献策下，汉武帝讲了这样一句话："朕不变更制度，将使后世无法。"这话说得真有振聋发聩的力量，汉武帝决心已定，要创立一系列制度让后世子孙有所遵循。这也许是周公制礼作乐之后，中国封建社会又一次制度礼法上的大作为。

周武王灭商后的分封制度，给后世大一统的封建王朝留下了令皇帝头痛的问题，汉朝统治者希望削弱诸侯国的势力以加强中央集权的统治。这项工作谈何容易？从世代诸侯手中拿回他们的权利与封地，必然要引起他们的顽强抵抗，吴楚的七国之乱就是明证。国家虽然平定了这场叛乱，削藩仍是个棘手的问题。智慧的汉武帝采用了制度建设的手段，在制度建设中无形削弱诸侯王的势力。"推恩令"是一个非常漂亮的法令，顾名思义就是把皇帝的恩泽推广开来，波及诸侯王的子孙。诸侯王原来的王位传承是选一个王太子来继承其全部的封地及王号，以保证封地的完整性和势力不受损害。"推恩令"则要求诸侯王不仅要对王太子做出安排，而且对其他儿子都得做出安排，要将皇帝的恩泽推广到每一位太子，每人都要分一杯羹。这项法令的实质，是要让那些出自不同妻妾又争权夺利的太子们窝里斗，用维护亲情的伦理，非常有效地把诸侯王的领土和权益进行了分割，造成诸侯王领土的减少与势力的衰退。"鹬蚌相争，渔翁得利"，汉武帝真是太有才了。

汉武帝时期还有一项新的法律就是"阿党之法"，这是惩治结党营私的新法律。阿党之法的内涵就是强制要求诸侯国内的两个重要官职"傅"和"相"，严密监视诸侯王的一举一动。傅和相本来是辅助诸侯王的，但如果这二位不向朝廷举报诸侯王的过失就是犯了阿党罪，这可是个政治罪名，可以受到罢官、下狱甚至是更严重的处罚。这样一来，傅和相的工作实质就发生了变化，从帮助治理变成监督举报，两位重要的官员变成了朝廷的眼线，成了代表皇帝去监视诸侯王的特殊人物，这是官僚集团内部的一个重要变化。

汉武帝改革的又一项内容是削弱丞相的权利以加强皇帝的权力。丞相是辅佐皇帝治国的，是一人之下万人之上的最高行政长官，在汉武帝前期丞相还是有实权的，皇帝和丞相互相制约。但是外戚田蚡掌握相权之时对手中的权利特别感兴趣，尤其是任命官员的权力。汉武帝不愿看到丞相拥有那么高的权利来参与决策，就制定了一个新制度把丞相从决策圈中排挤出去，让丞相只有执行的权利而没有决策的权利。一个新的决策机构或称官僚体制形成了，由围绕在皇帝身边的官员来决策，这些或是秘书出身或是皇帝信任的朝臣有专门的官职称作中朝官，以丞相为首的大臣则被称为外朝官。皇帝用特殊的组织手段来削弱丞相的权利，还包括丞相在百官中的政治威信。

汉武帝用这些制度加强了中央集权的统治，也为后人树立了榜样。他所解决的问题都是统治者最为敏感、最为关注的，他的这些手段也都被后世的统治者与政客们熟练运用，并且青出于蓝而胜于蓝。像汉武帝这样的先师，还能是"略输文采"吗？没有他的启迪与现身说法，后世的统治者能掌握那么丰富的治世之道吗？

　　历史学家对秦皇汉武曾有这样的评价：在中国古代，政治上的统一完成于秦始皇，文化上的统一则完成于汉武帝。汉武帝使一个国家有了一个自上而下共同遵循的社会价值观，这样一个价值体系的主流意识形态，对于维护一个国家的稳定和发展起了非常重要的作用。

　　秦始皇用法家思想来推行意识形态与思想观念，用国家的暴力机器和强制手段来治理国家，最极端的例子就是焚书坑儒。汉武帝比秦始皇高明多了，他把儒学思想作为一种主流意识提高到国家共同遵守的位置，他用的不是暴力手段而是循序渐进的渗透方式。在汉武帝建立的教育学府——太学里，学生由各地严格选拔推荐上来，学的都是儒家经典，由选定的精通儒术的人讲课，通过考试的学生被授予一定的官位，成绩好的还可以到皇帝身边做事。这样的做法传达出一个什么样的信息呢？那就是"学而优则仕"。不少原来不学儒术的士子改学儒术，就是因为其他的"杂学"不足以给他带来政治利益，对于满怀济世救国之志的中国知识分子，十分明确选择的重要性。把学习和仕途结合起来引导人们学习儒术，这么高明的做法也成了后事之师。

　　汉武帝的又一项伟大功绩是开疆扩土，扩大了中国的版图。北方攻打匈奴，东方攻打朝鲜，而西域的开通、派张骞出使西域也是为了夹击匈奴。本来是一项军事战略，却因丝绸之路的开通，将东西方两大文明中心古罗马帝国与大汉王朝联结到一起，这是影响超大的历史事件。现在不少的展览与讲座，都喜欢将大罗马与大汉作为两条平行的主线来讲述那一阶段的历史，以更为宽广的角度与更加丰富的层次来帮助我们认知历史。

　　秦朝的命运只有短短的三十几年，而大汉则经历了300多年的历史。伟大的治世之师汉武帝，民富国强的大汉朝，文化也一定是丰富多彩的，并且拥有帝国的气魄，让我们从中采撷几只丰美的花朵，来感受一下汉之风采。

　　汉代的艺术风范有大而至简的特色。新石器时期散落在墓葬中简素的玉璧，到了汉代已经成为重要的玉礼器，上面的纹饰有着严格的等级规范。汉代玉璧个头很大，彰显着大汉的气魄。玉璧也是文化生命最长的玉器，从新石器到元明清绵延不绝，形制始终如一，被后代奉为圭臬。新中国成立后的国徽设计提案中，清华大学组设计的主体就是一块玉璧；而2008年奥运会的奖牌，就是汉代出廓玉璧的形制，在玉璧上端飘着一朵祥云。可见玉璧的力量有多强大。

　　汉代还有一件代表性的器物就是鸡心佩，椭圆的形状，在玉佩的顶部还有一个小尖儿像鸡心的形状，所以被称作鸡心佩。它最初是来源于韘，是射箭时套在指上的防护用品，后演变为玉佩。鸡心佩大气唯美古意十足，是后来明清方古玉的楷模，后人在它身上花了很多工夫，留下众多精细古雅的仿古玉。

　　强大富裕的大汉盛行厚葬之风，除了金缕玉衣之外，玉豚握与玉蝉也是厚葬的重要器物。玉豚握就是握在被下葬者手中的一件玉器，是猪的造型，它具有"汉八刀"的典型风范。"汉八刀"并不是说八刀即能琢制出一件玉器，而是形象地体现出汉代玉器简洁的风格。玉豚身上的那几道纹饰，真好像是八刀就琢制出来的，不仅简洁，而且还十分有力度，带给人极强的质感。国家强盛，必然在艺术品上有所体现。汉代的玉蝉也是"汉八刀"的杰出代表，被放在死者的口中，取蝉性高洁及生命蜕变之意。汉八刀简洁有力的刀法却营造出如纱的蝉翼，体侧的翅膀所蕴含的那种力量，预示着经过数年蛰伏即将破蛹而出的蝉儿，在新生命力的推动下，振翅欲飞。

　　汉代的漆器和丝织品也非常华丽。著名的北京老山汉墓中出土了一件大型漆案，长2.3米，宽0.5米，是迄今在北方地区汉墓中发现的最大也是保存最好的漆器。漆案为黑地红彩，间杂其他颜色，上面有动、植物纹，流云纹，几何纹等多种文饰，画工细腻，线条十分流畅飘逸，为不可多得的漆器精品。

　　老山汉墓还出土了一件大型丝织品，是盖在内棺上的棺罩，长约240厘米、宽约50厘米，为目前北京地区出土的最大一件西汉丝织品。由于老山汉墓早期被盗，棺木已经坍塌，内外棺的棺板被紧紧地挤压在一起，而覆盖在内棺上的这件棺罩被夹在中间才得以幸存。当时没有印花技术，这件织物上面的花纹是用丝线绣上去的，用工之浩，绣品面积之大和完整也属北方之最，为研究北京地区汉代织绣艺术提供了实证。

　　首博的通史展厅中布有两条展线，一条是北京通史的历史脉络，另一条是同时期世界上的历史事件，以便于对照着来看。大汉当然是与古罗马并肩而行的。罗马柱是古罗马建筑的代表，在恢宏的汉代建筑中也有"罗马柱"吗？中国古代很多陵墓前都有一条大道，被称为"神道"。在神道前往往立有石柱，称作"墓表"，称得上是汉版的罗马柱。1964年在北京石景山区发现了秦君神道石柱，共有17件，柱上有两只螭虎托着柱额，额面上刻有"汉故幽州书佐秦君之神道"11字，文字清晰，古朴浑厚。石柱立于公元105年，是目前所知北京地区东汉时期地上建筑的唯一遗存。

　　在幽燕大地上，著名的满城汉墓出土了国家一级文物长信宫灯。出土于中山靖王刘胜妻窦绾墓，然而却不是一开始就归窦绾所有。长信宫灯上有铭文"阳信家"，有学者据此推测长信宫灯原属西汉阳信侯刘揭所有，因其子刘中意参与"七国之乱"而遭到废黜，封国与家财收为国有，长信宫灯被送入窦太后的宫殿"长信宫"浴府使用，故又增加了"长信宫"字样的铭文以示宫灯易主。后窦太后将宫灯送给了本族裔亲窦绾，窦绾死后宫灯便随她葬入墓内。因灯上还有"长信尚浴"字样，故发掘出土后被命名为"长信宫灯"。

这件宫灯真是大美之物。第一次见她时，我围着她转了很久，用我心爱的定焦镜头拍她的全景，拍她的正位、侧位，她的背影，拍她的脸，她的脖子、肩膀、她的手，很长时间都不忍离去。这位梳髻的跣足侍女跪坐在地，手持铜灯，神态十分娴雅大气。宫女尚且如此，那么在这盏宫灯照射下入浴的西汉女皇族，她们的气度一定不会输给"温泉水滑洗凝脂"的杨贵妃。这件宫灯还是一件环保灯，宫女铜像体内中空可盛水，燃烧的气体灰尘可以通过宫女的右臂沉积于宫女体内，不会大量散逸到周围环境中。宫灯表面没有过多的修饰物与复杂的花纹，简洁的笔触正是汉代风范的魅力所在。

窦绾墓中还出土了两件爱物，是一对错金银镶嵌铜豹。这两只铜豹身躯用金银错出梅花状豹斑，体内灌铅，是为镇席之用，高只有3.5厘米，长5.9厘米，非常小巧可爱。它们好像正谈得起劲，一只喋喋不休地说，另一只偏着脑袋饶有兴味地听，玛瑙镶嵌的眼睛，显现出温柔富贵，分明是两个妇人对谈的场景。用于给窦绾陪葬，真是用心细致入微。

汉代青铜器中有很多南方动物，犀牛就是其中之一。小犀尊在青铜器中个个名头响亮。现藏美国旧金山亚洲艺术博物馆的小臣艅犀尊，可称得上是馆中藏品的一大亮点，它以独特的艺术特点，彰显着东方文明的雕塑之美。然而在国家博物馆中，陈列着一尊更美、更华丽的小犀尊，它体态雄健，向前伸探着头，双耳竖起，好像前方有什么吸引它的声音，镶嵌黑色料珠的双眼充满灵慧之气，和善地注视着你，微抿的嘴唇仿佛要与你说话，是要告诉你它听到了什么。两只犀角神气地竖着，通体饰有华丽的错金银云气纹，仔细观看还能分辨出嵌有极细的金丝象征犀牛的毫毛。转到它的后面，肥硕的胖屁股更具雕塑感，肌肉块块饱满发达，充满活力，稳稳站在地上的四条腿，骨骼肌肉结构分明，肘关节、髋关节在肌肉的包裹中微微隆起。谁说中国的传统雕塑不懂解剖学，对中国古典艺术着迷的东邻日本，在它的大部头著作《中国美术》中，将小臣艅犀尊称为"中国雕塑史上的开篇之作"，而这尊错金银小犀尊则称得上是开篇作后的唯美之作。

以我儿时逛动物园的经历，认为犀牛当属南方动物，可是在中原青铜器中，诸多犀牛的形象令我很是讶异，那个时候就有犀牛在水草丰美的原野上游弋？工匠们把小犀尊塑造得如此写实，如此活灵活现，一定对犀牛十分熟悉，做过仔细地观察与揣摩。文献告诉我们，那时的中原地区确实生活着犀牛，商代甲骨文中把犀牛称为"兕"（现代汉语词典中解释为"雌犀牛"），记载着一次田猎中射获兕71头，河南的殷墟与淅川下王岗等遗址中也出土过犀牛骨，可它们是什么时候在中原匿迹的呢？文献告诉我们，西汉晚期以后，中原人口迅速增加，犀牛迫于人类的压力，逐渐向南方退却，到了汉末魏晋之时，战乱频仍，人口大量南迁，犀牛更是只能困居边鄙之地了。《国语·楚语》中的一句："巴蜀之犀象，其可尽乎"，长江中上游地区的犀象都近乎绝迹，何况中原。环境保护是人类永远的话题，无论远古还是现代。保护好环境，历史遗迹才能存留下去，否则，生存都受到威胁，那些文物的结局只能是"皮之不存，毛将焉附"。

1. 西汉 青铜 错金银小犀尊　国家博物馆

徜徉于用枋木堆砌而成的地下宫殿

公元前 202 年，经过四年的楚汉相争刘邦终于击败项羽建立了汉朝，史称西汉。西汉在中国古代历史上占有重要的地位。第一，西汉重新确立并巩固和发展了秦朝建立的中央集权制度，同时建立了系统、严密、完整的经济和学术文化制度，为此后两千余年的封建社会奠定了基础。第二，西汉时期，中国各民族之间政治、经济、文化交往更为密切，许多民族地区正式纳入中国的版图，汉族的经济文化也以各种不同的方式影响着周边各民族，从而奠定了中国统一多民族国家的发展基础。第三，仅就公元前二世纪到公元一世纪初而言，西汉国家统一，政权巩固，社会稳定，经济繁荣，文化发达，边患平定，疆域开拓，四夷宾服，声威远播，在各方面都走在世界前列，并满怀信心地与西方进行着经济和文化的交流，影响着世界。

这样繁盛的朝代，如此强大的国力，必然在物质形态上有所反映，西汉的宫殿与王陵也许就是最好的例证。西汉的宫殿之豪华阔大，王陵的规制之高世所瞩目。那时的帝王为什么要修建这么豪壮的工程呢？

汉代的未央宫始建于公元前 200 年，由萧何监造。勤俭的草根皇帝刘邦曾质问过萧何："现在天下都还没有安定，为什么把宫室营建得这么豪华壮丽？"萧何回答道："非令壮丽无以重威，且无令后世有以加也"。原来壮丽的外观是用来强调帝王威势的，"无以复加"这个成语就是由此演化而来的吧。建筑，不仅是一个国家民族审美情趣的凝固表达，它还向人们展示出一个国家民族的历史记忆。

燕赵大地虽非秦汉帝陵之区，但两汉分封王陵墓却很多，其中河北满城中山靖王刘胜夫妇的山陵，以其凿山造墓的形式和随葬的金缕玉衣等珍贵文物在中国古代陵寝史上占有重要的位置。而在 20 世纪 70 年代，北京西南郊一座用枋木堆砌而成的地下宫殿昭示于人，庞大的墓室，由 15000 多根枋木组成的"黄肠题凑"，又向我们揭示出古代建筑史光辉的一页，这就是大葆台汉墓。

大葆台汉墓是北京地区发现的一座重要的西汉诸侯王葬墓，考古工作者从葬制、墓的结构、出土文物、针刻纪年等方面的研究中，推断出墓主人为西汉广阳王刘建。大葆台燕王陵墓的发掘，为研究汉代帝王和诸王侯丧葬制度及建筑艺术提供了重要的实物资料。

根据史书记载，汉代实行十二等爵位，诸侯王、列侯这两级有食邑的最高爵位，可使用一些类似皇帝的葬制，而其他贵族等级不能享用。因此诸侯王墓在墓的形制上使用了正藏——包括梓宫、便房、黄肠题凑和外藏椁。

两汉时期实行厚葬之风，在各种墓葬形制中，有一种叫作"黄肠题凑"，是天子葬制的组成部分。"黄肠题凑"一词最早见于《汉书·霍光传》。仅根据三国时期魏国学者苏林的注释，就连王国维老夫子也解释不清它到底是一种什么样的形态。大葆台汉墓的发掘，解开了千古之谜，使我们对"黄肠题凑"眼见为实。所谓"黄肠"指的是黄芯柏木，将其致累棺外，而"题凑"则是指木头一律朝内摆放的这样一种聚集位置。燕王刘建墓的"黄肠题凑"由15880根黄肠木堆积而成，每根枋木10厘米见方，90厘米长，根根都像积木那样平砌码放，层与层之间没有榫卯固定，却十分严密紧凑，只是在"黄肠题凑"顶部加了一层压边木，用以巩固整个结构。它们围着棺椁，绕成一个长方形的圈，这真是两千年前木结构建筑的一个奇迹。

大葆台汉墓博物馆是一幢方锥平顶式建筑，就坐落在汉墓遗址上，于1983年12月1日正式开馆。久闻它的大名，始终未得见真容未免遗憾，我决定去探访这座枋木堆砌而成的地下宫殿。我在地图上找到了大葆台汉墓，又用指南针定好方位便出发了。沿着京葆路一直向南，过了世界公园还未见到博物馆的踪影，再向前开，便脱离了公路走上一条高低不平的土路，心里感觉不对，一看指南针的方向指针正指向我的右后方，显然是走过了。调回头，又问了路人，终于找到博物馆那不起眼的大门，停下车子，指南针的指针正好指向门口。这是我第一次依靠地图和指南针而不是GPS到达一个陌生的所在，而且还是一座西汉古墓博物馆，这无疑给这次探访增加了一些寻幽探胜的乐趣。

大葆台西汉墓博物馆，经过了长期的酝酿，是考古学与博物馆学相结合的产物。早在汉墓发掘工作结束前，在京的考古界、文物界及有关院校的专家们就集聚一堂，座谈汉墓的保护问题。参会者一致认为，对汉墓不能只做部分保护，要从长远性、完整性来考虑，同时还要与北京整个古代文化有机结合起来考虑，将其建成博物馆，使它成为星罗棋布的北京名胜古迹中又一颗耀眼的明珠。

我们的考古工作者永远记得自己肩上的社会责任，博物馆不仅仅是用来研究和教学的，它还是一方社会教育的场所，肩负着传承文化的重任。但是老百姓看文物古迹，不仅要直观，而且还需要一些解析与引导才容易看懂。博物馆既要保证遗址的复原不走样为教学研究服务，又要直观有趣味性，吸引观众能让他们看懂，大葆台汉墓博物馆的建立颇费了一番匠心。

博物馆内分为上下两层，上层为参观回廊，设有陈列室，里面的重头文物就是那件鎏金兽面铜铺首和青铜鎏金嵌玉龙头枕。兽面双目圆睁，咧着大嘴非常神气；龙头用圆水晶为眼，牙、舌和双角均用青玉琢制而成，这两件东西一直陈列在首博的通史展厅中，算是很熟悉了。展柜中还有一件东西，黑乎乎像一窝陈丝旧布一样团在那里。别看它不起眼，这可是出土文物中一件很有意义的物品，专家称为"漆纱冠"。这种冠帽，最早产生于汉代，是一种用丝编结的手工艺品，外表呈棕黑色，涂饰的漆膜富有光泽。河南洛阳画像砖墓的彩绘武卫、山东沂南汉墓石刻武士，都戴有漆纱冠，陕西乾县唐章怀太子李贤墓壁画上，亦见有戴漆纱笼冠的文史。但是由于没见过实物，这种漆纱千余年来一直被误认为是一种平纹织物，直到漆纱冠的出土，才知道它是一种很费工时的编织物，为篡组结构。跟它一起出土的组缨是漆纱冠的附属物，实际上就是系冠的带子。据文献记载，周秦两汉以来，组缨多作为冠、服、印、璧等物品的系饰，具有严格的等级制度，是区分尊卑贵贱的标志。对这组文物的研究，为纺织技术史又增添了新的篇章。

燕王墓出土的铁器，其中有一件铸有"渔"字，据专家推测是汉代渔阳郡铁官作坊的产品，这是该郡产品的第一次出土，为研究西汉燕国冶铁史提供了珍贵的实物例证。还有那些铁箭铤、铁笄、铁扒钉、铁环首器等，经过原北京钢铁学院鉴定，可以确定是用铸铁固态脱碳成钢的，有的经过锻打加工成型。它们是当时已经出土的最早用生铁固态脱碳成钢的器件，把我国"生铁固态脱碳成钢"冶炼法出现的时间由魏晋南北朝向前提了几百年，是一个很大的考古收获。

下层即为墓室复原陈列，完全依据了该墓的建筑布局，即墓道、甬道、外回廊、黄肠题凑、前堂、后室（棺椁）。最先看到的是墓道随葬车马遗址，按照发掘现场保存。当年苏舅舅主持发掘时，为了保护这个车马坑，在中国科学院化学研究所呆了7个月，研究地下水的治理办法。按照他的说法，就是让湿泥巴变成"肉皮冻儿"，地下水不上泛了，终于使车马坑完整保存了下来。苏舅舅与众多的考古工作者们一道，常年工作在艰苦的野外考古现场，从青丝变成银发，才换来我们今天的参观环境。透过透明有机玻璃保护罩，可以看见不同形制的3辆朱斑轮车，11匹马。车辆全系木质双轮单辕车，保存较好，这是研究汉代交通史和舆服制度的珍贵实物资料。在遗址的东西两面墙上，还各有一幅仿汉画像石"车马图"用作图解，真是很周到很用心。

由于早期被盗，部分木结构毁于火焚，发掘时墓室坍塌严重，面目今非昔比。如果按发掘现场复原不仅难度很大，这样破败的景象也令观众难以理解。于是专家们采用根据考古资料原状复原与发掘现场复原相结合的原则，这样既保存了发掘现场的真实性，又再现了汉墓原貌，给人以完整的形象。巧手回春的汉墓遗址，令我们一睹当年的风采。

墓室的南壁即入口处保存比较完整，所以门的东西两侧全用原来的黄肠实物进行原状复原；损毁比较严重的西、北、东壁，内用钢角尺制成骨架作为支撑结构，外用 10 厘米见方、90 厘米长的水泥钢筋模拟黄肠进行原状复原。我站在西侧正在感叹那些黄肠木回廊竟然堆垛的这样严丝合缝，连一张纸也插不进时，却不知是被聪明的文物工作者"蒙"了。这些"黄肠题凑"的下部都是可以乱真的水泥黄肠，只在顶部码放了三层真黄肠实物，用来增加真实感。这样做就像博物馆修复陶罐那样，用白石膏做衬底，把毁坏前的原状烘托出来，使残存部分更显得真朴可靠。更为重要的是，回廊这种建筑形式，过去只在汉画像石上见过，这种木结构的回廊建筑还是首次发现。

沿着参观通道俯瞰墓内，用水泥钢筋模板复制的墓壁板、地板、地伏等几乎可以"乱真"，而在墓室内的中央通道上，覆盖着原有的地板实物。这种"你中有我，我中有你"的处理方法，使新旧交辉、相得益彰，给古文化增添了色彩。为使还原更为真实生动，在墓壁板和地板上还留有剖面或横断面，使观众能看到墓壁板外的木炭层和地板下的地伏及木炭、白膏泥层，在表现墓室结构细部上都下足了功夫。

广阳王刘建的葬制是三棺两椁，如何直观地展示这种葬制，文物工作者也颇费了些心思。他们在正面做了一个剖面图，通过这个剖面，观众能清楚地辨认出内棺、套棺、内椁和外椁，还可以看清外黑内红的髹漆颜色。与明定陵博物馆的那种封闭洞穴式不同，整个墓室复原陈列采用剖开式，像一座露天煤矿，巨大的封土层被制成剖面，两层木炭层中间夹着一层白膏泥，告诉我们古人的防水措施，并能阻止植物的根系穿透，下面即是黄肠题凑和棺椁，很直观，又很有艺术性。

"纵有千年铁门槛，终须一个土馒头。"高达 9 米多的封土层就像一个土馒头，不管如何用壮丽来展示威重，巨大的王陵将王侯们曾有的辉煌掩埋于地下，一切都成为过眼云烟。然而也正是由于这些土馒头的昭示，让我们对祖先们有了更深入的解读，也给我们留下了珍贵的文化遗产。

1. 黄肠题凑 大葆台汉墓博物馆 南面墓室入口-2

魏晋风骨与魏晋神韵

公元 265 年，司马氏依靠世家大族的支持夺得曹魏政权，建立晋朝，都城仍旧建在魏都洛阳，史称西晋。公元 280 年，司马炎灭吴，结束了三国分裂的局面，统一了中国。世家大族的荒淫残暴，决定了西晋政权的腐败与黑暗，使得全国统一的局面仅仅维持了三十多年。公元 316 年，西晋灭亡，其后南北分裂，北方先后有匈奴、鲜卑、羯、氐、羌等民族建立了各自的割据政权，历史上称为"五胡十六国"。公元 317 年，江南的晋宗室司马睿在建康（今南京）称王，第二年改称帝，史称东晋。

西晋末年，北方战乱，很多士族纷纷南迁，他们和江南当地士族共同支持司马氏在南方建立汉族政权。强大的士族一方面是东晋皇权的依靠，同时又是对皇权最大的威胁。皇权和强宗之间的争斗、南北士族之间的矛盾未曾平息，而在镇压农民起义的过程中，由流落在南方的北方农民所组成的、被东晋政府掌握的精悍善战的北府兵，其中下级将领逐渐掌握了东晋朝政。这些出身"布衣素族"的军阀上升到统治集团之后，并未改变政治上的腐朽。不论是高门士族还是寒门新贵，都竞相敛财，过着穷奢极欲的生活，一幕幕逼宫、禅让、夺权的活剧不断上演，宋、齐、梁、陈四朝轮番更替，这一时期成为中国历史上政权更迭最频繁的时期之一，也是政治环境最为险恶黑暗的时期。

然而就是在这样的时代背景之下，却产生出一大批中国历史上最为特立独行也最为神采飘逸的士者文人，绽放出中国文学艺术史上最为优美的花朵。魏晋南北朝是产生最为优美艺术的时代，"魏晋神韵"已经成为艺术审美的至高标准，后人所说的艺术作品要有"古意"，以及所谓的"师法前人"，很大一部分是指魏晋之风，再加汉唐风格。而"魏晋神韵"的那种超凡脱俗，那种意境深远，那种缥缈的空灵之气，相对于汉唐那种雄浑大气的时代风貌，更受到人们的青睐。因为它已经成为一种代表生命品质的标准，体现了一种不同凡俗的生命状态。

到底是什么样的社会及文化背景培育出那样文采风流、只能令后人望尘莫及的士者文人，孕育出令后人永远也咀嚼不尽的"魏晋神韵"？我们不得不从玄学的兴起开始说起。

玄学是三国两晋南北朝文化的一个新内容，兴起于曹魏正始年间（240年—249年），在两晋南朝也产生了很大的影响。玄学论者主要是通过为先秦《老子》《庄子》《易经》三部著作注释来阐述自己的看法。玄学最核心的内容可用曹魏吏部尚书，也是玄学的倡导者何晏的"贵无论"来说明：天地万物皆以无为本，而"无"的概念来自《老子》中的"道""道"是一切事物的根本及来源，而"无"是"道"的特质。说来说去，"无"的观念是想说明，一切事物没有恒定不变的规定性，而是要根据实际情况对待，变化是根本的特质。而《易经》中六十四卦所阐述的变化规律，也正是向我们展现的朴素的辩证法与方法论。

玄学的另一意义是解除儒家观念对士大夫行为的束缚。儒家有许多道德名目：孝、悌、忠、信、礼、义、俭、廉、让等，即当时人们所说的名教。汉代以来，名教被纳入统治体制，成为官员、士大夫的行为准则。但在汉代晚期及魏晋险恶的政治环境中，杀身破家的很多是恪守名教的人。而且不论何种情况都固守名教，不知变通，也不合人性。更有甚者，为了当官而按道德名目造作伪行。于是一些士大夫反名教，贵自然。

魏晋以前的文学特别强调文学的"兴观群怨"，此话出自孔子的《论语·阳货》，是对诗歌社会功能的认识和概括。子曰："《诗》可以兴，可以观，可以群，可以怨。迩之事父，远之事君。多识于鸟兽草木之名。""兴观群怨"这四项功能可理解为：兴即"引譬连类""感发意志"，就是说，诗是用比兴的方法抒发感情，从而影响读者的感情及意志；观是"观风俗之盛衰""考见得失"，即诗歌是反映社会生活的，通过诗歌可以帮助读者认知社会风俗，而"考见得失"则是需要根据价值观而做出的选择判断，就是诗歌的比喻、警语、词句可以帮助人对现实情况及价值观都作出思考；群就是"群居相切磋""和而不流"，即诗歌不仅可以供人们相互切磋，共同欣赏，通过这种切磋，还能形成各人"和而不同"的思想特征和独立见解；怨就是"怨刺上政"，即批评与讽喻，主要是指诗歌具有针砭时政的作用。可以看出，孔子认为诗歌所具有的"兴观群怨"这四项社会功能都是以传统的儒家礼教政治和道德伦理规范为基础的。

直到东汉末年频发的战乱才使这种影响有所减弱。魏晋时期的多朝代更迭逐渐摧毁了社会道德体系的神圣性和政治权威性，与这种动荡对应的即为文学作品中生命主题的觉醒。

文学的主题是什么，在当代的今天，在深受东西方文化交流融汇影响的现代人意识里，这个问题不难回答，那就是拯救社会与拯救自我，寻求个体的解放。而文学中拯救自我、追求个性独立解放的主题也许更浓烈一些，比如牛虻，比如约翰·克利斯朵夫，就是这一主题的代表性人物。

中学与西学截然不同，然而就是魏晋玄学的"越名教而任自然"，猛烈地抨击了烦琐传统的儒家伦理思想，意在摆脱传统儒教对人性的束缚，开辟了一条玄思清朗的思想途径，从而一扫经学腐朽的尘垢，给当时的文人输入新的血液。玄学的思想帮助了忍受屈辱痛苦的文人们维护自己的尊严，更好地实现"穷则独善其身"。他们在玄学中审视自己的处境，变得通脱达观，高标风流，而这种玄学思想寄于文学，为"风骨"的突现提供了思想保障。

士大夫在玄学馆中谈论的都是一些抽象的、超越现实的、与实际社会功利没有利害关系的命题，所以被称为"清谈"。其实读书人是很入世的，但是当时险恶的政治环境不允许他们去评论社会、谈论政治，那样随时会引来杀身之祸，所以他们只能去讨论宇宙、自然、人和宇宙自然的关系这样一些精神层面的东西，并寄情于山水之间。从表面上看，魏晋名士们完成了一个转折，即对人物的评价从政治、实用的角度转到了审美的角度，而实际上，是在思考人的终极意义，或对于生命、个体的解放。用风骨与神韵作为审美的基础，实际上反映了魏晋士人生命意识的觉醒，到底什么是我真正应该去追求的，生命的宝贵到底体现在哪里，以及对这种生命意识觉醒之后的欣赏态度。魏晋南北朝时期，可以说是中国思想史上的一个重要的思想解放时期，如果将它与先秦时期的百家争鸣比较，那时人们讨论的中心议题是如何拯救这个社会，而魏晋南北朝的知识分子所关心的不再是拯救社会而是拯救自身。但是这种自我觉醒与西方的尊重个体生命及意识是有本质区别的，因为它是在被迫的形势下不得不做出的选择。中国的知识分子永远是入世的，他的作为、他的人生梦想永远在"达则兼济天下"，在为社会、为国家做一点事情。只不过直截了当地发表意见太危险了，所以只能退而求其次地"独善其身"，退出政治泥潭而去完成其他的修养，知识分子毕竟是最讲修养的。人生态度的转变，就体现出对个体生命的一种重新认识，即要拯救自我，所以努力方向已经改变了。

曹魏时有竹林七贤：嵇康、阮籍、山涛、向秀、阮咸、刘伶、王戎。嵇康、阮籍不遣人间是非，即不以名教评价他人。嵇康说自己有"七不堪，二不可"，阮籍在丧母期间照样饮酒吃肉，而这种行为竟然也得到了统治者司马昭的容纳。西晋士大夫反名教的行为更甚，时称"放达"，与猪同饮、脱衣上树是其中极致的例子。东晋士大夫的行为则要恰当得多，王徽之在雪夜来了兴致，乘船去外县访问戴逵，到了戴逵家门前却不进而返，言："兴尽而返，何必见戴。"这些都是在人们口中传诵的魏晋名士的故事。

魏晋风骨到底是一种什么样的生命状态，也许嵇康是一个最为鲜明的例子。

嵇康是曹操的嫡孙女婿，也是一位魏晋奇才，精于笛，妙于琴，还善音律。尤其是他对琴及琴曲的嗜好，已经到了如醉如痴的地步。他创作的《长清》《短清》《长侧》《短侧》四首琴曲被称为"嵇氏四弄"，与东汉的"蔡氏五弄"合称"九弄"，是我国古代一组著名琴曲。隋炀帝曾把谈、奏"九弄"作为取士的条件之一，可见其影响之深远。嵇康在音乐理论上也有很大贡献，他的《琴赋》主要表现了嵇康对音乐和琴的理解，同时也反映了他与儒家传统思想相左的看法。而《声无哀乐论》则正是他对儒家"音乐治世"思想的直接而集中的批判。嵇康认为音乐是可以被多解的，同一音乐，听众不同，理解也不同。伟岸俊美的嵇康是唯一能表达出《广陵散》真谛的人。

嵇康完全不理会种种传世久远、名目堂皇的教条礼法，彻底厌恶官场仕途。他的好朋友，同样具有"如璞玉浑金"般品格的山涛，因为推荐嵇康做官，不仅遭到拒绝，还收到了嵇康的一封绝交信，就是那篇著名的千古讽讼——《与山巨源绝交书》。文中不仅体现了一个文人倔强独立的性格，还阐述了他的人生观点及价值取向："非汤武而薄周孔，越名教而任自然。"鲁迅先生以他特有的幽默与辛辣指出了这一人生观点为何会置嵇康于死命。鲁迅先生在《魏晋风度及文章与药酒之关系》中说："汤武是以武定天下的；周公是辅成王的，孔是祖述尧舜的，而尧舜是禅让天下的。嵇康都说不好，那么，司马懿篡位的时候，怎么才是好呢？"所以嵇康的罪名不是"不事王侯""不为物用"，而是"言论放荡，非毁典谟""害时乱教""负才乱群惑众"，嵇康不死，"无以清洁王道"。

公元262年的那个夏日，是文化史上最为黑暗的日子，嵇康走上了刑场。临刑前，嵇康要求再弹奏一曲《广陵散》。他微垂着俊美的头颅，用修长的手指拨弄琴弦，铮铮然，淙淙然，《广陵散》如水银般流淌出来。曲毕，随着一声"《广陵散》今绝矣！"嵇康借刽子手中的刀引颈自刎，他伟岸的身躯倒下了，《广陵散》也永远消失了，嵇康用这种掷地有声的死，留给世人一个千年遗憾，也将《广陵散》沉入千年的寂寞。嵇康不是从容赴死的勇士，在他的心中，对生命，对生命的价值早已参透悟彻，他要把这种价值发挥到极致，他要在最后一刻让自己的生命绽放出最为绚烂的花朵，他所追求的，是那最为唯美的一瞬。这就是魏晋名士的风骨，这就是他们生命的状态。

风骨一定能焕发出一种风度，风度不仅仅是一个人文化素质与精神状态在言行举止上的反映，从心理学的角度，把风度或曰气质定义为一个人的心理特征。对于一定的社会阶层来说，风度集中体现了他们的人生观和世界观，而在这种人生观和世界观主导之下所产生出的作品，一定是具有神韵的。

东晋南朝的美术理论家谢赫，在他的名著《古画品录》中提出绘画的六条标准，第一条就是"气韵生动"。他在评论东晋著名人物画家顾恺之的作品时说："神韵气力，不逮前贤，精微谨细，有过往哲。"顾恺之那么有名的画家，谢赫却将他的画放在第二品，原因就是认为他画中的神韵不如前贤。顾恺之的白描线条是最有名的，那种连绵不绝的精密的线条如"春云浮空，流水行地"，被后人称为"春蚕吐丝"，而谢赫却认为这是具体的"精微谨细"的绘画技法，他认为顾恺之的技法是超过往哲的。所以，谢赫认为那幅画不能成为一品是没有把人物那种内在的生命活力，内在的生命灵性画出来。不仅如此，神韵不单单要求体现被画对象的内在生命力，它更要求画家本人，作为绘画的主体要把自己的生命活力和个人风采也展现出来，要传达出自己内在的情思、思考、理解，内在与外在有机结合而产生的作品，才能做到"气韵生动"。

魏晋时期隐逸之风盛行，这与当时"庄园经济"的社会形态是分不开的。那些庄园总是置于江南山水之中，而不是在商品经济与手工业发达的城市之中。魏晋名士，特别是南朝的那些读书人，处于这种"庄园经济"之中，桃李茂密，桐竹成荫、华楼迥榭、临眺之美，广阔的自然环境使出游之风盛行，魏晋名士突然发现还有这么一块优美的天地可以任我悠游，所以就一头扎了进去。他们在那块天地中，感悟自然，体悟自己的内心，体悟生命个体在没有束缚的环境下那真真切切的存在，感受自己生命的价值，感受生命之隽永。于是美画、美诗、美文迭出，为后世的我们留下无数瑰宝。"魏晋神韵"在一种纯粹的、非功利的精神层面上，为中国的古典美学奠定了一种不同于儒家观念的思想基础。它为我们无论是创作还是欣赏那种真正的心灵自由，真正的精神解放，为那种自由的联想，提供了一种思想之路，为生命的品质、生命的状态提供了一道修为的法门。

在魏晋南北朝璀璨的群星当中，东晋谢家无疑是最为耀目的一族。谢家作为豪门世族，不仅政治地位显赫，而且才人辈出。

老祖谢安，身为东晋的宰相，在抗击前秦的淝水之战中，作为坐镇指挥的主帅，知道自己的侄子在淝水前线和前秦的八十万大军对阵，谢宰相竟然与人下围棋，这时有人在他耳畔说了几句，谢安面部微动了一下，仍继续下棋。旁人问出了什么事，谢安淡淡地说："小侄在前方打胜了。"淝水之战是中国历史上以少胜多的著名战役，淝水之战中东晋的胜利，使南方人民避免了氐族统治者的摧残，使南方经济免遭破坏，在中国历史上具有重大意义。而谢安面对这样一场生死存亡之战竟这样淡然处之，这种旷达精神，正是魏晋风骨中的精髓。

　　谢安的侄子谢玄，是东晋王朝的一名将领，在淝水之战的前线浴血奋战，率领北府兵大败前秦苻坚的几十万大军，并乘胜收复了黄河流域的六州失地，在历史上留下了一个被后人不断称道的著名战例。谢玄的功绩受到朝廷的极大嘉奖，封他为康乐公，并且是世袭的爵位。而谢玄的嫡孙，便是东晋山水诗开山之祖谢灵运。这位衔着金汤勺降生的大才子，被祖父宠爱有加，从小便生长在众星捧月的环境中，祖父去世后，谢灵运八岁便承袭了康乐公的爵位。然而，祖辈的光芒并未始终笼罩在他的头上，因为朝代更替了，东晋改换成了南朝，门阀谢家由维持东晋数十年安定的支柱，变成了刘宋王朝眼中的一颗毒瘤，屁股上的一根尖刺，谢灵运的命运也因此发生了根本的转变，爵位被削去，降级为散骑常侍，最后沦为永嘉太守。一落千丈的命运，使谢灵运心灰意冷，退出江湖而寄情于山水之间。对生命价值的反思，被江南山水氤氲着，滋润着，幻化成一首首清新而又充满空灵之气的诗句，点化着人们，使人们从山水之间悟出那些在浊世中难以想透的道理。谢灵运最著名的句子"池塘生春草，园柳变鸣禽"，"生"与"变"两个动词，正是起到幻化作用的字眼，让我们仿佛看到池边春草一点点生发出来，染出一片绿意，而园中的柳丝在飘拂之中，竟传出声声的鸟鸣，原来初生的鸟儿随着春的脚步已长大能翻翻于柳枝之间。生命是多么的蓬勃，生命的力量是多么的强大，面对这样的景象，令人如梦方醒，原来我们最应该珍惜的，最需要倚仗的，就是我们自己的生命，以及生命带给我们的那些享受与感悟。这就是魏晋风骨文学的审美取向和价值判断。

　　在《谢氏家族录》中有这样的记载："康乐每对惠连，辄得佳语。"康乐即世袭康乐公的谢灵运，而惠连则是他的族弟谢惠连。谢惠连的妙语连珠令谢灵运也对他刮目相看，据说"池塘生春草"的诗句，就是谢灵运在梦中被谢惠连指点所得，可见惠连也是一位才思敏捷的诗赋高手。

　　谢惠连有一篇《雪赋》，借梁孝王游园遇雪，命司马相如、邹阳、枚乘一起饮酒作赋的故事，用枚乘之嘴说出了下面这番议论："白羽虽白，质以轻兮，白玉虽白，空守贞兮。未若兹雪，因时兴灭。玄阴凝不昧其洁，太阳耀不固其节。节岂我名，洁岂我贞。凭云升降，从风飘零。值物赋象，任地班形。素因遇立，污随染成。纵心皓然，何虑何营？"是说洁白的羽毛与坚贞的白玉不过徒有其名，不如白雪因时兴灭。在阴影的笼罩之下，仍难掩其洁白的颜色，在温暖的阳光之下即化为一汪清水。表面上的节操与贞洁就那么重要吗？何不像白雪那样，落在松树上，就为松树树立高洁的形象，落在地上，即随着地形铺上一张洁白柔软的大毯，将那些凹凸与枯败掩盖其下。随遇而安，因时兴灭，活得恰如其分，纵情于天地之间吧，我已是明心皓首，又何必去蝇营狗苟地思虑什么高风亮节呢？

　　谢惠连的文笔极美，也很会说道理，他自己却因对生活毫不苛刻，随性而不流俗，甚至在为父守丧期间还为男宠写诗，而引来诸多唾骂。晋代男风盛行，阮籍也歌颂过男人之间爱的坚贞与美好。他赞颂春秋战国时期著名的同性恋安陵与龙阳的感情，他们不仅对爱情坚贞不移，而且在爱情之路上走得相当美满，难怪会得到阮籍的称道。看来，魏晋文人喜欢耍旷达，玩清高，能得到一个圆满的结局，才是他们真正期望的。谢惠连放达不羁、甚至是没心没肺，始终充盈着幸福感的内心，就表达了对圆满结局的追求。

　　与谢灵运并称"二谢"的"小谢"谢朓，也是谢家的一颗明星，最擅长写五言诗，其作品飘逸空灵，具有"清水出芙蓉，天然去雕饰"的神韵，与"大谢"很有得一比。"灞涘望长安，河阳视京县。白日丽飞甍，参差皆可见。余霞散成绮，澄江静如练。喧鸟覆春洲，杂英满芳甸。去矣方滞淫，怀哉罢欢宴。佳期怅何许，泪下如流霰。有情知望乡，谁能鬒不变？"这首诗里的"余霞散成绮，澄江静如练"与大谢的"池塘生春草，园柳变鸣禽"一清丽，一灵动，同为千古传颂的佳句。你看那残霞是被风吹动，还是自己崩散成片片绮云，布满天边，像一条白绢样的清澄蜿蜒的江水也被映上了点点霞光吧。所以，小谢描写的澄江不是白如练，而是静如练，一条随意垂放的白绢，该是多么的安静，多么的细腻柔软。古人遣词造句总是抓住字眼，所以才会一字十层。如此静谧清丽的景色是被喧闹的沙洲所衬托的，叽喳的鸟鸣，遍地杂色绚烂的野花，使得绮霞与澄江更加孤高雅丽，令人神往。然而这一片美好的景色，却是出现在谢朓到安徽宣城赴任的途中，本来就迟疑滞涩的脚步，停留在三山顶上。回望建康，家乡辉煌的飞甍似乎在夕阳中依稀可见，思乡之情涌上心头，怅然想到何人能许我归期呢？泪珠便像雪霰般冰冷而又细密地落下来。这样凄楚的心情怎能保证浓密的青丝不变成白发呢？这首诗写得一波三折，曲尽其美，带人观赏那样摄人心魄的美景，又在你沉醉其间时，将你的心狠狠捏了一把，思乡的刺痛，令人黯然神伤。

　　门阀世族的谢家，也不乏女性才人，谢安的侄女谢道韫才思敏捷，不让须眉。一日天降大雪，谢安随口咏道："白雪纷纷何所似？"在兄长们淡薄无味的应答之后，谢道韫款款而言："未若柳絮因风起"，不仅得到叔父谢安的夸奖，还被后世同样在命运中沦落的曹雪芹称为"咏絮才"，并用"堪怜"二字道出了心中别样的赞许。

　　对侄女宠爱有加的谢安，亲自出马，为谢道韫挑选乘龙快婿，最终将她嫁给王羲之的次子王凝之为媳。"王谢堂前燕"的王、谢两家皆是豪门望族，世人眼中的一桩美满婚姻，可谓珠联璧合，然而却给谢道韫带来深深的惆怅。王羲之的儿子可不是个个都是才子，王凝之就颇有些软弱无能，更何况他的身边强者如林、人才济济，更将他比得黯然失色。谢道韫不仅才情卓越而且有才辩，在清谈盛行的晋代，也有允许女性加入的时候，已为人妇的谢道韫，于轻纱幔帐之后，与诸客高谈阔论，思辨令人赞叹。其中为小叔子王献之论战解围一事，更被传为美谈。这样比丈夫高过一截且在众人面前都很强势的女人，怎么能不对平淡的婚姻生活怀有惆怅之情呢？谢道韫在她的《泰山吟》中隐约抒发了对这桩婚姻的不满，刚劲的笔调写出一个女强人的心曲。"峨峨东岳高，秀极冲青天。岩中间虚宇，寂寞幽以玄。非工复非匠，云构发自然。器象尔何物？遂令我屡迁。逝将宅斯宇，可以尽天年。"谢道韫不仅描写了泰山挺拔傲岸、直插云霄的雄姿，还描写了山中景观，赞美了天然造化之云横崖间的景色。不仅大气磅礴，那"寂寞幽以玄""云构发自然"的质朴之色，正是东晋士族文人审美品评的最高标准，这种质朴审美观的思想基础即是老庄之学。东晋时期老庄之学在士族中广为流行，这不仅成为人物品藻的尺度，也成为诗歌美学的准则。所以谢道韫赞美泰山以寂寞无言、幽玄自然，看似质木无文，实际却表达了作者对于巍峨的泰山和强大而又深沉高远的男人的敬仰之情。

赋作为中国古典文学的一种体裁，萌生于战国，兴盛于汉唐。魏晋南北朝时期，汉大赋渐衰，随后产生了更为抒情、对仗更为工整、音律感更强的赋作。江淹作为南朝的大辞赋家，他的《别赋》与《恨赋》是其中的代表作。

出身贫寒的江淹，幼年丧父，他靠捡拾柴火卖钱来侍奉体弱多病的母亲。生活在朝代不断更迭、政治黑暗的南朝，江淹前半生颠沛流离，不断经历坎坷与磨难，心中的绝望与不甘造就了他千回百转的愁肠，然而也使他"梦笔生花"，写出了一篇又一篇的美文，感染着后人的心。

《恨赋》是六朝抒情骈赋中的名篇。全赋排章选句、哀恨绵绵，眼中所见，心中所想，令肝肠寸断的江淹连美酒也难以下咽，不得不掩上手中的金杯，将琴瑟也收入锦袋之中。最能供人排遣的两件东西都帮不了江淹，面对平原上蔓草萦骨，拱木敛魂的萧索凄冷，江淹抑制不住心中的惊惧，想到古时那些饮恨而死的人，通过对秦始皇、赵王迁、李陵、王昭君、冯衍、嵇康这六个历史人物各自不同际遇的描写，刻画了从得志皇帝到失意士人的诸多哀伤怨恨，概括了世间种种人生幽怨与遗恨，江淹的恨，不是仇恨，他告诉我们，恨，原来就是遗憾。

"春草暮兮秋风惊，秋风罢兮春草生。绮罗毕兮池馆尽，琴瑟灭兮丘垄平。自古皆有死，莫不饮恨而吞声。"这份恨、这些遗憾是那么的幽远而周而复始，春去秋至，秋去春又来，绮罗散尽池馆也失去了往日的奢华，琴弦尽断，沟壑已被黄沙填平。人生各有各的磨难与不幸，却都不过是饮恨吞声而已。这份恨啊，是这样的深沉与无奈。

就在江淹咏叹恨的无尽苦难之时，造化弄人，人生有失必有得，既有剥夺就有补偿。中年以后，江淹官运亨通，齐高帝萧道成执政，将江淹从吴兴召回，任命尚书驾部郎、骠骑参军事。而梁武帝代齐后，更把江淹升为金紫光禄大夫，封醴陵侯。江淹的磨难尽了，而他的才情也尽了，在后半生富足安逸的生活中，他再也写不出《别赋》《恨赋》这样的佳作了，只给后人留下一个"江郎才尽"的成语。

魏晋南北朝，中国历史上最为动荡的年代，时代造就英雄，也造就了魏晋风骨与魏晋神韵，苦难引发出对于生命的思考，失而复得的幸福也消磨了对于生命价值的认知。仔细领略这一时代的特点与风貌，对现代的我们仍然有着很强的启迪作用。历史总是周而复始的，一代传一代，我们总避免不了回到原点，然后再重新开始。当然这种周而复始是螺旋式上升的。魏晋时代留给我们对于生命、对于生命价值的认知和启迪，始终保持着它鲜活的吸引力，伴随着那些前无古人、后无来者的艺术作品，永久地陪伴着我们，滋养着我们。

首都博物馆中的北朝佛造像

魏晋时期，除了南朝神采飘逸的优雅韵致之外，北朝的风范也很有魅力。

公元 420 年，北魏明元帝拓跋嗣统一了北方诸国，建立了北魏，结束了北方长期纷争割据的局面。我国历史从此进入南北对峙的时期。公元 534 年，北魏分裂为东魏和西魏，此后又由北齐和北周取代，历史上将北方这段王朝更替时期统称为北朝。

北朝佛教重实践和修积功德，造像之风颇盛。东晋十六国时，这里的佛教还是一片寂寥，南北朝时期，佛教在这里骤然兴起，北朝统治者对佛教的热心提倡在修寺、建塔和造像上表现得最为突出。一般认为我国佛造像正是起源于北魏，由于造像较之其他佛教艺术简单、容易，又有明确的祭拜对象，所以造像之风在当时便盛行起来。

在中国的几大著名佛教石窟中，敦煌是佛教传入中原的第一站。莫高窟现存最早的石窟开凿于十六国时期，北朝的北魏、西魏、北周政权，在敦煌统治一百四十余年，开窟建寺达到高潮。北魏中期佛像艺术的突出成就是云冈石窟的开凿，是北魏文成帝令凉州沙门昙曜主持开凿的，最著名的人称"昙曜五窟"，五窟内均有一尊大像。最具标志性的是第 20 窟的主尊释迦牟尼像。此像高 13.5 米，高大雄伟，气势磅礴。整体风格反映了印度犍陀罗和马土腊艺术特点，但它那圆大结实的脸庞、高挺健硕的胸脯、宽厚结实的肩膀，以及剽悍、坚毅的神情，则更多地体现出北方鲜卑民族的人体特征和精神风貌。龙门石窟开凿于北魏宣武帝景明元年（500 年），是宣武帝为其父母做功德而开凿，北魏以后又陆续开凿，北朝时的洞窟著名的有宾阳洞、古阳洞。麦积山石窟位于甘肃天水东南的麦积山，始凿于十六国后秦时期，造像、壁画主要是北魏、西魏、北周三代的。北齐宣帝高洋时期开凿了响堂山石窟，地近北齐邺城（今河北临漳县境内），共有 17 个窟，大小石造像 4000 多尊。北朝时期的造像给我们留下了无数的艺术瑰宝。

北魏佛造像自成一派，别具特色，所造之像以释迦牟尼佛、阿弥陀佛、弥勒佛、观音菩萨和大势至菩萨为多，选像之形式和质地，或刻山崖，或刻碑石，或造石窟，或造佛龛，或造浮屠；或木像，或塑像，或夹苎漆像，或瓦砖之像。一般造像皆有题记，内容不外原文、年月、造像人、出资造像者、邑中助缘者寺职等内容。造像的风格普遍表现为造型粗犷，气势雄浑，风格古朴，神态沉静，气韵含蓄，与当时北方民族审美情趣和重禅修的佛学风气完全吻合。其艺术粉本主要来源于印度犍陀罗艺术，同时又受到了印度马土腊艺术、笈多艺术和中土审美情趣的影响。佛像多为额部宽平，鼻梁高隆，眉眼细长，头发呈波浪状，袒露上身，衣褶为并行线状，受印度犍陀罗艺术影响的痕迹明显。但从造像的内容来看，实属独创之新，许多造像是印度所没有的。南北朝时期是我国社会政治最为动荡的时期，也是南北文化、印度佛教与中国文化大交融的时期，北朝佛像艺术深受这一历史和文化背景的影响，呈现出不同的时代特色。

北京历史悠久，文化发达，佛教很早就传入这里，隋唐时期，北京佛教已十分兴盛。胡人南下、北方少数民族的内迁为北京佛教的传入提供了广泛的前提。西晋末年，北方五个少数民族——匈奴、鲜卑、氐、羯、羌南下入侵，令西晋政权被迫南迁，在今南京建立了局促东隅的东晋政权，自此之后，北方陷入了长达一百余年的弱肉强食的战乱之中，先后出现了二赵、三秦、四燕、五凉，夏及汉（成汉）等十六个封建小国。战火频频，给人民造成了极大的痛苦和灾难，人们为了逃避战祸而大批迁徙，促使各种文化和风俗习惯相互交融，推动渗透，这一时代背景成了佛教在北方广泛传播的重要契机。

幽州在北朝时期先后由北魏、东魏、北齐、北周统治。其中北魏统治时间最长，东魏和北齐只统治了十几年和二十几年。北周统治幽州是指灭了北齐之后的几年时间，因此幽州地区的佛教与佛造像的出现也是在北魏这段历史上。北齐时期，鲜卑统治者重视和提倡本民族的文化，佛像艺术又恢复到北方民族审美标准上来。佛像的体态由修长改为矮胖，腹部前凸；面相由瘦削变为丰圆；衣服由厚重变为轻薄；衣纹由密集粗重变为疏朗浅细，风格特征明显。

首博的佛像厅中伫立着一尊释迦牟尼佛像，就是著名的北魏太和造像。这尊佛像造于北魏孝文帝太和年间，造像连座高 2.2 米，佛像呈赤脚立姿，站在莲花台座上，由一整块花岗岩镌刻而成，雕工精细，技法娴熟，线条流畅，精美绝伦。佛头顶为螺形发髻，面部丰满端庄，含蓄慈祥，双耳垂肩，神态自如。佛像斜披袈裟，右手曲肱胸前，左手自然垂下，袖口垂地。佛像身后有雕饰精美的背光，背光上分层刻有忍冬纹、火焰纹、伎乐天人等，形态逼真，造型生动，在佛像的后面还雕刻有 12 排 124 尊小佛。造像使用的颜料，虽历经千年，色彩仍不失当年的风采，表现出杰出的彩绘成就。石像下方有"太和十三年三月十五日阎惠端为皇帝、皇太后造像"字样，虽字迹已残缺不全，但也为我们提供了造像的确切年代为北魏太和十三年，即公元 489 年，距今已有 1500 年的历史。据文献记载，这尊佛像的珍贵之处，在于它是按照鲜卑族魏文帝母亲的模样雕刻而成，仔细端详佛像，表情慈祥如老妇人，这样的写实手法，在中国古代艺术中是很少见的。

从佛像建造的年代和风格来看，它应和山西云冈石窟属同一时代。云冈石窟开凿于北魏兴安二年即公元 453 年，大部分石窟完成于太和十九年及公元 495 年迁都洛阳之前，而这个时期正是希腊艺术和印度佛教混合而成的犍陀罗艺术风格传入中国并形成高潮的时期。这尊佛像正是融合了东西方艺术精华的代表作。

在当时流行的各种形式的造像中，金铜造像是最为突出的艺术形式。金铜造像造型完美，工艺精细，题材丰富，充分反映了"云冈模式"的巨大影响和艺术特点。首博有一尊北魏太和年间铸造的铜镀金释迦牟尼佛像，就是云冈模式流风所及的典型实例。

佛像结跏趺端坐，微低着头部，饰涡旋状发型，头顶肉髻隆起，面部丰腴，微阖着细长的双眼，端庄而又安详。内着僧祇支，外披袒右肩袈裟，袈裟的一角搭覆在右肩上。胸前衣领上饰折带纹，与山西大同云冈大佛袈裟上的装饰纹样一致，衣质厚重，衣纹写实。最生动的是佛的手印，右手举于身侧，施无畏印，左手置左膝上，掌心做怀抱状，表现出佛陀关怀众生、普度众生的伟大情怀与无穷力量。此像一改此前释迦牟尼闭目沉思、手结禅定印的形象，用关怀与交流的态势，传导出慈悲济世的大乘佛教思想，这一时代气息已成为佛教传播与发展的主旋律。

此像的台座也很有特点，长方形的四足坐床，造型浑朴稳重，坐床的正面和两侧均有纹饰，刻画着飞鸟、蔓叶、卷云纹及手持鲜花的鲜卑人装束的供养人，构图繁复别致。坐床两侧各有一狮蹲踞，狮子转首对望，形象威武，坐床上的方形束腰托举着一方台面，其四周刻有繁密的唐草纹饰，释迦牟尼佛端坐其上，整个造型既稳重大方，又亲切自然。在坐床背后有数行题记，因年代久远只能辨认出"大代"等几个字。大代是北魏拓跋氏初建时的国号，拓跋珪建立北魏后，仍习惯以"代"作为北魏的俗称。从这尊造像表现出来的风格特征看，此"大代"所指为北魏无疑，而其具体的制作年代应在北魏太和年间（477年—499 年）。造像以恢宏的气势，精湛的工艺，体现了北方鲜卑民族雄阔健硕的形象特征和文化气质，代表了北魏金铜造像的艺术水平，是北魏造像"平城模式"的典范之作，是一尊断代的标准器。

　　这种佛像非常有名,非常珍罕,存世稀少,只手可数,我只在三个场合见过它。首都博物馆新馆刚开馆时它在佛像厅亮过相,后来就深藏闺中。2008年奥运会,首博组织了盛大的"五大联展",它在精品厅中又偶露真容,不待展览结束就被撤回,实在是难得一见。这尊佛像如此珍罕,是因为云冈石窟开创的佛像风格在北魏中期具有广泛的影响,可以说是北魏迁都洛阳前,在黄河流域的广大北方地区起着完全主导意义的佛像模式。佛祖那圆大结实的脸庞、高挺健硕的胸脯、宽厚结实的肩膀,以及剽悍、坚毅的神情,更多地体现出北方鲜卑民族的人体特征和精神风貌,体现了具有时代特征的伟大人格力量和审美理想。

　　还有一次是在首博大展"天路文华"中又见到了它,不过这尊不是首博的藏品,而是来自西藏,它的名字也很有意思,不称释迦牟尼佛而是称作弥勒佛像,造型与首博的那尊一样,但底座铭文注明为弥勒。表明吐蕃在接受佛教的过程中,不仅接受印度佛教,同时还接受内地的汉传佛教。它是怎么传到藏地的,是什么时候传过去的,它具有什么样的宗教意义与政治意义?我不得而知,唯一知道的就是它的珍罕,它被供奉在西藏著名的宫寺中,由于不断的泥金,佛的面部都快被填平了。

　　还有一次是在极限片上。我喜欢极限片,也收集极限片,我的手上有两套《金铜佛造像》的极限片,一套是大陆发行的,一套是台北故宫博物院邮局发行的,收入的都是铜鎏金宫廷造像,但是大陆发行的只有五代和明朝的,而台北故宫博物院发行的包括了这尊北魏造像。邮票是国家名片,一定要包含"国邮"中最重要、最具代表性的信息。在邮票题材的选择上,也可以看出海峡两岸在文化认知上的差异。《金铜佛造像》如果收入北魏时期的作品,将会更完整地体现佛造像发展历史阶段的时代风貌。佛教从东汉时期传入中国之后,第一站的繁荣就是在北魏。魏晋南北朝虽然是一个分裂的时代,但是大动荡带来了文化的大冲突与大交融,因而也是中国历史上最具文化神韵与风骨的时代。"魏晋神韵"的那种超凡脱俗,那种意境深远,那种缥缈的空灵之气,相对于汉唐那种雄浑大气的时代风貌,更受到人们的青睐。因为它已经成为一种代表生命品质的标准,体现的是一种不同凡俗的生命状态,这已经超越了佛像文化本身的意义。

　　北魏的佛造像除了气势雄浑古朴庄重之外,也有很唯美的风格,特别是北魏再次分裂之后,那些东魏与北齐的造像,就完全是东方维纳斯的风格了。

　　在首博的海上丝路展中,有一尊菩萨立像一下就把我迷住了。它是一尊东魏的蝉冠菩萨造像,出土于山东省著名的龙华寺遗址,因宝冠正中雕刻着一只

"蝉"而得名蝉冠菩萨,是一尊东方维纳斯。东魏政权时间较短,造像风格呈现出继承北魏晚期又向北齐过渡的明显特点。菩萨面带喜像非常秀美,神态沉静,衣纹疏朗细浅,这些特点到了北齐时更加突出,完全形成了"曹衣出水"的特点。特别是菩萨的神态更加沉静,笑容更浅,若隐若现,只有一丝丝,相较于蒙娜丽莎的微笑,没有了神秘只有含蓄唯美。它出土后的经历颇为曲折。造像于1994年在博兴县文管所被盗,后来被日本的美秀博物馆从英国艺术品市场上购得收藏,经过中国文物工作者锲而不舍地努力与谈判,最终达成协议,在美秀博物馆成立10周年之际,藏主将这座佛像无偿捐还中国。离开故土14年后,蝉冠菩萨终于在2008年回到祖国,入藏山东博物馆。

博物馆中的佛造像最令我着迷的就是东魏、西魏和北齐的,特别是北齐的菩萨造像,她们都是女神。北齐佛像大多是单体圆雕造像,没有了背光,表现出完全不同的审美情趣。所有造像都褒衣贴体,或称"曹衣出水",就像是刚刚从水里钻出来似的,打湿了的薄薄衣衫紧贴身体,衣饰大多为浅浮雕和彩绘,线条非常简洁,有的几乎没有皱褶,丰满圆润的胴体被包裹在又软又薄的袍服里,仿佛能闻见她们身体上的香气。最迷人的是菩萨的笑容,是那种浅浅的笑,一点都不神秘,非常安静。内心得多么宁静才能发出这样的微笑啊!

多迷人的北朝佛造像!

目前北京地区保存的北朝造像已是寥寥无几。其中原在北京海淀区车耳营村的北魏太和造像和白石桥五塔寺陈列的北齐造像碑具体地反映了北朝造像之特色,以及当时幽州佛教的发展状况。专家认为,汉魏两晋南北朝时期是北京佛教传入与发展的开端。这时期的北京佛教虽然不是十分景气,但对此后北京佛教的发展与兴盛起了重要的先导作用,是研究北京佛教史的一个不可或缺的重要源头。

北京石刻艺术博物馆位于北京白石桥长河北岸的五塔寺内,在五塔的金刚宝座前,有两株相峙而立的古银杏树,与塔同龄,在大正觉寺五百多年的沧桑岁月里,只有这两株银杏树,伴随着金刚宝座塔,走过这段荣衰起伏的历史。苍郁葱茏的银杏树,果实纯净,枝叶繁茂,象征佛法弘扬,佛门洁净。正觉寺这两株银杏,屹立在前大殿遗址与金刚宝座之间,在这一衰一荣的历史遗迹上,与那些矗立在院中的石雕们一起见证着人类历史所走过的沧桑沉浮。

1. 北魏太和造像

2. 北魏太和 铜镀金
释迦牟尼像 延庆张山营镇
黄柏寺村出土　首都博物
馆

3. 东魏 蝉冠菩萨 山
东博物馆-5

一份不可多得的珍贵史料

——西晋王浚妻华芳墓志

公元 265 年，司马氏夺取曹魏政权，建立了晋朝，史称西晋，这是一个政治腐败与黑暗的年代。西晋王朝的寿命只有三十多年，而著名的"八王之乱"就延续了十六年，这场战乱由一场西晋皇族争取统治权的斗争，又扩大成为各贵族统治者间的大混战，给社会和人民造成极大的灾难。在这场水深火热的战乱之中，有一个位高权重之人，在"八王之乱"中十分活跃，有着极其恶劣的影响，尤其是为巩固自己的官位与爵位不择手段，被《晋书》评为"为政苛暴""黔庶荼毒"，那就是幽州刺史王浚。这样一个苛政幽州的鄙恶人物，却因为他妻子华芳墓中的文物，为北京地区的历史提供了珍贵的资料与考据，这也许就是历史留给我们的多面性的遗产。

1965 年 7 月，在北京西郊八宝山革命公墓的西半公里处发现西晋王浚妻华芳墓，其出土文物除了精美的银铃与骨尺之外，最有研究价值的就是华芳的墓志。

墓志为青石，四面连文环刻，全文共计 1630 字，按志文语气，应是王浚为其妻华芳所撰。志文详细记载自己的三代考妣的名字、官爵和葬处，女儿、女婿的姓名、爵里，更重点记载前后三个夫人的祖父母、父母、兄姐以及她们的外祖父母、舅父母，这些篇幅几近志文的一半。如此不厌其详地记载外家，真是一篇亲戚谱系，其中有不少人见于《三国志·魏书》和《晋书》，但他们的妻、子和孙辈的姓名、官爵等，很多都漏略不载，此志的详细内容，可补史书的阙略，在史料上颇有价值。魏晋时期盛行门阀制度，高级士族的经济权利，从荫亲属制度得到保障。所谓荫亲属，多的可以到九族，少的也还有三世。魏晋时期荫亲属的特权，使得高级士族的势力愈加巩固，也使各种矛盾愈趋尖锐化。王浚在墓志文中对其姻娅之族望、姓名、不厌其烦地叙述，使我们对魏晋的门阀制度窥见一斑，而此墓志也是一篇研究有关西晋士族制即门阀制的最珍贵的实物资料。

　　华芳墓志另一重要的史料价值，是有关于蓟城方位的最早记载。志文中有云："今岁民荒民饥，未得南还，辄权假葬于燕国蓟城西廿里。"是说因战乱不得回南，于是权且葬在蓟城西二十里。按墓中出土的晋尺推算，每晋尺合今尺24.2厘米，而晋之"廿里"合今尺8712米，据此，从墓地向东量8712米，其地正在今会城门村附近，这个推算表明晋怀帝永嘉元年（307年）蓟城的西垣应在今会城门附近。晋之蓟城所在，对考寻其前战国及秦汉之城，以及其后北魏蓟城和隋唐幽州城方位，都具有重要参考价值。

　　西晋王浚妻华芳墓志，是北京继汉幽州书佐秦君石阙出土之后的第二块古刻，通体没有一字损坏，如新刻的一般，从其拓片即可见其完美的程度。汉魏墓志世所未见，故专家认为志自晋始，而晋之传世知名墓志绝少。华芳墓志呈碑板形，不但有志有铭，而且墓志的内容，已由仅记爵里、姓名、岁月的简单形式，发展到1630字的大文，虽无撰文、书丹人名，也可称得上为"鸿篇巨制"开后世之先河。

　　此志刻于永嘉元年四月十九日己亥时，即公元307年，在晋惠帝还都后不久遇害，怀帝司马炽即位，对王浚加官晋爵，正是他得意之时。他后来逐渐扩张势力，形成割据，官吏都由他自己任命，竟想称"尊号"，做"皇帝"。对人民进行残酷的剥削和压迫，对于劝阻他的人都任意杀害，最终被石勒设计诱骗杀死。志文中洋溢着王浚得意忘形的笔调，由此也可看出当时的时代背景。

　　华芳墓中的另两件文物也很珍贵。一为银铃，一为骨尺。那只精致的小银铃，采用掐丝镶嵌工艺制成，上面有八个小乐人分为四组：两人捧箫，两人吹笛，两人吹喇叭，两人扬手击鼓。构思巧妙，生动逼真，尤其是乐队的组合对研究晋代音乐史有重要价值。而那件骨尺距今已经有1700年了。目前所知最早的尺子，是河南安阳殷墟出土的骨尺和象牙尺，分别为16.9厘米和15.8厘米。秦始皇统一度量衡时的一尺约合现在的23.1厘米，华芳墓中出土的这把骨尺，长24.2厘米，尺的两面都分刻10寸，有一面又在寸内分刻着10分，它表明1晋尺约合今天的24.2厘米，为研究我国度量衡历史，提供了一件难得的实物标本，也用它找到了蓟城的位置。酷吏之妻墓中不可多得的珍贵史料，使华芳墓在北京地区考古成果中一直占有重要的位置。

转瞬辉煌与渔阳鼙鼓的震响

在中国历史上，隋朝（581 年—618 年）是一个重要时期，但是因为国运短暂，被后继者唐朝的光芒所掩盖。其实在史学界，如同"秦汉"一样，"隋唐"往往并称，隋甚至有"盛世序曲"之称。通常把"安史之乱"作为唐朝前、后的分界线，而隋朝是与唐玄宗以前的盛唐连在一起的。中间虽有隋代末年的离乱，经唐初的休养生息，很快又恢复到承平盛世。

从隋到唐，是一个持续发展上升的历史时期。公元 581 年，隋文帝建国；589 年，隋朝灭掉南方的陈，统一全国，结束了魏晋南北朝以来数百年的分裂局面。这个开创历史新纪元的王朝，尽管享国不长，却能承前启后，厘革制度，从中央到地方建立起一整套相当严密的统治机制，大大加强了中央集权，推动了社会经济文化的发展和繁荣，堪称"大隋"。继之而起的唐朝则全面承袭隋制，又加以调整改革，从而走向近 300 年的辉煌。隋代的"开皇之治"与唐代的"贞观之治""开元盛世"一起，成为这一时期鼎盛局面的集中体现。

隋代开凿了大运河，这项工程贯通南北，规模巨大，沟通了海河、黄河、淮河、长江、钱塘江五大水系，成为其后历代漕运的要道，极大地促进了南北经济文化的交流和繁荣。大运河赢得了开万世之利的赞誉，让后世受益深远。

隋朝只存在了 38 年，但已显示出极强的自信心，其统治者积极开拓和巩固疆土。其疆域最盛时，东、南皆至于海，西至今新疆的且末，北至今内蒙古五原南。隋朝还在"混一华戎""无隔夷夏"的民族开放政策下，与周边民族和邻国主动开展外交往来，重新打通了汉朝开辟的西域丝绸之路，不仅给唐朝留下一个疆土广大的统一国家，而且成为唐朝空前开放的起始点。

然而，这样一个迅速崛起的新兴帝国，却因暴政仅历二世而亡，为后世留下了前车之鉴。强大、繁荣、短暂是隋朝的特点，它为后来的大唐盛世开了一个好头，也给博物馆留下了不少精美的造像。

隋唐时期，我国佛造像艺术经过南北朝长时期的发展，随着隋唐国家的统一，政治经济的强盛和佛教的高度发展进入了全面兴盛时期，在总体风格上不再对外来艺术模式和手法亦步亦趋，而是向着高度理想化、典型化的新型模式发展，呈现出新的时代艺术风貌。

北周武帝灭佛造成了佛教的巨大破坏，但是到了隋代佛教又迅速地复兴起来，而促成佛教复兴的重要因缘就是隋文帝和隋炀帝两位君主对佛教的大力提倡和扶植。这两位帝王在重修和兴建寺庙佛塔、度僧、造像、礼敬僧人、建立僧官制度、提倡佛学研究和佛法宣讲风气等方面，都给予了许多具体而行之有效的支持，他们的功德在佛教史料中都有十分明确的记载。其中，在佛造像方面，隋文、炀二帝给予的扶持尤为突出。隋文帝从开皇初年到开皇末年，共造大小佛像 16580 尊，修整的旧像更多，达到 1588940 尊，真是个不小的数字。而隋炀帝也不甘落后，前后铸造佛像 3850 尊，修整旧佛像 101000 尊。因此隋代造像现存实物十分丰富。

首博现存的隋开皇二年（1582 年）的石雕一佛二菩萨石造像由黑色大理石高浮雕刻成，为小型造像碑形式。中央主尊结跏趺坐，右手施无畏印，左手施与愿印，顶平无肉髻，面相更加丰圆，五官轮廓不清，却满含喜色，身着宽大袈裟，衣纹简括。主尊两侧各有一菩萨站立。坐具为方形束腰式台座，两侧各有一瑞狮蹲踞，有北魏遗风，整体风格粗犷而又凝重。隋代造像具有承前启后的艺术特点，一方面继承北齐、北周佛像艺术的遗韵，同时又表现出新的发展与变化。造像的面相方而不圆，广额丰颐，身体敦实，脖颈细长，全身比例失准，表现出明显的过渡性特点。这两尊佛像为同时雕造，是隋代造像的典型实例。

隋朝大业年间（605 年—617 年），有位名叫静琬的法师，信佛敬师，遵照其师傅北齐南岳慧思大师的意志，为预防再度发生类似北魏太武帝和北周武帝的灭佛事件，在各地巡山访洞，欲刻石经珍藏。一天，静琬登上京西房山区的白带山，看中了这座山峰秀峙、林木繁盛的山峦，率众僧凿山取石，刻经不止。到了唐代贞观年间，一部长达万言的《大般涅槃经》终于刻成了，并收藏于石洞之内。继隋僧静琬发愿刻经之后，历经唐、宋、元、明、清各朝，其弟子终年刻经不止，一直延续了上千年，刻好了的佛经就封存在山洞里。最先开凿的是雷音洞，洞内收藏了 144 块隋唐时期刻的石经，分别镶嵌于四壁，洞中有四根八角形石柱，柱面共刻佛像 1054 尊，称为"千佛柱"。在漫长的 1000 多年里，刻的石经有 14620 块，残损石经 420 块，各种碑铭 82 块，分别收藏在九个石洞和一个地穴中。这些经版是我国极为珍贵的历史文物，而这座山也因此被称为石经山了。

静琬法师在刻经的同时，在山腰修建了一所寺庙，寺前有一道清泉，水面宽阔，水声潺潺，声音十分悦耳，因为这道泉水的缘故，寺庙就被命名为智泉寺。每到夏秋之际，云雾必至，缠绕往来，似有居而不离之意，遂改寺名为"云居寺"，为此间又增添了无穷的禅意。

石经山和云居寺是房山八景之一，唐代诗人王潜《题云居寺》诗云："万木千峰空鸟喧，潺潺溪水下长川。人来石室藏经处，一径归时带暮烟。"描绘了此处的壮阔与清幽。

1981 年 11 月在石经山雷音洞佛座后边发现一块方石，在方石下面的地穴中发现一套舍利函。函共五层：最外层为汉白玉石函，刻铭文 262 字，记载明万历二十年（1592 年）在石经山发现三颗佛舍利的情况；第二层为青石函，盖上刻"大隋大业十二年岁次丙子四月丁巳朔八日甲子于此函内安置佛舍利三粒，愿住持永劫" 36 字铭文；第三层为汉白玉石函；第四层为镀金银函，四周线刻青龙、白虎、朱雀、玄武四神图案，其内有木制彩绘香珠一颗，珍珠八粒；第五层为白玉制成，做工精巧玲珑，函内装有两粒乳白色佛舍利和两粒珍珠。明万历时为三粒舍利，万历帝母慈圣太后曾将舍利迎入宫内供奉，三日后送回原处。当考古工作者清理函内文物时发现少了一枚舍利，推测是太后用两粒珍珠偷换一枚舍利。雷音洞舍利函的发现，引起了佛教界的关注，认为这是又为国宝增加了一件重宝。

唐初以来，为抵御周边少数民族政权的侵犯，唐朝边境一直有重兵驻扎。唐玄宗时期，为了加强防御，又在边境重要地区增设军镇，统辖几个州，主将称为"节度使"，可类比今天的军区司令。节度使起初只是统领军队、掌管军事的将领，后来逐渐兼管行政、财政，而演变成了统管全局的地方行政长官，权力很大。天宝初年，边境的十个节度使共拥兵四十九万，而中央禁军不过十二万。"安史之乱"正是在这种外重内轻的情势下爆发的。

安禄山的父亲是西域胡人，母亲是突厥人，他骁勇剽悍，能征善战，受到了唐玄宗的宠信和重用，还被杨贵妃收为养子，甚至有杨贵妃在他肥硕的肚皮上跳舞的传说，可见他受宠信的程度。安禄山兼任平卢、范阳、河东三个军事重镇的节度使，拥兵十五万，兵精粮足，实力雄厚，更是野心勃勃。安禄山对朝廷政治腐败、唐玄宗懈怠国事终日作乐不满，于天宝十四年（755 年）以诛讨杨贵妃的堂兄杨国忠为名，率十五万大军从范阳（幽州）起兵反唐，南下直驱长安，不到三个月便攻占东都洛阳。第二年正月，安禄山在洛阳登基，自称"大燕皇帝"，继而西进，六月，攻破京城门户潼关，兵临长安城下。

英雄气短却又儿女情长的唐玄宗，在逃难途中的马嵬坡赐死杨贵妃，"六军不发无奈何，宛转蛾眉马前死"。"宛转"二字传神地刻画出玉环在生命尽头的痛苦与依依不舍，花钿、翠翘、玉搔头遗撒满地，无人收拾，君王掩面只有拭泪的份儿。经过郭子仪、李光弼、颜杲卿、颜真卿等各地节度使、地方官员率兵奋战，唐朝收复了一些失地，安禄山的兵势受到遏制。叛军内部不断争权夺势，致使安禄山在757年初被儿子安庆绪杀死，而759年春，安庆绪又被史思明杀死。史思明曾是安禄山的部将，他杀死安禄山的儿子安庆绪，自立为大燕皇帝，并以范阳为燕京，761年春史思明又被其子史朝义所杀。不断的内讧和自相残杀，大大削弱了叛军的力量。经过数年的浴血奋战，至唐代宗广德元年（763年），叛军主要将领先后投降唐朝，史朝义自杀，唐朝最终平定了这场叛乱。安史之乱历时八年，席卷了大半个中国，黎民百姓流离失所，大片州县沦为废墟，黄河中下游一带"人烟断绝，千里萧条"，唐王朝也从此走上了下坡路，开元、天宝时代的兴盛一去不复返了。

马镫是铁血征战中不可或缺的一件马具，它看似简单但却是很重要的发明。有了马镫，骑手可以借助小腿的动作熟练地控制和掌握自己的坐骑，不论是作战还是竞技都会更加灵活自如。我国至迟在东晋十六国时出现双镫，标志着马具的完备。有专家认为，马镫最早是由中国人发明的，很快传到朝鲜，后经土耳其传到古罗马帝国，最后传到欧洲大陆。首博的通史展厅中陈列着史思明墓出土的嵌金铁马镫，当年所沾染的战火硝烟已消退殆尽，今成为博物馆中的一件文物，静静地坐在那里不说话。而白居易《长恨歌》中所讲述的那个"此恨绵绵无绝期"的悲剧故事，却始终萦绕于人们的口中，千古传颂着。

在铁马镫的旁边，还陈列着一条造型独特的铜坐龙，也是从丰台区史思明墓出土的。起于幽州地区的"安史之乱"成为唐朝由盛转衰的转折点。"渔阳鼙鼓动地来，惊破霓裳羽衣曲"是《长恨歌》中对安史之乱的描述，而渔阳也正是秦始皇所封的六郡之一，即现今北京幽州地区。

纵观中国历朝历代的龙，都是或盘或飞，或走或游，龙的造型大多长身若蟒，矫健非凡。而这条龙为蹲坐状，它前腿直立，后腿曲踞，龙尾扬起卷至后腰，鬃毛后扬，大嘴张开。弓起的腰，透着力量和勇悍，虽呈坐姿，但有一种蓄力待发的感觉，表现出古代工匠非凡的创造力和想象力。史思明墓中为什么会随葬这种"坐龙"呢？有人认为这是史思明"僭越"、自称皇帝，因此在墓中放了一条龙。也有人认为墓中放"坐龙"可能用于镇墓或某种忌讳，指望用龙的神力吓退那些趁火打劫的盗墓者，保佑墓主人死后的平安和宁静。

史思明墓还出土了一套玉册，这套玉册十分精美，材质为汉白玉，共44枚，包括了谥、哀两套，每枚刻字11个，字体遒劲，口内填金，非常华贵。玉册文中有"风悲隧路，月冷山门"这样悲戚而又优美的文字；还可见到"呜呼哀哉"四个字，这是弑父后自立为帝的史朝义，在隆重下葬史思明的同时，在哀册上发出的悲鸣。

唐代的幽州城，是北方军事重镇与交通枢纽。自东汉以后，胡人南下，少数民族在北京地区建立过短暂的政权。五胡十六国，前燕主鲜卑人慕容乘势而起，曾在蓟城建都。燕郡属幽州，州和郡的治所都在蓟城。蓟城作为前燕国都，仅存6年，这是北方少数民族初次在北京建都。这是北京历史上的一个转折点，即北京由方国都邑变为少数民族政权都城的转折点，这是北京通史中一个重要的时间点。

隋开皇九年（589年），杨坚结束了南北朝的分裂状态，中国又出现大一统的局面。但是隋和秦一样，都是短命的统一王朝。秦始皇结束春秋战国500余年的分裂局面，但统一后的秦国只存在了16年。同样，隋文帝结束五胡十六国以来300年的分裂局面，而隋朝也只存在了38年。隋朝虽然短命，它对北京发展的影响却是巨大的。隋开皇初，废燕郡存幽州；大业初，又改幽州为涿郡，均治蓟城。隋朝开凿京杭运河和勒刻房山石经，于北京的物质与文化，都有不可估量的意义。

唐武德元年（618年），唐高祖李渊建立唐朝。唐兴隋亡，唐改涿郡为幽州，仍治蓟城，因而唐代蓟城又称幽州城。据文献记载，唐代蓟城呈长方形，"南北九里，东西七里，开十门"，城周长约合今天的11500米，城中设子城，有坊和市。经过隋唐数百年的经营和发展，蓟城已具有中国封建城市的基本特征。从东晋到五代的500余年间，北京曾先后三次为燕都，这一期间也是各民族间文化相互交融、相互推动的时期。最具历史阶段性意义的是，"渔阳鼙鼓动地来"的安史之乱揭开了东北少数民族登上中国政治舞台的序幕，这一场争权夺利、自相残杀的战乱，历时八年，战火由范阳点燃，又在范阳熄灭。此后，契丹、女真、蒙古、满洲等民族相继崛起，并以北京为政治重心，影响中国社会政治、民族经济与文化长达1000年。北京的地位，也由北方的军事重镇，逐渐上升为中国的政治中心。

1. 唐 嵌金铁马镫 丰台林家坟史思
明墓出土　首都博物馆

如梦如幻的大宋王朝与它的格物精神

2007年金秋，我陪母亲到扬州一游。走之前，我录下了宋人的诗句："腰缠十万贯，骑鹤上扬州"作为我们此行的精神享受。这两句诗最早出自南朝宋人殷芸的《小说》一文："有客相从，各言所志：或愿为扬州刺史，或愿多资财，或愿骑鹤上升。其一人曰，'腰缠十万贯，骑鹤上扬州'，欲兼三者。"这里面的典故说的是几个青年书生的人生愿望，是一则早期的励志加警醒人生的故事。然而我在最开始读到时，却错把它当成了赵宋王朝的诗句，颇为自得其乐地感受赵宋人那潇洒飘逸的优雅生活情趣。

英国史学家汤因比曾说："如果让我选择，我愿意生活在中国的宋朝。"中国学者也说过："我最向往的朝代就是宋朝。"宋朝是一个最讲究精致生活的朝代，而宋朝的文化人也最有资格讲求品味。法国著名作家，在戴高乐手下当过十年文化部部长的安德列·马尔罗说过："中国人是东方的法国人。"中国老一辈学贯中西的知名学者辜鸿铭先生也有同感。他在《中国人的精神》一书的序言中写道："世界上似乎只有法国人最能理解真正的中国人和中国文明。"因为法国人拥有一种和中国人一样非凡的精神物质，那就是"细腻"（Delicacy）。这些话指出了彼此在文化上的贴近和那种共有的文化特质，也能够帮助我们理解为什么那么多的人那么喜欢宋朝，但是如果深究一下，宋朝为什么会拥有这些精致、为什么会到达那种极致的优雅境界呢？

首先，优雅的文化离不开丰厚优渥的物质环境，宋朝是一个富裕的时代。对于农业国来讲，耕地是封建国家最主要的不动产，北宋宋徽宗时期耕地面积为72000万亩，当时的人口超过一亿，平均每人7亩左右，每户35亩，这些都标志着北宋社会经济的繁荣。宋代土地丰足，不仅实行以农立国的国策，皇帝还按随时节令，颁布《劝农诏》，督促各地臣民及时耕作。地方长官都带有"劝农使"的官衔，张贴《劝农文》，向百姓提出诸如"勤于耕畬，土熟如酥……勤于粪壤，苗稼倍长"等耕作要求，灌注着朝廷重农的苦心。

宋朝的国税收入十分丰厚，公元1021年宋朝的国家财政收入总数为15000

万贯。北宋时期政府的平均年财政收入应在 10000 万贯以上，一两白银兑等于一贯铜钱，即北宋的财政收入可达亿两白银。1004 年签订的《澶渊之盟》，规定宋朝每年给辽二十万匹绢、十万两白银的"助军旅之费"，换回辽军不再向南侵扰的承诺。相较于宋朝每年巨大的财政收入，以小钱换和平的《澶渊之盟》给宋朝带来了一百多年的和平与稳定，宋朝的政治制度维护了封建大一统，为社会经济的持续发展创造了条件。农业上除了精耕细作之外，不同区域的作物品种和生产技术的交流使农业得到进一步的发展。

引进占城稻是中国农业史上的一件大事，而这件大事就发生在宋朝。《宋史·食货志》中记载，宋真宗大中祥符四年（1011 年），朝廷"以江、淮、两浙稍旱即水田不登，遣使就福建取占城稻三万斛，分给三路为种。"这种产于占城（今越南中南部）的稻种，"穗长而无芒，粒差小，不择地而生"，移种江东、淮南、两浙之后，适应性极好，增强了作物抗地域自然灾害的能力。不少中外经济史专家认为，占城稻的引进，主要优点不单在于其耐旱，而是扩大了作物复种比例，使南方稻田能够一年两获，这是大幅度提高粮食单位产量的主要原因。到了南宋，双季稻的种植已十分普遍，不仅两浙、福建、江南的许多地区种稻都能一岁两熟，湖北、淮南也出现了稻再熟的记载。除了再生双季稻，宋代还出现了间作双季稻和连作双季稻。文献记载连作双季稻在宋代两浙路和福建路的许多地区都有种植。

除了与民生直接相关的粮食作物之外，宋代还大力发展经济作物。北宋时期，棉花的种植主要在广东、广西和福建路，南宋时逐渐向北扩展到两浙和江南东西路。大约在南宋初年，原种植于西北地区的西瓜也开始在江南播种。西瓜从中亚传入新疆，被契丹人带回我国燕蓟地区。1143 年，被金人扣留了 15 载的洪皓被释放，他携带西瓜种子南归，很快就在南方安了家。宋代以后，桑蚕业养殖的中心也转移到了南方，由于桑蚕业的收益高于粮食生产，致使这些地区很多农民弃耕植桑养蚕，桑蚕业成为当地的重要产业。

宋朝是中国古代一个长期不实行"抑商"政策的王朝，也是中国古代经济立法最为活跃的时期，法规内容涉及社会经济活动的各个方面，专门设置了专卖法，如盐法，酒法，茶法等法令。宋王朝调整了历代立法中重刑轻民的传统做法，以义利并重的原则进行经济立法。宋的经济法令，注意到了国家与经济活动者之间的利益分配关系，顺应商品经济的规律。所以宋朝获得庞大的财政收入是国民经济飞速发展、工商业极度繁荣、生产力水平提高的结果。丰厚的社会财力使得政府既不必求苛税于民又能保证政府收入，这就缓和了社会矛盾，进入治理国家的良性循环。宋朝的经济，尤其是第二、第三产业得到了极大的发展，人民生活水平达到了空前的高度。公元 1077 年，北宋税赋总收入共 7070 万贯，其中农业的两税 2162 万贯，占 30%，工商税 4911 万贯占 70%。构成国家财政收入主体的，已经不再是农业，而是工商业了，宋朝已经走出农业文明，开始向工商业社会迈进了。

宋代开始大规模的城市化，中国首次出现了主要以商业，而不是以行政为中心的大城市。宋朝是中国社会市民阶层正式产生的年代，大批的手工业者、商人、小业主构成了宋朝的中产阶级。他们经济富足，又有自己独立的价值追求。市民富裕闲暇的生活及审美趣味和生活情趣促成了宋朝文化的高度繁荣，戏曲、杂技、音乐、诗歌、小说等都在宋代高度繁荣发展。除了富裕的社会、用金钱交换而来的安定生活之外，还有什么造就了宋朝的优雅精致呢？

台湾文化人蒋勋先生，在他的《写给大家看的中国美术史》中写道："宋代的哲学被称为理学。理学中有一派特别重视儒家的'格物'。""文人社会的'格物'精神使宋代绘画艺术登峰造极。"什么是"格物"？在中国古代儒家思想中，格物致知是一个重要概念，最早出自《大学》："欲诚其意者，先致其知；致知在格物。物格而后知至，知至而后意诚。"简单理解"格"的意思就是推究，致是导致进而获得，意即认真推究方能获得对事物的认知。而格物致知的重要意义在于"意诚"，深入地领悟之后才能不懈地去做，因此格物不仅是一种学习态度，一种研究精神，它还牵涉如何确立信仰、价值观、人生观等终极问题。

不同的时代对格物致知有不同的理解。

东汉郑玄对"致知在格物"有如下解读，云："格，来也。物，犹事也。其知于善深，则来善物；其知于恶深，则来恶物。言事缘人所好来也。此'致'或为'至'。"对善的认知深，且知善爱善，就会招来善物即善果；对恶的认知深，且知恶喜恶，就会招来恶物。这段话说明了格物与致知的逻辑关系，对于一种事物、一种理论认知越深，就会越自觉地去遵循它、信仰它、执行它，相应地会有不同的结果。中国共产党早期领导人中，绝大多数都受过高等教育，并且有着优渥的生活及工作环境，他们也是在诸多的艰苦寻觅中最终选择了共产主义，并将其作为自己最高的信仰及为之奋斗终身的理想。因此，如何学习、如何探究关系到今后的行为与实践，也就是在一种价值观指导之下的付出，这种付出对社会、对人类都会产生不同程度的影响。

北宋的司马光对于"格物致知"有另一层的理解，他认为"郑氏以格为来，或者犹未尽古人之意乎"。他指出，人之常情都是好善而厌恶的，即对伦理道德都是知晓的，但还是恶人多，不好的人多。夏桀与商纣王都知道夏禹、商汤是圣人，但他们自己却是遗臭万年的暴君；盗跖也知颜、闵为贤者，但却始终流为盗匪，是何原因？司马光说："何哉？皆物诱之也，物迫之也。"也就是物欲、利欲地引诱与胁迫终能使人沦丧为恶人。怎么办？那就要"解蔽"："于是依仁以为宅，遵义以为路，诚意以行之，正心以处之，修身以帅之，则天下国家何为而不治哉！《大学》曰'格物在致知'，格犹也、御也。能捍御外物，然后能知至道矣。"显然，"格物致知"已经不限于研习范围，而是"修身、齐家、治国平天下"的人生修为，这才是古人之深意。

在宋代，"格物致知"与人生修为的关系，最有意思的一个例子莫过于沈括了。沈括身处于北宋王朝后期，拥有丰富的政治经历，他文武双全，参加过王安石变法；又曾奉命出使辽国，谈判边疆，驳斥了辽方的争地要求；还在西北战场上统兵抗夏，连克四寨，战绩辉煌。其他如兴修水利、监制军器、主管财政等都有出色的成绩。然而令他蜚声中外的，还是在科学技术领域中的建树，他晚年所著的《梦溪笔谈》汇集了当时中国的最尖端科技，在中国古代科学史上挥下了浓墨重彩的一笔。

沈括的科学成就是多方面的。他精研天文，修整制定了新的历法，与今天的阳历相似；他还制造了我国古代观测天文的主要仪器——浑天仪；为了测得北极星的准确位置，他连续三个月，每天用浑天仪观测北极星位置，把初夜、中夜、后夜所见到的北极星方位，分别画于图上，经过精心研究，最后得出北极星与北极相差三度，即发现了地磁偏角的存在。在物理学方面，他记录了指南针原理及多种制作法；他还曾阐述凹透镜的成像原理；还对共振等现象加以研究。在数学方面，他创立隙积术即二阶等差级数求和法，会圆术即已知圆的直径、弓高和弦长，求弧长的方法。在地质学方面，他发现了化石，利用化石推测海陆变迁；他对"脂水"首先提出石油的命名并沿用至今；对冲积平原的形成、水侵蚀作用都有研究。在医学方面，他的药用植物学知识十分广博，并且能够从实际出发，辨别真伪，纠正古书上的错误；他记录了多张药方并著有医学专著。除了亲力亲为的研究之外，沈括还对当时科学发展和生产技术情况，如毕昇的活字印刷术、金属冶炼等，皆详为记录。

所有这一切潜心研究、不懈努力得来的科研成果，无疑都是"格物"精神的典范。而最值得一提的，就是沈括用类似于今天航测的"飞鸟图"绘制了《大宋天下郡守图》，使得北宋的地图从简单的行政区域图变成越来越精确的地理图，而他的地理学说与《大宋天下郡守地图》在与辽国的边界谈判中发挥了重要作用，甚至起到了十万雄兵都难以达到的威力。

北宋与辽签订《澶渊之盟》后双方罢兵休战，但辽国垂涎中原地区的繁华，仗着骁勇的骑兵，不断提出领土要求，两国谈判陷于僵局。宋熙宁八年（1075年），辽国派大臣萧禧来到东京，要求重新划定边界，所携国书措辞强硬，不仅指控宋军越境挑动战端，还将谈判僵局的责任全部归咎于宋使。神宗做出了让步，但萧禧仍得寸进尺，赖着不走。为了摆脱萧禧的无理要求，在沈括查阅档案，研究地理形势，弄清宋辽双方以前曾议定疆界的事实以及双方的现实情况后，宋神宗决定撇开萧禧直接派沈括出使辽谈判。1075 年 4 月沈括使辽，谈判焦点集中在鸿和尔大山（今山西省崞县西南）和天池子（今山西宁武西南管涔山）两处的分界问题上。谈判中，沈括再次以《澶渊之盟》为基础，以《天下郡守图》为依据，有理有节，寸步不让，而不熟悉地理的辽国宰相找不到重划边界的理由。同时，沈括又出示了宋朝木制的地形模型，使得辽国宰相大为惊奇，深感宋朝有奇才能人，沈括最终使辽国放弃了对宋朝的领土要求。他除了是一位出色的外交家与地图学家，这次谈判也显示出"格物致知"的社会效应，一位达到"格物致知"境界、懂科学的朝廷官员捍卫了宋朝的领土和尊严。

历史的脚步走到宋朝，便开始了一个新的、世俗化的阶段。新石器时代神与巫的主题，周的礼制，汉的王权，到了宋代已被世俗化所取代。汉唐盛行的傩祭到了宋朝，方相氏已由将军、判官、二郎神、开山、土地、和尚、钟馗、小妹等类民俗角色承当，宋朝的精致生活与它的世俗化是分不开的。宋代经济发达，城市繁荣，海外贸易兴旺是这种世俗化生活的基础，反映出经济基础对上层建筑的作用。最具代表性的世俗化生活画面莫过于北宋张择端的《清明上河图》，它描绘了北宋末叶、徽宗时的首都汴京（今开封），在清明时节汴河两岸的繁华景象和自然风光。画中人物550 多个，"如果试图在其中找到某位我们在传统文人画中所熟悉的高人逸士形象，一位吹箫书生，或某个垂钓的老叟，大概只能归于徒劳。所见到的只是一群比《东京梦华录》或宋徽宗题签过的所有文人画都更为真实的祖先：他们或无所事事地在城根袒腹嚼舌，或呆头呆脑地在桥头傻看风景，或旁若无人地在桥下交通要道处呼朋引类，或愣头青十足地在铁匠铺里把弓拽得满满……对画作注视良久，俨然能听到画中人的扰攘喧哗声。"（引自《读者文摘》）这么生动的画面，温暖、热闹、平庸、满足的生活气息扑面而来，它带给我们与观看文人画时完全不同的感受。面对文人画我们会有因深沉的内省而沉重叹息；而《清明上河图》带给我们那种雀跃的喜悦心情，像儿时那样蹦蹦跳跳地随着画中的人物与节奏一起走、一起逛，东看西看，眼睛都不够用了。

张择端擅长画人物、楼阁、舟车，对画面具有高度的组织和控制能力，整幅画卷就像是一出戏，充满着情节与故事性，以两个脚夫赶着几匹毛驴从疏林薄雾中走出来作为开场，沿着进城的路径一步步展开画卷，到了汴河上的大虹桥形成了一个高潮，桥上桥下人声鼎沸，挤成一团，然而挤而不乱，其中还充满着戏谑的喜剧气氛，令站在画面外的我们忍俊不禁，带着看热闹的心情细细品味那热腾腾的生活场面。穿过高大的城楼便进入市区，街道两边房屋鳞次栉比，茶坊、酒肆、商店、庙宇、公廨林林总总，街市行人摩肩接踵，川流不息。这么丰富的内容，这么多具体的细节，都被画家安排得疏密有致，各种关系处理得恰到好处，张择端如果不具有格物精神，是难以将一张风俗画创作成传世名作的。

宋代的绘画历来都被称道不已，它的山水画与花鸟画是宋代精致生活的结晶。

唐代的"金碧山水"及"青绿山水"富丽堂皇，能把山水画出宫殿的气魄，也许只有大唐时代才能为之。五代虽然又进入到中国历史上的一个分裂时期，却带来了多样的画风，出现了多样的皴法，这些皴法使山石看起来更厚重，更有质感，而蕴含在那些皴出来的阴影中的文人的情趣、那些无法用语言和文字表达的内心深处的感受与向往，才是真正撼动人心之处，比绘画技法更迷人。这些皴法已经让人感受到绘画中的格物精神，即在自然的深刻感召之下将自己的内心世界呈现出来。

这种格物精神在宋代被进一步发扬光大。五代花鸟画家黄荃，他的画风被称作"黄家富贵"，他的花鸟虫草在宋代非常流行，也成为中国绘画中很重要的一种题材，而最牛的继承人莫过于宋徽宗了。将黄荃的《写生珍禽图》与宋徽宗的《腊梅山禽图轴》一起看，可以感到画中那种共同的韵味。而黄荃的小儿子黄居寀的名作《山鹧棘雀图》，山鹧那长长的尾巴，与宋徽宗所画长长的雉鸡尾巴都那么优雅而又有力。黄居寀的画面中那种安静的气氛，那种人迹罕至的空山幽谷，按照蒋勋老师的话说就是"竹叶掉落地上和鸟雀的啼叫，是仅有的声音"。略微不同的是，黄居寀的山鹧尾巴带出一点孤傲的味道，而宋徽宗的雉鸡尾巴则富丽无比，他的蜡梅山禽也居于一种更为柔和闲适的氛围之中。小小的禽鸟，也是一个个完整的世界，有着自己特有的情态与动作，黄居寀画的山鹧、麻雀表现出他的观察比描写更为详细深入，如果没有格物精神，他的笔下如何能绘得出这么工细精微而又细腻生动的鸟禽？最传神的是画面中的那几只麻雀，生动得仿佛要飞出画面，它们各自忙着自己的事情，构图却又十分的和谐统一，毫无冲突之感。《山鹧棘雀图》被收入《宣和画谱》，其画幅上有宋徽宗的题字"黄居寀山鹧棘雀"及徽宗的收藏印，行家指出，这种题字与印章的组合，正是"宣和装"古老装裱的遗制。有趣的是，黄居寀与宋徽宗，一位是宫廷画家，一位是真龙天子，黄居寀尚可有宽松的环境观察自然，而皇帝宋徽宗深居宫内，他是如何观察那些鸟雀的呢？他的格物精神是用于潜心研究借鉴前人画作还是用于自己的观察？他有可能像白石老人那样跟踪蚊子、乌龟，去鱼市观察虾吗？我们不得而知。唯一让我们有所感悟的，是他们共同拥有的格物精神，这种格物精神使他们的画作登峰造极。蒋勋老师说："宋代的花鸟画家，通常用一生的时间，专注地画一种花卉或禽鸟，用'格物'的精神，为大自然中的花鸟、草虫留下美丽的记录。"

唐代的王维被苏东坡誉为"诗中有画，画中有诗"，王维山居归隐、在辋川生活的淡泊自在，造就了他的文人画风，被称为文人画鼻祖。到了宋代，文人画所表达的那种哲学的思考，那种静虚的心境更为成熟盛行。相较于那些御用画家，文人画家不以绘画为职业，也不受命于特定的题材，大多直抒胸臆，直接将胸中的那一种感受、那一种情趣书写到纸上便是。色彩上不追求复杂的暖色调及富丽的青金色彩，多用水墨表达，须知墨是可分五色的，用墨的浓淡晕染铺陈出的那一番色彩，淡雅而意境深远，更具有生命的韵味。文人画家对绘画技巧不太在意，却能用一只简单的毛笔，在笔法上借鉴了书法的功力，在兰、竹、梅的枝干与叶脉上展现出他们书法的线条与风格。文人画风格简练，是提炼出来的精品。马远、夏圭的"边角之景"，放弃了全景式构图的方式，只描绘山之一角、水之一涯的局部，"全境不多，其小幅或峭峰直上而不见其顶，或绝壁直下而不见其脚，或近山参天而远山则低，或孤舟泛月而一人独坐"，大幅的留白给人以无尽的玩味空间。这种裁切式的诗意画面不仅反映了山水画艺术的不断变革和发展，也为摄影人提供了极好的借鉴，引导我们从满眼的景色之中，提炼出自己的镜头画面，用长焦的特写方式凝练出自然中那最美的一瞬。从《中国美术史》中我们可以了解到，宋朝以后，中国绘画的主流是"文人画"，大量用水墨绘就的山水画中，人物成了点缀，人在自然山水之间总是那么渺小。宋朝的文人画对元朝的影响也非常大，只不过元朝的统治者不重视文人。宋代文人画中的那种精致与闲适淡泊了，代之为苍凉与孤寂，甚至还带点儿别扭。文人画始终是文人内心的反映。

如梦如幻的大宋朝，它的科技成果与艺术成就，向我们展现了"格物致知"的风貌。那么对于今天的我们，该如何去理解"格物致知"呢？

著名物理学家丁肇中教授说过："我觉得真正的格物致知精神，不但是在研究学术中不可缺少，而且在应付今天的世界环境中也是不可少的。在今天一般的教育里，我们需要培养实验的精神。就是说，不管研究科学，研究人文学，或者在个人行动上，我们都要保留一个怀疑求真的态度，要靠实践来发现事物的真相。现在世界和社会的环境变化很快，世界上不同文化的交流也越来越密切。我们不能盲目地接受过去认为的真理，也不能等待'学术权威'的指示。我们要自己有判断力。在环境激变的今天，我们应该重新体会几千年前经书里说的格物致知的真正意义。这意义有两个方面：第一，寻求真理的唯一途径是对事物客观的探索；第二，探索的过程不是消极的袖手旁观，而是有想象力的有计划的探索。希望我们这一代对于格物和致知有新的认识和思考，使得实验精神真正变成中国文化的一部分。"

"格物致知"之所以对今天的我们特别重要，是因为我们处于一个物欲横流加信息爆炸的社会，接触的东西太多，而在选择面前却不知所措。丁肇中教授强调实践在"格物致知"中的重要意义及作用，要靠实践来发现事物的真相。其实，无论是沈括，还是马远、夏圭，都是在实践中发现事物的真相，发现自然中深刻的美。实践需要勇气，实践需要毅力与韧性，这些都是人格的修炼，都是人性的修为过程。丁教授所说"使得实验精神真正地变成中国文化的一部分"真可谓是语重心长。让我们不仅仅欣赏宋朝的精致生活，感叹产生于大宋的那些科学成果与艺术奇葩，更要不断领会"格致"精神，不怕艰苦地完成自己的人生修为，也将自己修炼成为一个精致的人。

那一抹翠色

2012 年首都博物馆举办过一期浙江龙泉窑青瓷精品展，展品中有一件南朝的青釉刻莲瓣纹碗居于展厅的显著位置，它莲瓣宽肥，釉色莹润，含蓄内敛，令人不禁想起杜牧"南朝四百八十寺，多少楼台烟雨中"的诗句。江南那四季都褪不掉的绿色，被烟雨浸湿掩映着恢宏的寺庙楼台，那迷迷蒙蒙的色调与青釉莲瓣纹碗的翠色一样，具有深邃的意境。

青瓷是瓷器中的经典，而那一抹翠色是什么时候出现的呢？

早在商代就已经出现的青瓷，一直到东汉才完成了由原始瓷向瓷器的过渡，即青瓷器的烧成始于我国的东汉时期，而浙江省的上虞一直就是青瓷的重要产地。为什么青瓷是中国最早的瓷器？从工艺上说，青瓷由于瓷器胎泥和釉中含有铁，因此烧成以后釉面颜色呈现出青灰色、淡青色或豆青色等基本色调。从文化上讲，青色或曰绿色是一种生命的象征，《尔雅》中说："春为青阳，谓万物生也"，青色是生命萌动的色彩。早期的原材料、烧造工艺与古人对青色的认知自然地结合到一起，使青瓷从一开始就具有天人合一的意味。

到了魏晋南北朝时期，青瓷更有了长足的发展，成型技术迅速提高。国家博物馆中有一件南北朝时期的青釉莲花尊，每次去国博我都要在它面前停留很久。这件尊侈口、长颈、溜肩，橄榄形腹，外撇高足，颈部装饰分三段，上部对称贴附两个飞天，在飞天的下面刻画有三圈弦纹，弦纹下对称贴附忍冬；上腹和中腹为三层模印的覆莲和一轮贴花的菩提；下部为一组单瓣仰莲，莲瓣均微微向上翻翘，非常生动，是莲花盛开时节最富生命力时的那种姿态。青釉莲花尊的成型将刻画、模印、贴花等多种技法融于一体，代表了当时制瓷工艺高超的水平。南朝的青瓷龙柄鸡首壶也是当代的代表性器物，一条龙轻轻衔住壶的盘口，目光注视着壶内，它对面的鸡首，脖子舒展而又骄傲，鸡冠上翘，姿态很是优雅矜持。它的这种姿态，值得现代的模特们好好揣摩一番，无论站姿还是坐姿，脖子的力度与曲线都是最重要的，它与躯干一起，构成一个完美的姿态：挺拔而又柔韧。

青釉是一种很美的颜色，而最完美的青瓷又是什么样的呢？

多年前参观法门寺，在它的展厅中第一次见到了秘色瓷。那时的我，对文物一无所知，却被那秘色深深吸引，它实在是太美了。毫无文物知识的我，长时间站在它面前，感受着"美"对于人的震撼，懵懂也好，无知也好，都不能影响对于美的感觉与留恋，这也许就是大美所具有的神力吧！

秘色瓷是怎样的瓷器？过去在学术界一直有争论。所谓秘色，根据宋人的解释是因为吴越国钱氏割据政权命令越窑所烧造的供奉之器，庶民不得使用，故称秘色。清人评论所谓"其色似越器，而清亮过之"，特别指出了秘色那种如水的亮泽。还是法门寺地宫的发现揭开了这个谜。地宫中出土了一块物帐碑，上面清楚记录着秘色瓷多少件，与出土的青瓷器数量完全吻合。原来，唐代的秘色瓷其实就是指越窑青瓷中的珍品。

唐代诗人陆龟蒙的诗句"九秋风露越窑开，夺得千峰翠色来"里面提到的越窑，主要是指浙江余姚上林湖的越窑，历史十分悠久，是烧造青瓷的著名窑口，文献上所谓秘色瓷，就产自上林湖一带。而陆龟蒙诗中所形容的"千峰堆翠"又是一种什么样的颜色呢？

秘色瓷器大多通体素面无纹，釉质均净，因肥厚而透出一点雍容的气度，表面好像有一泓清水，非常清澈。五代时期越窑瓷器仍以光素无纹饰的器物为主，间有用刻花装饰的，着力于造型上的秀美是五代越器的主要特征。五代的秘色瓷莲花碗就完美凸显了这种特征，层叠的莲瓣错落有致，仍不失简约的风范，腹部有所收束，盏托是双线莲瓣纹，莲瓣仍如南北朝时期的有些卷翘，造型秀雅圆润的盏足，体现出工匠于细微处见精神的艺术造诣。也是那种清澈的翠色，与唐代秘器一样，罩在翠色上的那种"如冰似玉"般的光泽如眼波般荡漾，直透人的灵魂。

宋代，青瓷又具有了自己的时代特征。宽肥的莲瓣开始变窄了，眼波般的翠色变成了豆青、粉青、天青，水波荡漾的清亮不见了，魅惑的眼神收敛了很多，处处都显得文人气十足。展厅中有一件四川博物院收藏的宋代豆青釉莲瓣碗，钵形的器身和那优美的莲瓣纹，令人想到佛和天国。然而它的说明词中却说："这种盏出土量很大，四川遂宁窖藏、东溪园艺场墓、陕西略阳八渡河窖藏都有发现。龙泉大窑枫洞岩元代早期底层出土者，莲瓣窄长，时代特征明显，是当时的日常用器。"这么美的莲瓣碗居然是日常用器，我只能像刘姥姥进大观园那样只有点头咋舌的份儿了。

宋代的精致生活于青瓷上有最为完美的体现。北宋越窑青釉划牡丹纹盘口瓶，这种凝重的橄榄绿色，与秘色的水漾光泽比起来更为深沉，在这么庄重典雅的地子上刻画着华丽的牡丹纹，那种略微倾斜的刀法，使釉色沉聚于此而产生了阴影的效果，更增加了一重韵味。宋人很会将精致、简约、华丽、古朴这些艺术因素进行搭配，营造出大气唯美的风格。

偏安一隅的南宋小朝廷，窝在杭州这销金锅子里，十里荷花，三秋桂子，那连天的绿色，那透出点点金黄、散出幽香的绿色，令龙泉青瓷达到极盛。青釉那种青翠欲滴的水漾感觉是怎么做出来的？南宋在烧制青瓷时采用的是石灰碱釉，它在高温中比较黏稠，不易流釉，釉层较厚，内含的氧化钙玻化程度高，窑工控制烧成温度与还原气氛，可以获得青玉般的效果。石灰碱釉的发明与使用，对青瓷来说是一个创造性的巨大改进。南宋采用薄胎厚釉的技术，多次上釉，烧出了龙泉窑最好的釉色，粉青釉与梅子青这种娇艳的翠色，都是采用石灰碱釉的成功作品。

古代文人雅士把焚香、烹茶、插花、挂画并列为四艺，而在宋朝这个最讲究精致生活的朝代，雅居焚香这种赏心悦事，在宋代士人原本就是一种真实的生活方式。"却挂小帘钩，一缕炉烟袅"，平居日子里的焚香只属平常。厅堂，水榭，书斋，闺阁，松下竹间，宋人画笔下的一个小炉，几缕轻烟，并非如后世多把它作为风雅的点缀，而是本来就保持着的一种生活情趣。"小院春寒闭寂寥，杏花枝上雨潇潇。午窗归梦无人唤，银叶龙涎香渐销"，两宋香事就是这样平平静静地润泽着日常生活。

香炉有封闭式和敞开式两种，封闭式炉时称"出香"，有的形制是"上为蹲兽，下有仰莲承之"，即香炉盖为"形如狮，喜烟好坐"的狻猊，兽张口，炉烟便从口中袅然而出。青瓷展中有一件南宋青釉鬲式炉是件仿古器物，香炉盖是一件精致的铜网，与青釉的鬲式炉身配在一起，古朴中透出一点点精致的奢华。宋人对于如何诠释抽象形态的美是大有心得的。

龙泉窑是宋代著名的青瓷产地，创烧于北宋，南宋为极盛时期，元代有较大发展，明代中期以后走向衰落，烧瓷有六七百年的悠久历史。

元代作为上承宋、下启明的重要朝代，龙泉窑的那一抹翠色也是非常完美的。元青釉八角菱口杯、元青釉梅瓶因釉面龟裂而呈现出的那种冰玉般的翠色，与眼波般的秘色瓷及宋代的粉青釉相比，有一种冰清玉洁的冷峻，失去了文人气的柔和调子，青得那么透彻，那么有风骨，这显然与当时的文人境遇有关。《考工记》中说："智者创物，巧者述之"，意即艺术创意由智者给出而由工匠把它表述制作出来。那么智者或曰文人、艺术家与工匠的区别在哪儿呢？那些极具艺术特质的作品，显然不是仅依靠技艺就能做出来的。蒋勋先生在他的《艺术概论》中告诉过我们，艺术中除了技术之外，必须有观念的创造，要有思想情操的表现，以中国传统来看，总是比较倾向于把艺术作为容纳"道""德""仁"的一种工具，这也就是"文以载道"的观念。

　　这也许能帮助我们理解从商代就出现的那一抹翠色，带着天人合一的精髓，带着不同的时代印记所展示给我们的那些故事，用"文以载道"的观念来赏读这些美丽的青瓷，也许能给我们一些更深的启迪。

1. 南北朝时期的青釉莲花尊　国家博物馆

2. 五代 秘色瓷 莲花碗 苏州博物馆

由首博馆藏文物看宋朝的精致生活

赵宋一朝，重文轻武，对外以软弱无能而安，内部倒也经济稳定、文化繁荣，尤其是赵家天子个个风雅，社会上便也形成尊礼重艺的习气。宋朝的首都不在北京，北京的建都时间是 1153 年，自金朝开始，北京成为帝都并最终成为中华人民共和国的首都。虽然北宋的首都在中原的汴京，南宋在销金锅子的杭州，但数代帝都的北京仍然是宋代文物的荟萃之地。从首都博物馆的馆藏宋代文物中，我们可以感受到宋代精致生活的方方面面。

宋朝瓷器的名头是最响的，五大名窑定、汝、官、哥、钧中，我最喜爱的是定窑的白瓷。

定窑的窑址在今天的河北省曲阳县涧磁村即东西燕山村，唐宋属定州而得名定窑。定窑创烧于唐代，以出产白瓷著称。白瓷的烧造工艺要求很高，胎和釉中的含铁量极低或者根本不含铁才能得到纯正的白瓷。定窑的白釉瓷器胎质坚细洁白，胎壁轻薄，造型稳定，釉质肥厚晶莹。因釉料中含铁量稍高，所以白釉中通常泛黄闪灰。

定窑的白釉双系罐可以说是一件代表性器物，它的造型十分浑圆均正，稳重中不失优雅。创烧于唐代的定窑，在它的前面还有一个邢窑，也是烧白釉的窑口，窑址在河北的内丘，是唐代著名瓷窑之一，在中国陶瓷发展史上占有十分重要的地位。唐李肇《国史补》中说："内丘白瓷瓯，端溪紫石砚，天下无贵贱通用之。"可见邢窑的白瓷是名满天下的。唐代后期，邢窑由于制瓷原料匮乏等原因而逐渐衰落，河北定窑代之而起，成为北方著名的白瓷窑。将邢窑的白瓷罐与定窑的白瓷罐相对比可看出，定窑在器形上模仿邢窑，但邢窑的白瓷更白，而邢窑的白瓷本来就有"白如雪"的美誉，定窑则要白中闪黄一些。那么问题就来了，唐代的邢窑已经能将含铁量控制得极低而得到"白如雪"的白瓷瓯，怎么到了宋代反倒做不了那么白了，是工艺上的退步吗？有一个已知答案是"原料匮乏"，但仅仅是原料的问题吗，有没有文化方面的因素？宋朝的味道显然与唐朝不同，盛唐的文化巅峰时期，强盛的国势培养出一种热衷于显示外在生命力的自信，雄健有力、飞扬跋扈、大气磅礴是这种生命力的艺术表现形式；而宋代是典型的文人心境，更喜欢深入探究人的内心世界，宋人的心境也是曲曲折折、悠悠长长的，不喜欢直接的表白。定窑白瓷中那不纯粹的白色，与白釉的纯粹极品比较起来，更加耐人寻味而又意味深长，这就是我特别青睐于定窑白瓷的原因。按照这种思路，定窑白瓷的工艺水平更高，因为它能将含铁量控制在一种能表现出天然美色的水平之上，使不纯粹的白色拥有一种境界，技艺之高令人仰视。

宋代有着令人玩味的世俗化风范。宋代定窑白釉提梁壶非常小巧可爱，它的器身仍未脱去"白瓷瓯"的形制，而那一道提梁，像一条植物的藤蔓，还生长着几片嫩叶，那叶片又有点儿像村童额上的刘海，带着几分顽皮，非常生动。宋朝的趣味不仅仅追求诗画的意味，那无处不在的世俗化影响，为这种文人风气增添了灵动与生气。生命在民间，曲高和寡终究会流于孤单而被撇在一边。

首博有一件定窑白釉印花卢雁穿花纹碗，每次去首博都会在它面前伫立很久。这件碗为什么这么吸引人呢？宋代定州以缂丝而闻名，定窑印花瓷器直接来源于缂丝的灵感，将缂丝纹样局部移植于瓷器。这幅卢雁穿花图案，繁复、满画面式的构图正符合缂丝的富丽感觉。专家指出，定窑印花装饰看不出由简到繁、由低级向高级发展的过程，可能是受定州缂丝的影响，制瓷匠师采用缂丝纹样粉本刻模，因此一开始就显得比较成熟。虽然有"连锅端之嫌"，但定窑印花仍具有技艺工整精巧、层次分明、密而不乱的特点。

除了繁复的，还有凝练的。划花萱草纹在北宋中期已开始出现，这种划花装饰，线条纤细流畅，舒展自然，碗内壁的萱草纹，仿佛是用毛笔的中锋一笔走下来，到尖端部稍稍一挑，便勾勒出萱草的姿态，简洁的刀法具有书法的功力。定窑的白釉划花萱草纹碗与白釉印花卢雁穿花纹碗经常会令我在它们之间流连忘返，反复品尝着那不一样的味道。

定窑的白釉瓷，不仅器物做得精美，人物也十分传神。宋定窑白釉童子诵经壶，北京顺义辽代净光舍利塔基出土，说是壶，其实更像一尊人物像，童子手中翻卷的经卷为壶流，童子中空的身体为壶腹，头部的花冠是注水孔，壶把安在后腰上，整体构思十分巧妙。童子的面部安详，眼帘微垂，坐姿十分端正，安安静静很是乖巧，但略向内撇的双膝及两两相对的脚尖，却活脱儿地显露出一个孩子常有的坐态，幼儿园中的"排排坐，吃果果"的孩子们，都是这种坐姿。诵经童子因此具有的"小大人"样儿，让人觉得那么可爱。这就是宋代作品中所特具的"细腻"与"神韵"！

宋代作品世俗化倾向明显，在唐代还长着八字胡的观音，到了宋代已彻底幻化成女性形象。首博有一尊青白釉反瓷观音菩萨像，结跏趺坐，头梳高发髻，戴着宝珠花冠，花冠正中有一尊小化佛。所谓反瓷，就是塑好后不上釉直接入窑焙烧的一种瓷器。她通体素白，仅袈裟边缘施青白釉，袈裟抑或是观音兜自头顶披下，随着花冠的轮廓自然卷曲而颇具飘逸感。宋人的造诣就是不同凡响，这尊观音宝像庄严却又十分妩媚，眉目传情，细迷迷的眼睛，既含蓄又有杀伤力，挺直秀美的鼻梁在鼻尖处轻轻一勾，这就是曹雪芹笔下的悬胆鼻吧？宋代是最适合生活的年代，生活最为精致，最有情趣，这些精致的内容值得现代的小资们认真读一读。

盛于南北朝时的青釉，到了宋代，更达到了登峰造极的地步。

耀州窑是北宋北方著名的青瓷产地，以陕西省铜川市黄堡镇为代表，铜川宋时属耀州，因此称耀州窑。耀州窑的刻花装饰是宋代制瓷工艺美术的又一成就，以犀利的刀法及流畅有力的线条，成为宋代同类装饰之冠。初创时期在碗外刻以简单的似花非花、似草非草的难以名状的纹饰，随后，仿烧五代末到宋初浙江越窑浮雕莲花瓣装饰，南宋时称它为"越器"。南宋的陆游就在《老学庵笔记》中写道："耀州出青瓷器谓之越器，似以其类余姚县秘色也。"陆游认为耀州青瓷恐怕已赶上越器的秘色，可见耀州青瓷的品质。仿烧越器的釉色，加之带有秦川大地古朴雄风以及书法般的刻花风范，使耀州窑也成为烧制宫廷瓷器的窑口之一。在窑址附近北宋神宗元丰七年德应侯碑文中有记："巧如范金，精比琢玉。始合土为坯，转轮就制，方圆大小，皆中规矩。然后纳诸窑，灼以火，烈焰中发，青烟外飞，锻炼累日，赫然乃成。击其声，铿铿如也，视其色，温温如也。"这一段文字，把耀州窑的生产过程以及瓷器的质量，生动地表达出来。特别是"赫然乃成"四个字，有点触目惊心地将锻炼后的耀州窑精品呈现在我们的眼前，"温温如也"的"如"字就是如来佛的"如"，即如它本来的面目。首博的耀州窑青釉刻双鹤纹碗，碗中双鹤展翅于繁密的云头之中，青釉的色调在口沿处渐渐淡去，留给我们一个高远的天空，就如自然的本来面目一般。

宋瓷之首，汝窑为魁。汝窑为宋代著名瓷窑，南宋文人笔记中曾屡屡提及。汝窑虽然与定窑、耀州窑、钧窑都曾为北宋宫廷烧制过宫廷用瓷，定、耀、钧三窑都在窑址发现了宫廷用瓷标本，而汝窑遗址在多年的调查中，却只在临汝县发现了民间用瓷的遗物。直到1986年在宝丰县大营镇清凉寺才发现了烧制宫廷用瓷的窑址，并出土宫廷使用的完整瓷器22件，有关汝窑的许多悬而未决的问题因此得到解决。考古工作者总是用这种严谨的态度，本着"从文献到文物"的原则，为我们不断破解历史遗案。专门烧制宫廷用瓷的汝窑，以玛瑙入釉，烧成具有"青如天，面如玉，蝉翼纹，晨星稀，芝麻支钉釉满足"的典型特色的汝瓷。汝窑的釉色都有着很诗意的名字，如天青、雨过天青、淡青、卵白等。有专家认为，从传世品看，天青色是汝窑的基调，有的略深，有的略浅，这件宋汝窑青釉盘，天青色的釉面上布满蝉翼纹，内敛地闪出玛瑙的光泽。

北宋的民间窑口也有精美之作。河北的磁州窑是宋代北方民间瓷窑之一，它白地黑花式的色彩，大花大朵的纹饰格调朴拙粗犷却生机勃勃，具有浓郁的民间生活气息，虽然不为宋代上层人士重视，却能在宋代几大窑系中卓然自立，在中国陶瓷史中有着独特的贡献。在首博的世界华人典藏大展中展出过一件宋代的白地黑花花蝶纹瓶，别看是民窑作品，器形十分中规中矩，很有文人气，大花大叶本就显得生机盎然，加上飞舞的蝴蝶就更热闹了，不仅是生机盎然，简直就是生机勃勃。

江西吉州窑位于江西省吉安县永和镇，为宋代江南地区著名的民间瓷窑之一。吉州窑创始于五代时期，入宋以后有极大的发展，南宋为吉州窑大发展时期，最具特色的是黑釉瓷器。宋代为了观茶色和斗茶风尚的需要，大量烧制黑釉茶盏，吉州窑黑釉瓷不仅产量大，而且装饰技法也多种多样。吉州窑的玳瑁釉剪纸贴花纹碗，就是工匠将剪纸这种民间妇女的闺中之作成功地移植到黑釉瓷器上，从而赋予黑瓷以民间艺术之美。玳瑁釉是以黑黄两种色调的釉仿玳瑁甲壳的颜色，属窑变花釉，花色变化无穷却总不失玳瑁甲壳的特有色调。而吉州窑的白釉褐彩缠枝蔓草纹罐，腹部的蔓草纹十分精细流畅，舒卷自然，带有工笔画的风格。将它与定窑白釉印花卢雁穿花纹碗相比，可以看出定窑印花艺术对它的影响。随着宋室南迁临安，为北宋宫廷服务的各行工匠也随之南来，落足于江南地区。吉州窑南宋时期大量烧制的覆烧印花白瓷，带有明显的定窑风格，另外，吉州窑的一些烧制工艺也具有北方磁州窑的特征。

除了瓷器，玉器乃是宋代的又一大精品。到了宋朝，玉文化彻底告别神权与王权而进入了金石学的范畴，玉器已流向民间成为可以交易、收藏的文玩。宋代铭刻玉器盛况空前，由宝玺、简册发展到镌刻佛经和诗句。勒子原是悬挂在颈部或腰间的饰物，由于上面琢刻了《般若波罗蜜多心经》而成为一件极为难得的宋代铭刻玉器。勒子羊脂玉质，细腻润洁，高不过 5.8 厘米，直径只有1.4 厘米。外呈八面体，每一面上琢刻有两行双钩阴文楷体，共计 16 行 292 个字，字体小如芝麻，刻功纯熟，书法遒丽，器体表面隐约可见游丝般的笔道。292 个字包括了《般若波罗蜜多心经》经文、译者、纪年、作坊等内容。落款"皇宋宣和元年冬十月修内司玉作所虔制"，可知是宋徽宗即位第二十年（1120年）命内廷玉作所所刻，为研究宋代帝王玉和宫廷玉的设置提供了重要证据。

《大般若经》总共有六百卷，《心经》浓缩了《大般若经》的精华，成为广为流传的佛教经文，般若意为智慧，波罗蜜意为到达彼岸，多是梵文的尾音，没有实际的意义。般若波罗蜜多的意思就是依靠内心的伟大智慧，到达光明圆满的生命彼岸。由于需要经过翻译才能成为大众所能阅读的语言，不同的译者其翻译版本存在文字和结构上的差异，《心经》也因此成为译本最多的佛教经文。《心经》版本主要分为两大类：广本和略本，其中流传最广的是唐朝玄奘法师的汉译版本，精简扼要只有260个字，读起来朗朗上口，此勒子琢制的即是玄奘法师的译本：

"观自在菩萨

行深般若波罗蜜多时

照见五蕴皆空

度一切苦厄"

这有着音乐般旋律的句子，吟诵起来有一种感动人心的力量。"空"是大乘佛教的核心观念，也是《心经》般若思想的核心要义。所谓"空"，不是指虚无或没有，而是说世界是处于不断变化与生生流转之中，因此才不要有所执着；而"诸法空相"并不是佛教最高的认识境界，般若这种最高智慧可用三个字来表达即"无所得"。《心经》中论述了佛教修行的不同阶段或曰不同境界，在"以无所得故"之后，即向我们展示了达到究竟涅槃会是一种什么样的境界，那时候才是摆脱了一切物质纠葛，脱离生死轮回，"无有恐怖，远离颠倒梦想"的自由世界。

深奥的佛理，被宋人用铭刻玉器的形式制成《心经》勒子佩戴在身上，面对这件精致的玉器，如果仔细想一下，佛教引导众生通过修炼与开悟进而到达智慧的彼岸，然而有彼岸就有此岸，无此岸乃无彼岸可言。大荒山无稽崖下的顽石宝玉不就因为无才补天自怨自愧而登上了此岸——人间，那里的红尘冷暖令人眷恋得难以割舍，不看尽这人世间的贪、嗔、痴、爱，如何明白满眼繁华皆是镜花水月，又如何解得了那些痴心妄想，只有首先站在此岸，才谈得上登上彼岸。宋人显然意识到这种道理，因此并不执着于对佛理要义的理解，而是更倾心于将它转换成一种艺术形式，成为日常生活中的一项精致内容，时时抚摸一下那温润的羊脂白玉，默默吟诵几句《心经》的优美旋律，乃是世俗社会中的一大享受。这种心态与追求，那些世俗化社会的种种享受，已经成为精致生活的一种引导与楷模，这也许是宋朝特别令人倾心的一个重要原因。

玉佩是常见的饰物，作为佩饰缝缀在衣服上或挂在人的胸前腰间，有些则作为镶嵌物，嵌刻在器具上作为装饰。宋代的青白玉双孔雀佩饰，青白玉质，细润无瑕，采用浮雕和透雕技法琢磨三层纹饰。主体是双孔雀，以单阴刻线琢出孔雀羽毛和尾翎，它们上下交错依附在山石旁。佩上有四组对穿孔，可以缀系。宋代的玉器中充满了花鸟、山水、祈福、吉祥、富贵的民俗图案，明显受文人画的影响，既注重对自然的真实体察，同时追求以神趣为归的风格，写实中充满情趣盎然的画意。这玉佩上的孔雀与山石正是充满了宋人的画意而成为首博玉器厅中的一件代表性器物。

提到书画自然会想到文房用具。水呈是调色、磨墨时盛水的用具。首博有一只水呈青玉质地，造型是传说中龙的九子之一，习性好水，它的腹部中空，背上的盖儿盖住注水用的小孔，嘴上衔一只小碗，腹中的水可通过嘴上的小孔滴入碗中。文人在调色、研磨时便可自小碗取水，一边吟诗作画，一边把玩器具。这只水呈造型十分古朴，身量有些像蟾蜍，特别是那对眼睛，老实巴交地看着作画人，毫无怨言地叼着那只碗，全无神龙之子的气派。追求古拙乃是文人的一大爱好，作古朴的画，还要古拙的文具陪着，宋人的精致生活可见一斑。

说到生活的精致，发冠都可以用玉来琢制。男子束发用的发冠被琢制成莲花瓣的式样，莲瓣纹既蕴含着佛教意味又象征着品格高洁。头发束好后，用一根玉簪别住，白玉发冠与书生的白面相映衬，可以想见宋代的文人是何等的讲究。而一只不知何用的白玉鸳鸯柄盒，还带有子母扣可以扣合，扣好时，器身上的两半鸳鸯恰好合为一对儿。宋人为这种小东西真是用尽心思，赋予它内在的含义与表象上的契合。器身光素无纹，只有一对儿鸳鸯，体现了良材不雕的艺术理念。宋人认为的高雅与简洁，大概就是靠素有素韵来表达的吧。

直到高中时期，我才真正被宋词所吸引，但那时对历史一无所知的我，以为我倾心喜爱的那些文人如范仲淹、苏东坡、黄庭坚、欧阳修都是纯粹的文学家、词人，整天悠游于长江之滨或山间亭下，后来才知道他们又是政治家、改革家、卓有成就的官员甚至是高级官员，他们不是生活在纯粹的大自然之中，而是时时处于政治旋涡、处于繁乱的世事之中，那么那些优美的文辞是怎么写出来的？换句话说，在那种环境下他们如何能拥有那么一份干净、单纯的感情？

蒋勋老师说过，他最喜欢的知识分子都在北宋，因为他们自己可以转换角色，转来转去一点儿都不冲突，所有的分裂忽然都和解了。他们在政治官位中，始终保持自己的理想，在施政中不忘实施自己的理想；而"下班"后或被贬谪后，他们可以做回自己，这个做回自己不因政治地位的起伏跌宕而改变，始终表现为一个"自我"的人。宋人更多的是具有"有我之境"的境界，有我之境是以"我"观物，因此外物都染上了"我"的感情色彩，而这颗"我"心，不仅是简单的、纯洁的，还是善于在主客观之间自由转换的，重视现实与人生，却能将其去粗取精地提炼，这种艺术上的浓缩与精神上的自我释放，使宋朝的文化展现出一种平淡天真的色彩,那种不做作、不刻意、率性为之的特点,造就了宋朝不朽的艺术成就,也可以帮助我们理解为什么在极度世俗化的宋朝社会,能产生出具有极高艺术品位、极具优雅趣味的作品。很显然,心灵才是生命与艺术的根基。

《东京梦华录》的作者孟元老在自序中追述了当年的繁盛:"正当辇毂之下。太平日久,人物繁阜。垂髫之童,但习鼓舞;班白之老,不识干戈。时节相次,各有观赏。灯宵月夕,雪际花时,乞巧登高,教池游苑。举目则青楼画阁,绣户珠帘。雕车竞驻于天街,宝马争驰于御路,金翠耀目,罗绮飘香。新声巧笑于柳陌花衢,按管调弦于茶坊酒肆。八荒争凑,万国咸通,集四海之珍奇,皆归市易;会寰区之异味,悉在庖厨。花光满路,何限春游;箫鼓喧空,几家夜宴。伎巧则惊人耳目,侈奢则长人精神。"多么令人神往的繁华与热闹,然而太平终被铁蹄踏碎,靖康之难的第二年,孟元老离开东京开封南下,避地江左,在寂寞失落中时常暗想当年东京的繁华,引起心中无限的惆怅。为了不使谈论东京风俗者失于事实,让后人开卷能睹东京当时之盛况,绍兴十七年,孟元老在怅然中提笔追忆东京当年繁华,编次成集,于南宋绍兴十七年撰成《东京梦华录》。它与《清明上河图》一起,给我们留下了北宋丰富的生活画卷。而博物馆中的那些文物,也使我们后辈人等得以见证事实,并从中领略宋朝生活、文化的盛况。

1. 宋 定窑白釉童子诵经壶　首都博物馆

2. 宋 景德镇青白釉反瓷观音菩萨像　首都博物馆

3. 北宋 羊脂玉《心经》勒子 首都博物馆

聊一聊玉文化

玉文化，这是个一定要聊、不可或缺的话题。

中华民族的玉文化史可以说是源远流长，绵延不断，从新石器到元明清，其间不仅没有断点，还各有各的历史特色，每一个文明进程都与玉文化有着种种联系。所以说玉器的演变与沿革与中华文明同步，是各个历史时期的重要组成部分，玉文化贯穿于我国历史发展的始终，是中华文明的重要组成部分。玉文化大致可以分为三个阶段，第一是神玉阶段，第二是礼制与王权阶段，第三就是民玉阶段。

神玉阶段中神与巫的主题，是一个特别有魅力的文化主题。

大约一万年前，人类进入新石器时代。新石器时代中晚期，部族首领的社会地位上升，拥有了某些私有财产，玉器开始成为原始宗教祭祀的礼仪用器，用玉作为沟通天地的神器，并以此维系社会某些秩序和规范，这是玉神器的根本作用。新石器时代中晚期玉文化的共同特点是以神玉为葬，大墓中有大量的玉器出土。

新石器时期有两处重要的文化遗址，红山文化与良渚文化。红山文化因发现于内蒙古赤峰红山后而得名，距今已有六七千年的历史。红山文化全面反映了北方新石器时期文化的特征和内涵，因多出土于墓葬群，专家认为红山文化有"唯玉为葬"的特点。

玉猪龙是红山文化玉雕中最夺目的亮点，以其独特而精美的器形以及众多的出土数量使它成为红山文化出土玉器中最具代表性的器物种类。它头部肥硕，两耳上竖，吻部前突，刻有细纹，很像猪的鼻子，身躯弯弯呈"C"形。先民们把那些与他们繁衍生息密切相关的动物集合于一体，表达了他们美好的愿望和祈求。玉猪龙对于研究和认识红山文化玉器具有重要价值。

红山玉器中有一种十分有特色的器物，就是勾云形玉佩。玉佩中部镂孔透雕，云形图案简洁疏朗，中心为旋涡形，四角做卷钩状，这些急剧旋转的涡形纹和勾云纹，也许是他们对仰望星空时所见到的那些星云的表达，也许是巫师在同上神沟通时那种迷醉的感觉，表达了一种精神向往，即对神的崇拜，他们已达到了忘我的境界。

长江中下游的良渚文化是新石器时代玉文化的另一个杰出代表。玉琮是良渚文化玉器中最典型、最具代表性的一种。首博有一件玉琮非常典型，内圆外方，两端对钻孔，孔径仅 0.8 厘米，这种对钻孔在现代加工工艺中对技术要求也是很高的。圆孔孔壁高出其外围的四个方角，称为射，琮身横向分节，首博的这件有 15 节，很长，琮身的长短是有时代特征的，是个断代的标志。每节两凸一凹，与相邻的面组成一兽面，两只大大的圆眼睛，眼角上翘，让人感到高深莫测。纵向刻有竖直槽，在直槽的最上方刻有栩栩如生的鸟纹图案，鸟纹纤细如毫发，我们只有通过放大镜才能看到。这种图案被称为"鸟站神柱"。先人们在四五千年前利用简单的工具，经过旷日持久的努力，才制成这样一件玉器，他们这么做是为了什么呢？玉器在那个时代具有玉神物的属性，其功能是巫以玉事神的器具，巫觋全身心地投入就是为了与神沟通，表达对神的崇敬与祈求。

这两处遗址的玉器能告诉我们什么呢？概括起来有两点：

第一，发达的玉器是中华文明起源的标志。纵观人类文明史，人类从蒙昧走向文明，都经历了相当长的神、宗教的过渡时期。中国的巫玉阶段时间长达 6000 年，巫在以玉事神过程中的那些动作和程序，渐渐衍生出音乐、舞蹈、美术、占卜等文化元素，新石器时期神与巫的主题就像是一棵大树，文明的元素在上面开枝散叶。巫玉之光照耀着我们的祖先在蒙昧状态下，创造出一个由野蛮走上文明之间的史前社会，玉文化也登上它第一座高峰。

第二，对夏、商、周青铜文明产生了深远影响，其意义在于规定和影响了中华礼制文化的基本格局。中华文明的特色就是礼制文明。什么叫"礼"？《史记·礼书》认为，礼是"人道经纬""万端规矩"，也就是说，礼制是古代王朝统治者治理国家、维系天下等级社会秩序的准则。然而，礼制是一种形态观念的产物，礼的体现需要与之相适应的载体，主要是通过礼器来表现的。最初的礼器是祭祖、祭神的主要法器，通过它来实现人与天地的沟通，玉礼器在中华文明发展中具有极其重要的历史地位。通过对红山文化的研究，有专家逐渐突破西方文明起源三大要素（文字的出现、金属的发明、城市的形成）的理论，而把红山文化坛庙冢相结合的大型礼制性建筑群、高度发达的玉器与祖神崇拜视为更具中国传统特色的文明标志。玉器的神玉阶段在中华文明中具有非常重要的作用。

人类进入文明时代，这时候已从巫玉时代进化到了王权社会，巫觋降低到了王的附庸，玉神器失去了保护者，其属性和作用也都发生了变化，玉神器转化六瑞、六器，成为礼制社会的礼器，玉礼器在中华文明发展中具有极其重要的历史地位。所谓六器是指璧、琮、圭、璋、琥、璜，就是以玉作六器，以礼天地四方。那六瑞是说王、公、侯、伯、子、男这些不同等级身份的人执有不同的玉礼器，这些都有着严格的礼制规定。

我们来说说六器之首玉璧。

玉璧是重要的、常见的古代玉器，自新石器时期起，一直到清朝，使用年代长，数量多，用途广泛，可用做礼器、佩饰、随葬品等。《尔雅·释器》中说："肉倍好，谓之璧。"邢禹疏说："肉，边也，好，孔也，边大倍于孔者名璧。"所以"肉"是指璧的边，"好"指璧的孔，边比孔大很多，称为璧。首博玉器厅有一件汉代玉璧，就是苍璧，礼天的，形制较大，内圈琢刻排列整齐的谷纹；外圈以粗阴刻线琢出兽面纹，兽面的顶上有两条蛇身，分向左右，形成"W"形的曲身，并在其周围饰以阴刻细线。

玉璧的流传最为长远，从新石器时期起，经历了几千年的朝代更迭、文化衍变，并未影响到璧的生命力，有很多古代器物要么湮灭消失了，要么形制发生了很大的改变，唯独玉璧，万变不离其宗，形制始终如一没有任何变化，这是一个非常令人震撼的文化现象。在政协礼堂的档案馆里，有两件国徽的设计提案，一件就是现在的国徽，神圣庄严，具有不可侵犯的力量；另一件是梁思成、林徽因夫妇带领清华大学组设计的，典型的玉璧形状，周围有麦穗，端庄圆满、典雅秀丽，非常具有观赏性。2008年奥运会奖牌的造型采用的就是汉代出廓玉璧的形制，就是外廓上出了一朵祥云，我们可以从中体会到璧的文化渊源。

玉文化的王权时代之后就进入了民玉阶段。北宋可以说是民玉阶段的代表，宋代经济发达，城市繁荣，海外贸易兴旺，史学研究的发展和深入，推动了金石学的兴起，文物的史料价值和学术意义得到承认并开始纳入史学范畴。因此，大体也是在宋代，玉器彻底走下神坛，成为文物和文玩，促使民间与皇家均主动地加以收贮及交易。北宋学者吕大临是著名的文物鉴赏家，他编纂的《考古图》是古玉见诸文物鉴定和学术研究图录的开端。

既然是玉文化，那就一定具有人文的内涵。君子以玉比德，即将人的性情陶冶，品格熔铸，涵养蕴蓄，儒教的仁义礼智信、温良恭俭让等道德行为规范依附于玉，或者说以玉为载体，将玉与人们心目中完美的德行融合在一起，形成了特色鲜明的人文玉学观。

君子都是要佩玉的，君子无故，玉不去身。明代有一位琢玉大师陆子刚，创制了一种形制叫子冈牌，是玉佩的一种，因为造型方正敦厚，简洁凝练犹如牌子，被称为子冈牌。陆子刚创制出来的这个牌子，形制非常讲究，长、宽、厚的比例极为协调，按现在的话说就是遵循了黄金分割的比例。另外，它的边、框，特别是底子，非常均匀平整，特别是上面的浅浮雕，堪称完美，这种技术，后人很难达到。这种造型好似君子厚德载物的性格品质，焕发出一种人性美德的感召力。孔子提出玉有十一德，就是仁、知、义、礼、乐、忠、信、天、地、德、道，子冈牌可以帮助我们理解孔子的"玉德说"。我们可以从玉性、玉质、玉音、玉色这几个方面来理解。

玉性——"温润而泽"，"温润"对君子、对玉都是一个关键词。君子其温如玉就是说君子是一心为人、广施仁政、像玉那样纯洁而高尚，仁的物理感觉就是玉的温润，"比德于玉"就是借用玉之温润来感受"仁"的意义。

玉质——"缜密以栗"，是说玉的质地像栗子那样细腻。缜密有致密细腻之意，又有性质坚韧的意思，人的性格要坚韧细腻，头脑要聪敏智慧，知人知己知世界，都要具有坚韧的性格与审慎细腻的智慧眼光。

玉音——"扣之，其声清越以长，其终诎然，乐也"，玉音和美沉厚，悠然而终，没有尖刺之音，意寓与人相处要带给人愉快，带给人和谐安宁的境界。

玉色——"孚尹旁达"，玉色很美，却不排斥其他的颜色和光泽，清澈莹润体现了君子磊落的襟怀，既有高尚的品德，又有平易近人的世俗情感，兼容并蓄，包容博大。这样的人是可以信任、可以依靠的。

孔子所说的玉德，其首要的就是"仁"。"仁"也是儒家文化的核心。而"仁"是意识形态领域的抽象名词，难以带给人真实的感觉，玉的温润使我们对于"仁"这个概念不再抽象，而是有了物理上的感受。将一块玉握于掌心，原来"仁"就是像玉这样温润纯洁、清澈磊落、和谐安宁的感觉。

说完玉德我们来赏一下玉色，玉器向来有"首德次符"的说法，"德"就是玉德，"符"是指玉色、形制等那些外在因素。除了德的内涵，形式美也是不可或缺的。

俗话说"玉不看白"，真正的和田美玉是微微泛黄的，这件宋代的鸳鸯柄盒就有着莹润如酥的感觉。盒分两半，上有子母扣，扣合后成为一对圆雕的鸳鸯。这件器物除了鸳鸯之外别无纹饰，圆润的盒体光素无纹，全靠玉色彰显其美，体现了良材不雕的艺术风范，细细观之，真是素有素韵，很值得玩味。

玉碗作为日常生活用品和赏玩之物在明清两代十分流行。首博有一件羊脂玉花卉佛像纹碗，这件玉碗为羊脂玉，色泽白如凝脂，内壁光滑，外壁琢刻出番莲纹和两尊坐佛。佛头戴五佛冠，面部丰满祥和，双耳垂肩，右手捻指，左手捧钵，右肩袒露，颈饰璎珞，坐在吉祥瑞草之上。整个器物壁薄，透光，抛光极好，表现出乾隆时期将佛教融于仿痕都斯坦玉器中的独特构思，是宫廷玉器中的珍品。

玉为什么会有这么美的色调呢？玉的矿物成分是透闪石，化学成分为钙镁硅酸盐，显微结构为交错排列的纤维状如油毛毡，所以"其色温润如肥物所染，敲之其声清引，若金磬之余响，绝而复起，残声远沉，徐徐方尽，此真玉也"。这就是和田真玉。

在琢玉的技巧中，有一个很有意思的就是俏色巧雕。

首博玉器厅中有一件青白玉梅花随形笔筒，随形笔筒就是笔筒经掏膛后按照玉料随形雕琢成椭圆形，这件玉笔筒选用青白玉料，外壁有浮雕的过枝梅花，所雕梅花有的已经绽开，有的含苞待放。站在笔筒旁边是否感觉到有暗香浮动呢？用橘黄色的玉皮巧做花蕾，也是随形的巧妙之处。乾隆时期的玉工保留玉皮并巧加利用，体现了清朝慕古主义的艺术特色。玉器加工的最高境界不是破旧立新，而是因材施艺，所以有"一相抵九工"的说法，说明相玉比琢玉更重要，通过对玉料形状色彩的巧妙利用，达到人力与天工浑然一体的效果，蕴含了古人对人与自然关系的朴素理解。

台北故宫博物院的翡翠白菜是大家所熟知的，它的讲解词告诉我们，"美，其实是从不完美开始的……"，它"因为天人合唱而变得完美了，只因为有一份对材料的珍惜与了解，对生命的领悟和期待，玉匠遂得释放玉璞中的生命力，人不再是与自然对抗，而是一同歌咏"。天人合一的境界，使玉器具有无穷的魅力。

玉文化中有两种趣味，一是仿古的趣味，一是世俗的趣味，这两种趣味在玉器中相互交织，带给我们赏玩的乐趣。

宋以后，玉器作为文玩加以收藏，玉器制作业开始兴起一股仿古、制古的风潮，到明代已经十分盛行。明清仿古器多以汉以前的青铜器为摹本，但不是照搬全抄，而是有自己的时代风格，成为"师古"而不"泥古"的典范。

明代有一类仿古玉器做得特别好，就是玉簋。簋是古代盛放黍、稷的青铜器，多作为礼器。国家博物馆收藏的这件玉簋是清宫旧藏，玉簋是明朝的，用青白玉雕琢而成，簋上的紫檀盖是清宫后配的，镶嵌着用元代的白玉龙穿花帽顶改制的炉顶。玉簋由元明清三代器物组合而成，很好地体现了明清代仿古彝的风格，既有对经典的考据，又集古彝之大成，展现了一种古香古色的艺术之美。

玉簋除了采用青铜器的造型，器身纹饰从狞厉之美变为世俗之美之外，在细节上最花功夫的就是它的炉顶。炉顶原为元代官服上的帽顶，为元代服饰所独有，也是产生于元代的中国玉器新形式。孔雀花卉纹帽顶，为玉雕作品中的传统纹样，孔雀栖息于花卉丛中，在它的旁边是一朵盛开的凌霄花，是元代玉器常见的花卉纹饰。一只小鸟伏在花丛之上，另一只则从花丛中探出头来，一派春光烂漫的生动景象。在琢制手法上采用圆雕及多层透雕镂刻而成，造型圆润饱满又层次丰富。帽顶虽小却非常值得玩味，明代把它用作簋、香炉的炉顶，虽然不是商周时期的古意，但是因为整体搭配得非常协调，仍然透出一番古朴的美色。

明清时期的玉器世俗题材愈加丰富。玉佩原为君子所配，玉器成为文玩可以交易之后，玉佩便不是商周纹饰了。童子诗文佩为白玉质地，细润光亮。一面琢刻两个正在嬉戏的童子，周边为花边形细框；另一面琢刻诗文，"青云连直上，指日近龙光"，具有祝愿孩子前程远大的含义。与子冈牌相比，它的造型活泼，世俗化的意味更强。玉佩除了表现君子方正的品格，也充满着世俗的美好寓意。

自古以来鱼就有着美好的寓意。青玉镂空鱼穿莲花佩的主体是一条鳜鱼，谐音"贵"，莲花又有高洁之意，但最有趣的不是它的吉祥寓意，而是鱼的神态。仔细看，鳜鱼的嘴巴有一点微微地噘起，正是它要吐泡泡之前的姿态。这只鳜鱼悠然自在地在莲花间穿梭，还高兴地吐出一串串泡泡，真是好逍遥啊！子非鱼焉知鱼之乐，我当然知道，因为古代工匠善于表现那些美好瞬间，让我们一看便懂还受到感染，与鱼同乐我也很逍遥。

清宫旧藏中有一类藏品特别丰富，就是如意。如意最初是作为实用器出现的。经专家考证来源于搔痒用的竹爪杖，"可以搔爬，如人之意"。所以称为"如意"。

魏晋时期的文人雅士在吟咏时以如意击节，明代的文人墨客重续六朝遗风，使如意演变为书房陈设，并逐渐成为祈福迎祥的祥瑞用品，在功能上有了一个大的转折。清代是如意发展的高峰期，它们已经成为宫廷中珍贵的摆设，也是进献和赏赐的珍玩。

我曾经认为用整块玉雕的如意应该最为名贵，可是首博有一件紫檀的三镶如意给我上了一课。这件三镶如意左边刻有100个福字，中间是蝙蝠和祥云，右边是海水图案，紫檀地上有精雕细刻的松树和仙人，它的寓意是"福如东海"。如意上有"御制"隶书填金文字，从文字上我们可以看出是乾隆皇帝的重臣于敏中敬献给乾隆皇帝的贵重礼物。原来镶嵌的如意也可以这么美，因为有了款识使得它更加名贵。

香熏是我国古代存放鲜花或香料的器物。古代皇室及达官贵人多在厅堂中安置花熏，将名贵的鲜花或香料放置其中，令人只闻香味，不见花朵。香熏本身也是名贵的陈设品。玉质香熏最早见于唐宋时期，明清时达到顶峰。

这件香熏选用优质体大的玉材，在同一块玉料上裁出熏盖和熏身。盖上镂空雕刻出番莲花纹，器身外面满是相互缠绕的番莲花纹，器身内底上雕刻了一朵盛开的番莲花。整个器物壁薄精巧，造型新奇，琢制纹饰细密剔透，是乾隆时期镂空玉器中的佳品。

镂空工艺非常复杂，由于玉质坚硬，金属工具琢磨不动，只有用镶有金刚石的钻头打孔，再用与木工工具相似的搜弓插入随形孔中上下往复拉拽，并不时倒上和了水的解玉沙，以沙磨玉，直到光洁润滑为止。仅一个镂空孔，就要花费许多时间才能磨成，像这样一个香熏有无数的镂空之处，制作费工费时，由此可见，每一件精美的玉器，皆为琢磨之物。琢磨了璞玉，美玉出焉；琢磨了君子，圣贤出焉。一件玉器经过了旷日持久、艰苦卓绝的琢磨过程，终于成了一件精美绝伦的艺术品，从它的身上，我们也能感悟到"玉不琢不成器"的人生格言。

绵长的玉文化，精美的玉器，带给我们无尽的享受，也让我们获得很多启发。

1. 新石器 红山文化　勾云形玉佩

2. 新石器 良渚玉琮上的鸟纹

3. 清 仿痕玉香熏

国翠神韵

——冰肌玉骨，纯洁灵秀的翡翠

玉器作为贯穿中国文明史不可或缺的一部分，数千年来在社会生产、生活中扮演了重要角色，并最终成了道德和文化的载体。在漫长的玉文化中，长期占据主导地位的是和田玉，但自清代中晚期始，作为玉石的一个种类，翡翠以其温润晶莹的美感，刚柔相济的质地，丰富绚丽的色彩，以及蕴含着神秘东方文化的灵秀之气开始占据地位，恰如其分地迎合了中国人的审美习惯和传统玉文化的本质特征。翡翠作为中国玉文化的组成部分，虽仅有短暂的数百年历史，但其辉煌的成就足以令其他玉石羡慕，并一同构成了灿烂辉煌的玉文化。

但翡翠也有自己的滥俗之旅。它传入中国后，因为一个女人的喜爱而身价百倍，清代玉器的风尚为之一变，默默无闻的翡翠声望甚至超过了传统的和田玉。如果说乾隆皇帝是"玉痴"，那慈禧太后就是"翠痴"，对翡翠的喜爱与痴迷到了无以复加的程度。翡翠在制作上越来越喧嚣烦琐，追求技艺与工巧，和田玉"首德次符"的理念越来越淡泊了，翡翠甚至变成了一个商业符号，所以我一直对翡翠不甚感兴趣，直到首都博物馆的一个展览，刷新了我对翡翠的认识。

2014年那个溽热的夏天，首博为我们带来了清凉与翠绿，"国翠神韵——2014古今翡翠艺术之旅"隆重开幕，那满目的冰晶、翠绿与粉紫点亮了我们的眼球，颇有些令人叹为观止的意味。

"国翠"中展出的都是收藏级的作品，有多件不仅是老坑翡翠，而且还是同根同源、同质同色，出自同一块原料，珠子的颗数之多、个头之大，可以令人想见原料有多大。翡翠的品质可以用"浓、阳、正、和"四个字来概括，"浓"是色泽浓郁，"阳"为色泽通透不晦暗，"正"是品质纯正，而这个"和"字寓意深刻，乃是本次展览最为震撼之处，即每一件饰品、每一颗珠粒、每一块翠牌的色泽都极其均匀，浑然一体，看过展览方知均匀对于翡翠品质的含义。然而不仅仅是翡翠，这个"和"字或称"均衡"乃是美学的基本要义，只要是美的就一定是均衡的，反之均衡的必然美意盎然。对于均衡的追求与探索，不知倾注了多少代人的心力，也成就出一件件旷世奇珍。而在大自然的养育之下，生发出如此均匀而又硕大的翡翠原石，天工造物又因机缘巧合而难以自弃，在人类手中被注入了各种文化元素，天人合一的作品怎能不震撼人的心灵，艺术对于心灵的启迪作用，就在潜移默化与激烈碰撞之间。

翡翠真的是"首符次德"吗？非也，它只是被慈禧太后给祸害俗了。翡翠的颜色贵在纯粹，而最纯粹的大约非冰莫属。无色乃色中之大色，它代表着纯粹，它提供给人们无限的空间，"大音希声，大象无形"，大色在透明中回归至无。

展览中有一组观音造像，均用冰种翡翠雕琢而成，深得佛家要义。这尊冰种观音仍是她代表性的坐姿——半结跏趺而坐，手持一柄如意，题为"无色生相"。佛教中的色相是指一切物质的形状外貌，而内心对于它们要辩证地认知，这就是不执着，因为世界是无常的，即处于不断变化之中。"无"或曰"空"不是说没有，更不是虚无，而是不执着于某种心念，而建立动态的、辩证的方法论。无色与看空有着同工之妙，无色可理解为无相，即摆脱执着后的真正涅槃。色相来自自然，又回归到自然的无，纤尘不染的玻璃种翡翠，透明无色，正是观音点化众生，令心灵真正回归的"无相"。淡淡的浪花在观音的足底化作涟漪，一派清明透彻。

"观水观音"与"无色生相"可谓是同曲同工。透明中带着澄澈，如碧水凝结而成。无色生相中的观音是端坐于浪花之上，而观水观音端坐的莲台，莲瓣饱满圆润，玻璃种翡翠焕发出的光泽，使整件作品十分圆满。清澈而又圆满，正是涅槃的境界。

观音不是女神，翡翠也有世俗的味道。名为"修"的冰种蓝水翡翠观音，犹如邻家女性，仿佛在临窗做针线一般，充满着人间的温暖，弥漫着亲和之气。质地细腻的冰种蓝水翡翠，是冰种中难得一见的极品，沉静而又无瑕的品质，烘托着观音的庄严与从容淡泊，演绎出观音普化众生之道。修，也许就在这平常之间。

牌子是很多人的挚爱，造型大气稳重，而稳重也正是均衡的一大内容。它源于长、宽、厚的协调比例，明代陆子刚创制的"子冈牌"，宽厚敦实，形制非常讲究，把长、宽、厚的比例提炼到炉火纯青的地步。翡翠琢成的牌子也有自己的境界。"天瑾"是这次特展中我最为喜爱的作品，具有那种只看一眼就立刻被迷住的魅力。椭圆形冰种无色翡翠牌子，与金棕色的穗子色泽搭配得如此完美，金棕的熠熠之光与冰种的温润相互映衬，意境极为典雅。《说文解字》上说，"瑾瑜，美玉也"，瑾是美玉，也代表着高尚的品德。在这次展览中，我发现一个有趣的现象，就是在说到翡翠的品质时，几乎没有用过"水头"这个常用字眼，而是反复使用着"温润"二字。温润是用来形容玉的，孔子总结玉有十一德，其中"温润而泽"中的"温润"，对君子、对玉都是一个关键词。君子其温如玉就是说君子是一心为人、广施仁政、像玉那样纯洁而高尚，仁的物理感觉就是玉的温润，"比德于玉"就是借用玉之温润来感受"仁"的意义。我原来一直认为翡翠只具备"首德次符"中的"符"，即艳丽的色彩，而"德"的文化很浅，特别是由于清代一位女人的喜爱而昭彰起来，就更令我对翡翠另眼相看。而在这次展览中，无论是解说词还是作品本身，都在不断追求"德"的含义，对于翡翠招财辟邪等世俗观念几乎没有涉及，翡翠的文化品位在不断提升。天瑾意味上德，简洁古朴的造型正契合上德的含义，也象征着对上德的追求。

"心境"是一串高冰种白色翡翠链牌。链长 50 厘米，由 108 环一气呵成，下坠平安无事牌。这是一件品质极高的素器，"无事"是"无饰"的谐音，素有素韵，留白间的天地更为辽阔，心底无私天地宽，此乃白璧一块的心境也。

每逢遇到这种素器，我的拍摄冲动就像打了鸡血那样膨胀起来，因为它对于拍摄技巧是一种挑战，我就喜欢挑战素器，何况还十分热爱素器。单反相机的测光模式是对反射光进行测光，即对被摄物体上反射回来的光线进行测光，但是这种品质极高的材质，那种"温润"使相机抓不住焦点，也就是极难合焦，因为反射光是漫漶的，犹如无影灯那样。虽然留给我们极美、品德极高尚的"温润"，但对于摄影来讲就费了大劲了，即使用手动曝光，也是不易拍摄清楚的。而且这种温润并不是模糊一片，它也有着自己的丝丝入扣，那就是"透与不透"之间所呈现出的状态，如果拍不出这种感觉，那就是表现温润的失败。六七年的艰苦磨炼，终于能掌控温润了，方觉没有辜负那些天瑾大德。

翠，绿也。翡翠之绿非同一般之绿，最美的就是那种水漾感觉。展览中的"绝代风华"，由 9 颗老坑玻璃种满绿翡翠蛋面珠子组成，配以 204 粒钻石，非常奢华又极致简约。所选用的老坑满绿翡翠都同根、同种、同质、同源，是极其难寻的东方瑰宝。浓艳均匀的满绿蛋面宛如天成，18K 金镶钻是流光溢彩的裙带，将翠珠相连，却没有干扰翠珠的纯粹，珠子镶嵌于简洁的底托，将蛋面完整呈现，珠润玉圆，完美到极致。金与钻始终处于辅助与烘托的位置，简约中尽显雍容华贵风范，凝结着翡翠的精髓，呈现出当代镶嵌工艺的极高品位与水平。那些蛋面形的翠珠令人想起宝格丽，宝格丽珠宝大多为蛋面形，以圆凸面宝石代替多重切割面宝石，而这种圆凸面切割法正是源自东方。宝格丽在首饰生产中以色彩为设计精髓，用多种不同颜色的宝石进行搭配组合，饰品五光十色非常绚烂，而这条项链只取一色，那就是翠绿。由于美钻的衬托与错落的排列，整条项链丝毫没有单调的感觉，那绿色完美无瑕，百分百地均匀展现出翡翠的极致品质。

紫翡非常名贵，然而紫色却是一种冷色调，既是高贵的代名词也是妖魅的代名词。很久以来我都不敢碰紫色，我想象如果我穿上紫色系的衣服，一定会变成妖后的。然而有一次我穿了一件 H&M 的紫色窄袖 T 恤衫，却受到一致好评。原来这紫色不是那种紫中泛蓝的颜色，而是一种粉紫，明丽而又柔和，原来紫色也可以这样暖，而只要把紫的色调打暖，那种妖后的感觉就会荡然无存，而代之以清新的柔媚。"国翠"中的紫翡翠，正是这样的紫色。

"灵沁"，玻璃种粉紫色翡翠挂件。这件挂件是大俗与大雅的较量，说它大俗，是它顶部的貔貅灵兽怀抱着一方圆贝，寓意财源滚滚；说它大雅，是它的造型有着汉代出廓玉璧的影子，那只貔貅也有着战汉螭虎的古风。这种粉紫也是对影者的挑战，难点在于曝光。曝光不足会灰暗显不出那种灵动的光泽，曝过了则变成一块白斑，效果会更糟。只能手动曝光一点一点地微调，直到合适为止。

"紫穹"，18K 白金镶玻璃种紫色翡翠吊坠。穹乃穹隆也，此件作品所用的玻璃种紫色翡翠蛋面如此之大实为罕见，令人惊叹。解说词中说它"似苍穹洒下的紫色余晖，凝结成紫色的精华"，这"余晖"二字乃是形容它的关键词，蕴含着一些颓废的意味。

"颓废"翻译自法文，形容由极盛慢慢安静下来的状态。五代就是大唐盛世结束后的落日余晖，五代的追求唯美，实际上是对前朝繁华的追忆，一般都带有眷恋与感伤的情绪。比如李后主的词："雕栏玉砌应犹在，只是朱颜改"，宫殿应该还在吧，所改变的只是自己，从一代君主变成了阶下囚，这种幻灭感就是一种颓废的情绪。周昉的《簪花仕女图》中，盛装的仕女手里拿着一只死去的蝴蝶在发呆，穿红袍的女官沉默地站着，这种沉默都带有一丝颓废的意味。盛唐时轰轰烈烈的红色，到了晚唐被用到很冷的地步，变成了冷艳的红色，所烘托的都是颓废的情绪。还有李商隐诗中的雨，这些都是晚唐到五代的创作状态，写的都是从极盛到极衰的过程。如日中天之后的没落，在眷恋、忧伤、无奈中的再思考，那种"不堪回首"的情绪就可以称为"颓废"，实际上是个美学概念。繁华后的沉淀才能创作出极品，而这件"紫穹"，也可以说是一件极品。在目前物欲横流、沉淀不下来的社会中，这件作品用它的厚实大气、温润明亮带给人一种新的沉淀的心情，"大隐隐于市"，复杂纷纭中自有属于自我的一片天地，那种带着暖意的粉紫色，带给人心极大的安慰。

　　一般来讲，博物馆中的特展都是不应错过的。特展的各个专题不仅从不同的视角诠释着中华丰富而又源远流长的文化，而且将分布于各博物馆中的文物精品集中起来，使我们能在一厅之中徜徉于各个不同历史时期、欣赏到在各博物馆都不经常露面的重量级宝贝，无疑是难得的机会。"国翠"蕴含着现代人对于翡翠文化、翡翠美学的理解，而高科技的加工技术，也把翡翠的造型推向高峰。中华文明源远流长，现代人要做的不仅是保留与继承，还要推陈出新，挖掘内涵的同时蜕变出更美好的作品，这样的文化才有生命力。

1. 冰　天瑾　　　　　　　　2. 紫　紫穹

繁盛多彩的辽燕京佛教文化

在北京城的发展史上，辽代是相当重要的历史时期，辽燕京作为陪都，已经进入古老的蓟城，这个时期是北方一个军事重镇走向全国政治中心的重要过渡时期。北京地处汉族和北方以及东北少数民族交往汇合的地方，是中原文化与北方地方文化交流融合的枢纽。辽于938年得到幽州，直至1123年被金兵攻破止，一直据有其地，历时185年。在如此长的历史时期里，辽代先民在这片土地上留下了丰富的文化遗存，多种文化在幽州的土地上相互推动、相互交融，形成了一种新的都市文化。

辽是起于松漠之间的马背民族，以兵经略方内，艺文之事，多所未备，思想文化，不甚发达，但契丹统治者对于汉族的文化不仅不排斥，而且积极地予以吸收。所以契丹人从官僚体制、礼俗制度、衣冠服饰，一直到文学艺术，汉化程度都非常高。幽州的传统文化礼制在契丹族统治下仍然保持着，同时契丹人的风俗习惯在幽燕地区也影响着汉族人民。辽代统治阶级崇信佛教，发展佛教，是辽朝学唐比宋的重要内容之一，其兴旺程度，超过宋朝。佛教是辽代思想、文化史的重要内容，而辽燕京，不仅是佛教肇兴之地，也是其主要活动中心，北京地区辽代佛教文物遗存甚为丰富，灵塔、碑刻、经幢、遗址，至今历历可见。燕京的佛教活动，不仅使佛教本身达到一个新的高度，也推动了其他文化发展，如建筑、雕刻、绘画、印刷业、文字学、俗文学等。因此，研究辽燕京的佛教，是辽史、北京史、宗教史、文化史研究中的重要课题。

一、辽燕京佛教的发展

燕京佛教始于晋，晋最早的寺院是潭柘寺，所以民间有"先有潭柘寺，后有北京城"的说法。《潭柘寺志》记载，这所寺是晋代华严禅师所建，晋时候称嘉福寺。到南北朝时期，北京地区佛教有了新的发展。海淀区车儿营石造佛像，建于北魏孝文帝太和年间，是北京地区最早的佛教实物存在。北魏还建了大名鼎鼎的光林寺，就是今天的天宁寺。隋唐之际，佛教大兴，僧人静琬至白带山，云居寺刻经自此开创。直至中唐，凿刻不断，历辽金元，相沿千余年，是燕京地区的佛教中心。唐太宗征高丽，为悼念阵亡将士，在幽州城内建悯忠寺（今法源寺），从此，幽州佛教大盛。五代初期，僧居佛寺已为北方之冠。

幽州入辽，升为南京，又称燕京，成为推动整个辽朝文化发展的中心城市，佛教也进一步发展起来。

燕京僧院以律院为多，因为南僧的到来，建立了大觉、招提、竹林、瑞象四禅院。燕京寺院，不论禅院、律院，规模都相当大，悯忠、三学、延寿、竹林等寺皆巨刹。至于宗教活动，更为可观，往往一次饭僧数万。

辽燕京佛教为什么这么发达？大概有三个原因：

1. 受唐末、后周两次灭佛运动的影响

隋、唐两代，是中国封建社会的鼎盛时期，佛教也到了顶峰。寺院经济的大发展，不仅与世俗地主争土地、劳力，而且由于寺院劳力不算丁户，也大大影响朝廷赋税收入，迫使统治者不得不强行抑制。

另一次灭佛运动是在后周。周世宗柴荣是个颇有作为的皇帝，为恢复经济，增加劳力，革除旧弊，再次实行灭佛，佛教遭到又一次沉重打击。但周显德年间，正是辽穆宗应历年间，后周政权与契丹族建立的辽政权共存，这时候的燕京一带已归辽朝统治，因此后周灭佛运动无法波及燕京。相反，后周辖区的佛教徒，在一再发生排佛灭佛的情况下，必然外流到没有进行灭佛的幽州地区。因而燕京地区的佛教得到进一步的发展。如燕京房山刻经事业的发展，北郑村辽塔的修建和十数座寺院的兴盛等。尤其是石经山刻经是仅次于唐代的重要时期，尤其值得注意的是刻经大多由皇室和地方势力捐助镌刻的，这充分说明后周灭佛运动不但没使燕京佛教受到打击，而且客观上给燕京佛教的发展，创造了有利的条件。

2. 大兴佛教是辽朝统治者的需要

辽初，对佛教并不很重视。辽代佛教大盛，大约是在圣宗统和中期以后。此时，圣宗以侵宋为主要国策。燕京是军事前哨，大规模的战争不仅给人民带来沉重的负担，而且造成人民的大量死亡。追求永恒的、精神解脱的佛教，必然被统治者利用。提倡佛教，既是为统治者"祈福"，也可为其战争政策辩护，同时又安抚民心。穷苦的百姓，企图幻想佛教帮助摆脱苦难，寄希望于来世，就成了佛教的虔诚信奉者。辽宋议和之后的百余年出现了相对稳定的社会局面，更便于修庙、做佛事、刻经等佛教活动的开展。

3. 辽代佞佛与社会发展水平低下有关

契丹人的原始宗教是萨满教，它的主要内容是对自然力和自然物的崇拜。契丹人崇拜太阳和月亮，特别是对太阳的信奉，虔诚至极。辽人建筑皆东向，即朝日之俗。但随着契丹社会的发展，这种原始宗教已不能适应社会的需要，而中原的儒学，在社会文化相当低下的契丹社会中又不易广为接受，于是，佛教便成为辽朝统治者一种最好的思想统治工具。佛教显然比原始的萨满教对人更有吸引力。对自然神的信仰，大多是消极防御，用祭祀、祈祷，求天地神灵，不要加害于人；而佛教则可以把人们引入"天堂"，给人带来新的希望，所以很快就被契丹统治者和一般庶民纷纷接受。辽的统治者往往自身就是佛教真诚的信奉者。房山石经的刻凿，在唐代大都是民间聚资，而辽代则几乎全为官方经办。这说明，朝廷对佛教的推崇大大超过唐代。

燕京是辽朝佛教的肇兴之地，当辽朝正式取得燕京之后，便进一步利用燕京在佛教上的优势，推动了整个契丹社会的佛教活动，房山石经的大规模刻造和《契丹藏》的印行，都充分说明了这一点。辽朝后期，政治中心有南移的趋势，燕京地位更显得重要。辽朝统治者是儒、道、佛兼容并包的，但比较起来，对佛教提倡、信奉的程度更深。因为道教没有系统的理论，儒学又过于深奥，比较起来，佛教更适应于契丹社会文化发展状况。

二、辽燕京的佛教寺院和著名的佛教文物

燕京有着为数众多的寺院，其中更不乏名寺，拣几个大的说说。

1. 悯忠寺（今法源寺）

根据《日下旧闻考》记载，悯忠寺始建于唐贞观十九年（645年）。唐太宗东征高丽，为悼念阵亡将士，收骸骨葬于幽州城西，为哀忠墓，又于幽州城内建悯忠寺。寺在唐幽州藩镇故城东南隅，即今西城区法源寺前街处，建筑十分雄伟、壮观，文献载"七楹三级，中置大悲观音像"。据载唐代武宗灭佛时，于会昌五年（845年）下令毁削佛寺，幽燕八州唯有悯忠寺独存。辽世宗天禄四年（950年）寺遭遇火灾；穆宗应历五年（955年），在其故基重建；道宗清宁二年（1056年）毁于地震。今存建筑多为明清重建，但辽代遗存尚历历可见。辽代，悯忠寺不仅是燕京的宗教中心，又是朝廷进行政治活动和接待来往使者的地方。辽圣宗太平二年（1022年），宋真宗逝，辽接到使者告哀，圣宗与群臣举哀，并令于燕京悯忠寺建道场百日。宋人使辽者也有不少关于悯忠寺的记载，也足见该寺在当时的重要地位，至今仍是北京著名的寺院之一。

2. 大昊天寺

昊天寺的故基在西便门大街之西，寺建于辽，当时该地为棠阴坊，在辽末是仅次于悯忠寺的大刹，庙中设置十分豪华，也是朝廷、皇族贵胄们倾力所建的寺庙。据碑文及史料记载，该寺的始建者为妙行大师，这是目前仅见于文献的燕京契丹族僧人，而且是一位来头不小的皇亲贵胄，乃是大丞相楚国王萧孝穆族人，二十四岁时经兴宗御批特许出家，此后久在燕京诸僧院活动。本寺的修建经大长公主布施、懿德皇后助资，"国家两次造寺……同皆大师缘化之厚也"。这座经历波折，在灾荒之年仍不惜耗尽人力物力修建的寺院，塔六檐八角，高二百余尺，乃是"官家办佛"、官佛"缘化之厚"的明证。

3. 天王寺（今天宁寺）

天王寺最早的历史可追溯到北魏孝文帝时期，明宣德年间改名为天宁寺，天宁寺塔是北京城区现存最古老的地上建筑。据著名建筑学家梁思成先生考证，天宁寺塔的建造年代为辽代大康九年（1083 年）。天宁寺塔高 57.8 米，为八角十三层密檐式实心砖塔，整座塔造型俊美挺拔，雄伟壮丽，体现了辽代建筑艺术的高超水平。古老的天宁寺历经沧桑，如今可说是历久弥新，在北京的西厢工程中，天宁寺塔被修葺一新，并被公布为全国重点文物保护单位，成为京城的一道亮丽风景。有趣的是，在北京最初的几座立交桥中，天宁寺桥曾是最难绕的一座，不要说外地司机，就是北京司机也要小心翼翼才不会走错。这当然不是佛祖布下的考验俗人的迷魂阵，而是缺乏明确细致的路标指引，这一现象如今当然已经大有改观了。

4. 阳台山清水院（今大觉寺）

辽之阳台山清水院就是今天的大觉寺，坐落在海淀区北安河西鹫峰之下。寺内现存建筑，皆明、清重建，但大体保持辽代格局。辽人有朝日之俗，故庙门及大殿皆向东。现在后院仍有一辽碑，即沙门志才所撰《阳台山清水院藏经记》，可知该寺创建于辽道宗时期。清水院坐落在西山风景区，辽以后历代多加修缮，金代为燕京八景之一，相沿至今。附近桃花最盛，而大觉寺的玉兰更负盛名，它的花朵不同于我们常见的那种花朵般圆而饱满，而是花瓣长长的个性十足，甚至有点儿诡异，非常与众不同。

5. 慧聚寺（今戒台寺）

慧聚寺即今之戒台寺，坐落于门头沟区马鞍山，始建于唐，辽咸雍年间著名僧人法钧至此建戒坛，该寺遂成为远近闻名的大刹。戒台寺至今仍保留不少辽代文物，除著名的大戒台之外，还有两座非常古典美丽的辽塔，为法钧大师的舍利塔和衣钵塔。戒台寺的古松颇为有名，特别是那株卧龙松，如游龙一般遒劲有力，贴地匍匐而行，至树冠突然昂然向上，真真儿是龙抬头。更令人赏心悦目的是，由于戒台寺的好风水、好环境，那些名木古树特别是白皮松，树干上的鳞片被滋养得白中泛青，像玉一样滋润，是别处的白皮松所不曾见的。我从美国来的堂哥，在经历了大陆那一番喧器的旅游之后，返美前想去个清静的去处，来到戒台寺，顿时神清气爽，心情一下静了下来，在洒满古树阴影的清幽的院落中，背着双手悠闲地漫步，那种舒畅的心情感染了我们每一个人。

此外，像开泰寺（圣寿寺）、弘法寺、奉福寺、三学寺、仰山寺等都是辽代大刹，有的是继承前代的特别是隋唐寺院，有的是辽代始建的。综上可以看出，第一，燕京寺院大部分是朝廷支持，王室和贵胄兴建的。第二，这些寺院不仅是佛教活动场所，同时往往成为王朝进行政治、外交活动的地方和皇帝、后妃的游兴之地，从而可以看到宗教与政治的相互联系。第三，辽代寺院院址、遗物，虽大部分已荡然无存，但从文献记载和金元以后的寺院之相沿发展，说明燕京寺院历史久、规模大的情况，从而反映出辽朝佛教之盛况。

辽金时期，在辽代帝王的扶持和崇奉下，辽代燕京造像表现尤为突出，遗存下来的佛教造像也十分丰富。其中石刻佛像多以浮雕形式出现在佛塔、经幢和舍利石函上。在首博的佛像厅里，有一件石雕舍利函特别有意思，雕有释迦牟尼涅槃像。

这件石函呈长方形，中央的凹槽奉置佛舍利，四侧面分别刻有释迦牟尼涅槃火化时的四幕重要场景：正面为世尊涅槃，释迦佛祖呈吉祥卧安卧于石床之上，双目微阖，表情安详，前胸微袒，有皂带结于胸前，下身衣纹顺势斜垂，自然流畅，这是人在侧卧时衣纹的典型垂坠形态，十分写实。右侧为缠裹世尊，左侧为升棺说法，背面是荼毗舍利。不仅人物众多，而且都表情丰富生动。"世尊涅槃""缠裹世尊"中，佛祖身边弟子，有的双手合十，默默祈祷，有的垂首暗泣，悲伤的表情犹如失去亲人一般；"升棺说法"中佛祖已是一派大慈大悲的安详神态，而他的母亲，在虔诚的倾听中流露出母爱，就像慈母在倾听儿子的述说一样；最可玩味的是"荼毗舍利"，抬棺力士的脚步颇具节奏感，仿佛在踏着点儿行进，而且还在相互呼应，流露出一种掩饰不住的轻松与愉悦，显示出佛教对于生命轮回彻悟的清朗与欢快。辽代造像写实风格浓厚，虽然讲述的是佛教故事，却具有浓厚的人间烟火气，令人感到平实而又亲切。

首博还有一件龙泉务窑三彩菩萨像，就坐在瓷器厅一进门的正位上，也算是压轴的文物了。门头沟龙泉务窑是辽的重要窑址，很大很有名。辽三彩以白、绿、黄褐色为主，白釉特漂亮，泛点儿黄那种，莹润如酥，比定窑白釉的泛黄闪灰更古朴厚重。那些白釉的皮囊壶、鸡冠壶，不带一点儿文人气，就像天苍苍野茫茫，衰草寒杨的那种辽阔与孤寂。那我们还说回这尊三彩菩萨。这尊菩萨结跏趺坐，面相圆润，丰满的下巴充满韵味，秀目微睁，樱唇略启，眉间有毫，头戴花蔓冠，披帛下垂，宝缯飘曳，颈饰璎珞，袒腹，腕上戴镯，腰围一条宽大的帛带，在腰间打结后垂下两缕绦条。下身着大裙，两手均于腕部残断，从造型上推测似为右手持莲，左手结大悲施无畏印。黄、绿、白三彩将菩萨装饰得质朴、端庄、贤淑，神情中还略带几分矜持，难脱宋味宋韵。辽金时期的很多文物，说不清是学宋仿宋，还是就是由宋匠做的。这尊菩萨像 1983 年出土于门头沟区龙泉镇龙泉务村辽瓷窑遗址，它胎质坚硬，洁白细腻，釉色明亮光润，造型与神采可以说是美轮美奂。既为研究辽代陶瓷烧造发展史及三彩烧造发展史提供了珍贵的资料，也是一尊极具观赏性的艺术珍品。

首博还有一件极具唯美情调的佛教用器就是绿釉"杜家"款璎珞纹净水瓶。净水瓶源于佛国印度，瓷质净水瓶流行于唐、宋及辽代，僧侣云游时随身携带用以贮水、净手。这件绿釉净水瓶有着宝石般的色泽，造型秀丽，器身垂满璎珞。第一次见到对璎珞的描述是在《红楼梦》中：宝玉"项上金螭璎珞，又有一根五色丝绦，系着一块美玉"；王熙凤"项上戴着赤金盘螭璎珞圈"，可见璎珞多被用于富贵人家的装饰品。据说佛教的菩萨像，是以释迦牟尼未出家以前的王子形象为基础，所以菩萨像的服饰也多反映了当时印度贵族的生活风尚。璎珞由梵语音译（吉由罗、枳由罗）而来，泛指菩萨、诸天等身上的珠宝装饰。汉魏时期佛教已传入中原，在云冈石窟中就见有清晰的璎珞装饰；到了隋唐，菩萨、诸天的衣饰更见华丽，造像中的璎珞纤巧精致，富于变化；明清时期藏传佛造像中的璎珞就更加复杂美丽了。这件净水瓶的肩部满饰璎珞一直下垂到腹部，恰如菩萨的肩、颈佩戴璎珞一般，长长的管流中部的那一圈装饰，犹如菩萨的花冠，非常拟人。此净水瓶的特别之处在于瓶体刻有"杜家"款，"杜家"是何人家，看上去属于汉姓，它与这件净水瓶是什么关系，这里面又有什么样的故事呢？文物总是爱把自己笼罩在烟云之中，除了考据之外，也总会引起我们的浮想，这也是审美的一种享受吧！

三、"契丹藏"与辽代其他刻经及印刷业的发展

大规模兴建寺院和宣传佛教思想必然会带来佛教文化的发展。燕京有许多学识渊博的高僧，他们不仅从事宗教活动，而且还进行宗教研究。在辽朝政府和贵族地主阶级的支持下，燕京僧人有组织地进行各种经藏的整理、刻印、发行和收藏活动。这个活动的规模很大，时间持续了百余年。它主要在两个地区围绕两项主要活动来进行。

1. 在燕京管辖内的涿州云居寺，把自隋唐以来石经镌刻工作推向一个新的高潮，是石经镌刻的重要时期，这主要是为佛教的未来着想。

2. 在燕京城内，以悯忠寺等几个大的寺院为中心，进行契丹藏和其他佛经的刻板印刷与发行，同时在寺院和民间还广泛进行写经活动，这主要是为推动现实佛教思想的发展。

房山石经保存至今，成为驰名中外的文化宝藏。而契丹藏的刻印也有着十

分深远的影响。所谓大藏经，即汉文佛教经典的总称，全面刻印大藏经是在宋末开宝年间，故称"开宝藏"。而辽朝刻的大藏经仅晚于开宝藏，被称为"契丹藏"。关于契丹藏的刻印许多辽代碑文中早有记载，燕京能刻印这样卷帙浩繁的经书，说明无论从佛经校勘到印刷术，都有十分雄厚的力量。

由应县木塔出土的大藏经中可推知，在圣宗统和二十一年之前，大藏经起码已刻印了一百六十卷。而在兴宗、道宗时期，又可能再版或补刻。这些契丹藏的刻印大都是朝廷专门拨资进行，但也有清水院等处是由私人捐资刻造的。

燕京的刻经组织十分庞大而缜密。从朝廷的刻经行政机构，到每个寺院的具体负责僧职，都非常具体。

首先，在燕京设有印经院，印经院有"判官"管理具体工作。印经院之下是各个寺院。他们负责经文的收集、校勘和具体的刻印工作。在这些寺院中，悯忠寺是第一个最大的活动中心。从应县出土文物来看，燕京许多刻印与悯忠寺有关。悯忠寺不仅有负责诠疏、校勘的僧人，还有自己的雕版刻印机构及人员。仅次于悯忠寺的刻经中心，还有昊天寺、竹林寺、弘法寺、仰山寺、天王寺、开泰寺等进行具体工作，故经文题记中常有"奉宣校勘雕印流通"的字样，或盖有"宣赐燕京"的朱印。围绕各个寺院，又有许多民间刻经组织和刻印经文的手工作坊。在辽代遗存的碑、幢中，屡见"千人邑""邑头邑""塔灯邑"等名目。邑，是一种民间的宗教会社组织。福慧楼在昊天寺外，"福慧邑"是围绕昊天寺的佛教会社。这说明每个大寺院周围都有规模可观的印刷作坊，为寺院进行刻经服务。

从刻工的数量也可窥见燕京印刷业的规模。应县出土的大藏经和其他经文题记中，常有刻工的姓名，这些材料说明燕京雕版工人的队伍是相当可观的，并有赵守俊这样的高手匠人，屡次参加各种经文的刻写。

雕刻印卖的私人作坊始于唐，至宋极盛。辽朝学唐比宋，在这方面同样达到很高的水平。关于燕京的雕刻技术，在辽代遗存的一些碑刻中早有记载。不仅质量一流，而且非常豪华奢侈。

在装订方面，应县出土燕京刻经有三种形式，一是卷轴装，二是蝴蝶装，三是经折装。卷轴装在唐宋之际十分流行，长纸书号，一端有轴，一端作签，滚轴成卷，以丝绦捆系，收藏甚便。燕京的卷轴装无论从轴到纸，乃至签、绦、镖、帙都十分讲究。蝴蝶装，即将书页反折，有字的一面相对折叠，将中缝背口粘连，再以厚纸包裹书面，翻阅时如蝴蝶展翅，故名。经折装又称为"梵夹装"，佛家经典多用此式。燕京刻经中发现的经折装多为卷轴装改制，它说明了从长卷轴到经折装，然后又到册装的演变过程。

辽燕京的印刷业可能正是由大规模刻印经书推动起来的。但当它一旦发展起来之后，当然不可能只限于在佛教文化范围之内，而必然推动其他书刊印行和整个文化事业的发展。当时辽朝急需吸收汉族文化，而宋朝书禁十分之严，书贩子从南方贩书到燕京，往往可以获利十倍。但这仍然满足不了辽朝的文化需要，大批的书籍仍需自己印刷，而燕京书肆的发展大大弥补了这种需要。

四、由佛教还派生出其他的文化

佛教既然是一种社会思潮，就不能不牵涉社会生活的各个方面，从而使许多研究佛学的僧人成为学识渊博的学问家。由于佛教在辽朝上层建筑中占有很重要的位置，一批职业佛学研究者，在对佛教的长期研究中，不得不涉及宇宙、社会、人生和其他部门的社会科学，从而派生出与佛教相关的其他文化成果。这些成果本身，往往超越了佛教的局限性，成为对社会十分有用的知识。燕京的许多文化成果，经常与佛教相联系，如训诂与音韵学、绘画和建筑艺术，由讲经而派生的俗文学等。因此，研究辽代燕京佛教，不可能不涉及这些领域。

1. 音韵与训诂

音韵学是研究汉语语音沿革及发音要素的学问，训诂则是研究汉语词义的。音韵与训诂，从来都是个重要学科。佛教徒在长期从事经学研究中自然要涉及字音字义，用来准确解释佛家经典。早在唐代就有僧人慧琳写成《一切经音义》一百卷。而辽代燕京僧人，则进一步发展了训诂与音韵学。其中，成就最大者是行均的《龙龛手鉴》和希麟的《续一切经音义》。

2. 文学、历史

由佛教直接推动起来的文学活动，首先是由讲经所派生的俗文学。僧人们为宣传佛教思想，并使听众容易接受，往往在讲经时穿插一些故事和唱词，这种俗文学早在敦煌石窟发现的唐代俗讲、变文、俗曲中就可窥见其面貌。但对辽代的俗文学，过去尚未发现，应县木塔发现的一批杂抄中，填补了这项空白。其中有些由讲经附会出来的宗教故事及唱词、诗文，与唐代俗文学有着直接的继承关系。这些杂抄有的是在燕京所写，有的不能断定具体地点，但燕京佛教活动既然那样兴盛，应当不会没有这种俗文学的流传。

3. 绘画、雕刻

佛教也推动了艺术的发展，刻印经书，宣传佛教思想，建造寺庙，塑造佛像，都离不开绘画、雕刻和建筑艺术。辽朝的绘画和雕塑本来就相当发达，但在考古发掘中大量发现绘画实物仍然是在应县木塔之中。辽燕京的石雕艺术也多由佛教派生而来，据记载，燕京天庆寺有玉石观音，座高7尺，观音亭亭玉立，移步欲行，真是巧夺天工，雕刻艺术相当精湛。

通过了解燕京的佛教状况，可以看到辽代文化与唐、五代的继承关系及其与宋朝文化的交流相互影响。辽是一个少数民族所创立的王朝，但决不能简单地把它看作一个边疆王朝和"割据政权"。一定的思想文化思潮，往往是在社会达到一定水平的情况下才形成的。在二百多年的漫长时间里，辽与五代、北宋的对峙，各据半个中国，辽朝文化是整个中华民族文化的组成部分。辽人学唐比宋，从燕京佛教同样看到这种趋势。燕京寺院许多肇兴于隋唐，悯忠寺、天王寺（天宁寺）、归义寺、慧聚寺皆如此。燕京所刻大藏经及其他经文，大都为晋、南北朝及隋唐所译，新译和补著的只是很少部分。燕京刻经的卷首画，更多地体现了唐代风格，人物宽衣广袖，面部形象是宽额广颐。辽代佛教派生的俗文学更直接继承了唐代的内容与手法。在与宋朝的联系上，同样可以看到相互学习与吸收的痕迹。燕京原来多为律院，南僧的到来始建四禅院，这说明，禅宗在辽朝的流传，是宋僧北来的结果。这一切都证明，中华民族是整体，辽朝是这个共同体的组成部分，是暂时建立的不同政权，只能人为地造成临时的隔阂，并不能切断各族人民在思想、文化、经济等各方面的内在联系。

对辽燕京的佛教研究，使我们更清楚地看到宗教与政治的相互关系。宗教讲的是"天上"的问题，而实际上，总是人间社会生活和现实问题的曲折反映，辽代的宗教同样如此。由于军事、政治和统治人民的需要，燕京佛教一时大兴。从各大寺院兴建过程中所耗费的人力物力，亦可窥见寺院地主的巨大经济实力。所以说宗教上层人物与统治阶级的利益总是一致的。

宗教曾被认为是麻痹人民的鸦片，但宗教文化具有重要的历史意义，因此就不能用"鸦片"来否定宗教文化的历史作用。辽代的燕京，由于佛教的发展推动了印刷、文字、绘画、雕塑、建筑等各种文化事业；辽代的燕京，又是北京历史的重要转折点，燕京文化显然不可能一下子从各方面都超过或赶上中原城市的文化，但在某些方面已经显示出政治文化中心向北转移的趋势。燕京佛教文化的兴旺和发展，正是说明这个问题的例证。因此，对辽燕京佛教文化的探讨，就不仅仅是一个宗教问题，而应从政治、历史、文化多个角度来认识与发掘。

绚烂多彩的大辽金银器

作为讲都城文化讲得最好的博物馆，首博曾有一个热展"大辽五京"，以城市作为切入点来讲五京在大辽历史中的作用，其中有一块儿特别炫的内容就是大辽金银器。大辽可不是个简简单单的马背民族，它与五代共始，与宋代同终。在自身的政治文化发展上，不仅受中原传统文化的影响，还融入了很多西亚和其他民族的风格，加上自己的审美和丰富的草原性格，形成了极具特色，绚烂多彩的金银器风格，是中国古代金银器艺术的重要组成部分。站在它们面前，会令人流连忘返，久久不忍离去。

这些金银器大多出土于辽代的大型贵族墓和塔基。早期金银器以耶律羽之墓、吐尔基山辽墓、宝山辽墓为代表。那一片地域是辽上京和中京所在地，中京是辽最重要的陪都，辽帝经常在此接见宋代使臣，其地位与中原类似。中期的金银器出现了井喷式的繁荣，体现出契丹政治经济实力的强大，有了充分的文化自信，因而就形成了自己的风格。晚期却如跳崖式的衰落，器形粗重，纹饰粗糙，反映出当时国力衰败，文化自信也随之下降。"大辽五京"中的金银器都是早、中期的，超多的一级文物，超级精美。

粲美金银器以耶律羽之墓的文物开始。耶律羽之是契丹贵族，与耶律阿保机是堂兄弟，他们的父亲是亲兄弟。耶律羽之是辽太祖的重要幕僚，地位非常显赫。他的墓建造得极尽奢华，犹如地下宫殿，是国家级的文保单位，出土了很多精美的文物。

跟他一起随葬的有一个金花银龙纹"万岁台"砚盒，这个砚盒非常精美，内套一层素银片，盒底有 13 个花式底足，砚盒采用了鎏金錾花工艺，非常富丽。砚盒盖上是一条穿梭在莲花之间的腾龙，一朵莲花的花蕊上刻着"万岁台"三字，真是非常妖娆，这种龙穿花的纹饰在元代的玉器上也很流行。汉文化的龙是穿云破雾的，在云层间游弋；少数民族的审美充满着生命力，大草原被幻化成了花丛，龙在花间穿行，真是又有气势又古雅。盒内装簸箕砚，这种砚型是宋代的典型器物。辽砚也是名砚，以龙雕腾起而闻名天下。

"金花银"是辽金银器的审美特点，先用模冲做出纹饰，再在錾刻的纹饰上鎏金，形成银地金花的形式，非常漂亮。唐时就有这种金花银，那也是个产生"混血儿"、国门国风都很开放的朝代，在辽器中时时见到唐、五代的影子自然理所应当。

展中那些金花银工艺的奁盒，有着明显的唐、五代的风格。这些器物都说明契丹不是一个简单的马背民族，都在满足着定居农耕文明的生活诉求，都是定居生活的用品。大辽五京所展示的那些瓦当和琉璃构件，磁窑和冶铁遗址都显示出他们不仅定居在木结构的居所中，而且还有非常繁复的装饰，掌握着最具文明特色的工艺手段。所有这一切都显示出五京是非常成熟的城市，城市的成熟代表了文明的发达，大辽疆域辽阔，臣属国很多，很多器物都是进贡和劫掠来的。它还有着完善的政治制度与政治抱负和理想，以致西方人以前只知有辽不知有宋，而辽代的贵族生活非常奢华，其奢侈程度一点不在中原以下，甚至还青出于蓝而胜于蓝，大辽金器就是明证。

大辽金器中有一种鎏金錾花錾耳银杯，錾耳就是在杯子的口沿上有一个錾状的把手，用手捏着更容易往嘴里倒，可以豪饮，而耳杯适合啜饮。錾耳杯是一种七棱形的茶杯，造型有突厥风格，也受到了西亚粟特族的影响。粟特人特别会做生意，垄断着丝绸之路上的贸易路线，也把西亚文明带到了中国。錾耳杯是辽金时期特别喜欢的器形，上面那些精美的连珠纹是焊接上去的，做法与唐代不同，应为契丹人的创新与发展。一件小小的银杯，融汇着多种文化和工艺，錾耳下面有一道圆环，它的封口与不封口，都代表着不同的文化风格；而那七条连珠纹，随着杯身微微往里收，形成了一道若隐若现的曲线；造型是西亚风，开光内却有儒家故事，内容真是非常丰富。

摩羯是印度神话中龙首鱼身的神兽，四世纪随佛经传入。它是唐代金银器上常见的饰物，神话与佛教的内容使契丹人对它表现出浓厚的兴趣，从早期一直沿用到中期。不仅用作纹饰，还喜欢把它用作器物造型，比如摩羯形耳坠、盒、壶等。摩羯无论是在金庸小说里还是在美国大片里，都是凶猛力量型的，契丹人却有自己的想象，在摩羯壶上会出现梳着汉族鬟鬓的小姑娘的头像，美女与野兽的组合，软化了摩羯的力量。草原文化对汉文化的趋同，造就了契丹绝美的器物。

契丹是马背民族，对马匹呵护有加，用各种贵金属和玉石来装饰自己的马匹，使得契丹马鞍具有"天下第一鞍"的美誉。从马鞍上垂下来的一条条带子就是蹀躞带。"蹀躞"一词本意为小步快走，因为戴着这些带子无法迈开大步，所以称"蹀躞"。蹀躞带是指在带饰上可系配实用的小工具，体现了北方游牧民族马上生活的特点。

马鞍上的这些蹀躞带可不仅是实用的，华丽才是它的关键词。银鞓上镶着密集的小瑞兽，都是用和田玉琢制而成，套在马脖子上的马络头也是玉色莹润，奢侈到了极点。

蹀躞带除了装饰马鞍，更多则用作腰带。腰带是古代官服制度中重要的组成部分，具有严格的等级观念。銙是腰带上的镶嵌之物，又称为带板，鞓就是承托銙的腰带。不同的銙数和纹饰标志着佩戴者不同的身份地位。陈国公主驸马墓出土的蹀躞带，其中一条是金銙银鞓带，上面可没有实用的小工具，挂着金带板，还有一个錾花的银囊。陈国公主驸马合葬墓规制极高，是仅次于皇陵的规制，但就其考古学术价值来说，是可与皇陵相提并论的。出土的珍贵文物对于重新评价我国北方少数民族在缔造中华民族文化的历史贡献，深入研究辽代历史都提供了宝贵的实物资料。

特别引人注目的是蹀躞带上的带扣，和现在的皮带扣一模一样，皮带穿进去用粗针状的扣鼻儿往眼儿里一插就固定住了，是一种实用的形制。首博曾经展出过一条隋炀帝的玉带，也是一条蹀躞带，上面的带扣就是这种皮带扣，1000多年前就已经有这种皮带扣了。传统的玉带扣、带钩是独立的腰带饰物，等级明显，只是在游牧民族的蹀躞带上才见到过这种实用的针鼻儿形带扣。但是从辽墓中出土的腰带有无蹀躞都有这种带扣，里面蕴含的历史信息真是非常有趣。这些精美的腰带再次告诉我们南北面官在服饰上的区别和文化上的融合。

除了蹀躞带，骑手还有一件用来护腰的护具叫作"捍背"，保护在马上颠来荡去的腰。"捍背"是个很强势的名字，但它却是鎏金的，还带有精美的纹饰。一个护腰做得如此华丽也太牛了吧！真是奢侈的大辽。

金冠是辽代贵族妇女的帽子，融合进民族特点的就是高翅冠。陈国公主墓的那顶最漂亮。

小喇嘛沟辽墓出土了一件银鎏金冠，由莲花瓣组成，金片非常薄，上面的镂空孔形成了鱼鳞式的效果，别出心裁，也很难做，仔细看像一个扇面，非常精致。正面和侧面还装饰着金步摇，步摇，就是一步一摇，摇曳生姿，轻盈的步履和飘摆的裙裾相映成趣，脚下水上漂，头上金步摇，真是很华贵。

这个步摇与魏唐时期的可不同，那会儿的步摇用的是金丝，用它的细、软来摇，这件金冠可是用金弹簧来摇的，增加了颤的效果，契丹女人的审美好独特。冠顶上还有一只金凤，站在莲花之中，展开着翅膀，长尾上翘，头上还戴一个灵芝冠，不仅富丽，还非常祥瑞。

在"大辽五京"中，大约展示了有五件璎珞，同类文物展出了这么多件，还是有点少见的。璎珞最初流行于印度的贵族社会，后成为佛、菩萨的饰物。这些璎珞真是太漂亮了，用玛瑙、水晶串成，还有一个金鸡心坠、一个金 T 形坠，造型简洁，比菩萨脖子、肩上的那些滴里嘟噜更艺术。这种璎珞的形制用一个关键词来表述就是"不对称"，那个鸡心坠和 T 形坠到底是什么意思，不好去附会，但是这两种造型在汉代可是很流行的。鸡心坠是汉代玉佩的造型，后成为仿古玉佩造型的典范；而那个 T 形坠，类似于汉代的司南那一类东西，是辟邪用的，造型非常凝练古朴，意味深长。我一直想找一个司南挂在脖子上，百寻不得，见到辽的璎珞喜爱而不得，于是把它设置成了手机壁纸。

辽代统治阶级崇信佛教，发展佛教，是辽朝学唐比宋的重要内容之一，其兴旺程度，超过宋朝。佛教的兴盛，不仅使佛教本身达到一个新的高度，也推动了其他文化的发展。这些带有宗教意味的器物中，不仅有佛教的内容，也有萨满教即"巫"的内容。神与巫的主题是我最感兴趣的一个题目，它牵涉到"我是从哪儿来的"这样一个终极问题。

铜镜在契丹人生活中不仅是生活用具，还是一种护身符，铜镜在辽墓中有不同位置的安放，契丹萨满在做法事时身上挂有多面铜镜，借"光"来保护灵魂不被妖邪所侵。有一面"李家供奉"款的铜镜出自吐尔基山辽墓，可以看出铜镜的纹饰充满着汉文化的审美取向，铜镜巫文化的含义和汉文化的审美就是不同文化的趋同与结合，展现了契丹文化的开放与包容。它可是内蒙古博物院的重器，在展厅里有自己非常尊贵的位置。

展览中有一件金面具，依照死者面容捶揲而成的，佩戴者是一位女性。用面具来覆面的葬俗分布面很广泛，考古发现的各类契丹面具已有上百件，内蒙古地区出土最多。面具不仅仅是贵族墓有出土，萨满墓中也有面具出土，有专家认为，面具被萨满看作沟通人、神两个世界之间的渡船，它所装载的不是别的东西，正是人的灵魂。从事萨满的人员最初都是女性，后来随着男性地位的提高，社会上有了男性萨满，但女性萨满的数量仍然居于首位。有趣的是，契丹人墓葬中佩戴面具的死者往往都是女性，这件面具的主人也是女性，这一点与萨满教信仰正好吻合。首博也有一件契丹银面具，从耳朵上的孔可判断她也是一位女性，但造型具有佛家特点，与其他北方地区的面具风格不同。这件面具发现于北京，具有佛家特点，应该是契丹萨满受佛教影响之后的结果。这一观点早在 20 世纪 90 年代就已发表在学术论文上了，具有一定的参考价值。

金饰早在商代就已经出现了，北京平谷刘家河出土的金臂钏、金笄和金耳环，引起考古学家极大的兴趣，特别是那对金耳环是喇叭形的三维造型，技艺精湛得令人赞叹。战国时的金饰具有更加蓬勃的精神内涵，一股不受约束的冲劲儿。唐代是金银器的巅峰时代，为后世留下了深刻影响，五代将百炼金化为绕指柔，形成了落日余晖中的独特审美。这些都被大辽很好地继承下来，特别是还有丝绸之路带来的文化影响。这些文化的相互交融与相互影响甚至是相互冲击，体现在文物中是若隐若现的，似曾相识的。有位老师说过一句话："……可以找到文化影响的影子"，这个"影子"就是理解文化融合的关键词。文化融在一起，就像水乳交融一样不见了自己的踪影，而形成一个新的个体，但是影子却时时存在，提醒着我们过去的事情。每一件文物的背后，都有着辽阔的时代背景，都有着自己曲折委婉的故事。泡博物馆，赏文物，读懂它，滋养自己，享受美，这些都是生活中的美好内容。

1. 鎏金錾花鋬耳银杯   2. 璎珞

3. 陈国公主墓玉带

辽代银面具告诉我们些什么?

大辽是个有趣味的朝代,有很多可说的话题。这篇我们专门来说说契丹的银面具。

首都博物馆藏有一件辽代的鎏金银面具,是用银片捶鏨而成,面部轮廓清晰,头发后梳,眉骨突出,双目闭合,嘴唇紧闭,耳下及鬓两侧有孔,可系结。据记载,契丹贵族有"用金银做面具,铜丝络其手足"的葬俗。银面具仅仅是一件葬俗用品吗?面具那安详的、却谜一般的神态,到底想告诉我们些什么?围绕着它,文物工作者始终在思考着下面几个问题:

1. 面具的功用是什么?

2. 人死之后用面具,是契丹的葬俗吗?

3. 首博的银面具造型具有佛家特点,而其他出土于北方的面具则不具此特点。

我们来说第一个问题,面具的功用是什么?

辽墓中死者佩戴面具屡有发现,而且都保存完整,关于辽代面具的文化功能,学术界存在很大分歧。较为普遍地认为这是契丹贵族的一种特殊葬俗,是人们为保持尸体而采取的手段。这种解释在很大程度上只是一种推测,尚无足够的证据,而且也无法解释许多契丹贵族墓中并无面具的事实。有专家认为,既然面具发现于墓葬中,就应该从契丹人的灵魂观念及其宗教信仰中去寻找答案。契丹是我国北方古老的民族之一,原居于今辽宁西北部西辽河上游西拉木伦河流域一带,长期过着以畜牧、狩猎为主的游牧生活。契丹人信仰萨满教,尽管后来入侵中原后受佛教影响极大,但在民间萨满教却仍然占据主要地位。

萨满教是我国北方阿尔泰语系一些民族普遍信仰的一种宗教形式,是萌发于史前时代的一种原始宗教。萨满教信仰多神,认为世界由两个部分组成,一是活人生存的地方,二是死者灵魂所居之地,即黑山,人死后送往黑山,人们也因此最惧黑山,《辽史·礼志》中记载:"俗其严畏,非祭不敢上山。"意思是说要经过宗教祭祀仪式之后才敢上山,而它被记载在《辽史·礼志》中,说明它已经成为一种礼仪制度。后来，在佛教和道教的影响下，萨满教才出现了所谓的三界之说，即"萨满教又立三界：上界曰巴尔兰由尔查，即天堂也；中界曰额尔土伊都，即地面也；下界曰叶尔羌珠几牙几，即地狱也。上界为诸神所居，下界为恶魔所居，中界常为净地，今则人类繁殖于此。"

既然世界是由神界、人界和灵界所构成，那么沟通三界之间的联系，了解神祇和鬼灵的意志也就成为尘世中人最为关心的事情。沟通需要媒介，萨满就是人与鬼神之间沟通的媒介和桥梁，他既是人，同时又是通神时的鬼神代表，在社会生活中占有重要地位，有极高的社会威望。所谓"萨满"，是通古斯语"激动者""癫狂者"的意思，得名于其通神时的身体状态，史料记载，萨满通神时穿着黑布裙子，闭着眼睛，随着节奏起舞，最癫狂时能舞马于室，飞镜驱祟，就是萨满跳神时的癫狂状态。

萨满主要从事占卜、祭祀、治病、祛邪、神判、送葬等巫术仪式。仪式以请神附体为目的，请神时必须穿戴萨满特有的衣服、帽子，手持皮鼓，最重要的是必须佩戴面具。如鄂伦春萨满曾以桦树皮为面具，内蒙古鄂温克萨满现在还戴铜面具以请神。南方巫教也有类似习惯，如四川凉山西番人巫师请神时必须佩戴皮制面具，面具上还绘有彩图，纳西族巫师跳神时也有佩戴面具的历史，云南一些民族的巫师则习惯戴木制面具请神。

萨满跳神时为什么要佩戴面具呢？一则民谚给我们透露了一丝信息："戴上面具为神，摘下面具为人。"原来，包括面具在内的一系列服饰和法器是萨满的世代传袭之物，这些法衣和法具是萨满法力和巫力的象征，没有它们，萨满也就无法进入癫狂的状态，进而也无法获得神祇或鬼灵的意志，因此法衣和法具是萨满的必备、必用之物。戴上面具即成为"半神"，能够向神灵传达人的意愿并了解神灵的旨意；摘下面具即成为尘世之人，能像普通人那样过人间的生活。这正如后代戏曲中的道具，执鞭为乘马，弃鞭为下马一样。面具是由人到半神，又由半神到人的转化媒介。

据人类学家的研究：原始巫师广泛使用的面具绝不是一种娱乐性的人工制品，在原始人的眼里，这并不是一种化妆术，而是一种把人的灵魂输送到另一个世界中去的运载工具，它本身就是一种神物。例如新几内亚的拜宁人就把祭祀仪式中使用过的面具当作圣物来供奉，面具被他们看作沟通人、神两个世界之间的渡船，它所装载的不是别的东西，而是人的灵魂。

那么，契丹墓葬中出土的银面具是否就是萨满的面具呢？研究表明事实正是如此。

第一，民族学资料证明面具为萨满的必备之物。前面已经提到，无论鄂伦春族、鄂温克族，还是南方少数民族，其萨满、巫师都必须佩戴面具，近代西南地区的傩面具其实也是巫觋的法具。契丹人信奉萨满教，其萨满生前戴面具做法，死后也一定要佩戴面具，因为在萨满教看来，生命的终结仅仅意味着原有生命的正常抛弃，另一方面却是新生命的诞生，而且这新生命与人间原有生命并无二致，人死就是一种再生。因此所谓"死"，只不过是灵魂的另外一种存在方式，是另外一种"生"。正如黑格尔在他的《历史哲学》中指出的："死亡固系生命之结局，生命亦即死亡之结果"，从哲学的高度将生命与死亡联系在一起。这种生死观把死亡构想成一种纯粹精神性的、神圣的存在方式，进而避免了已渗透死亡秘密的现代人对死亡的恐惧，也避免了因发现死之平庸而对生之荒谬的觉醒。基于此，在萨满教看来，冥界与人间一样也有太阳、月亮和星星，有河水在奔腾，有树木在生长，树林中也有各种飞禽走兽，人死后进入阴间依然从事他在人间所从事的职业。因此在北方许多民族中，萨满死时用神衣神裙，陪葬各种萨满用的法器，包括面具，免得他在另一个世界无法承担他的责任与义务。如此说来，出土契丹面具的主人生前必然是萨满无疑。

研究表明，从事萨满的人员最初都是女性，后来随着男性地位的提高，社会上有了男性萨满，但女性萨满的数量仍然居于首位。有趣的是，契丹人墓葬中佩戴面具的死者往往都是女性，这一点与萨满教信仰正好吻合。

第二，如同世界各原始民族中的巫师一样，萨满数量并不多。一般来说，远古时期一个民族只能有一个萨满，后来随着民族的解体，家庭的出现，也出现了家庭萨满，但相对于人口总数量来说，萨满人数仍然是历历可数。这一点与考古学的发现恰好相互印证。资料表明，契丹墓葬中面具出土并不是普遍现象，由此我们可以推翻所谓"葬俗"的结论，因为如果是葬俗性质，人死蒙以面具就应该具有普遍性；但许多贵族墓中亦无面具出土，这一点对所谓"贵族葬俗"的观点提出了不容回避的挑战。

第三，首都博物馆馆藏契丹银面具应该是契丹萨满的遗物，保存完整，长31厘米，脸部轮廓极为清楚，圆润的额头，修长的脖子，慈眉善目，完全是一副慈善的佛家形象，与我国蒙古以及东北发现的辽代面具都有所不同。这点逛过东北的博物馆的人就会看到明显的区别。这些区别，从现藏辽宁省博物馆、内蒙古敖汉旗博物馆以及陈国公主墓出土的面具都可清晰看出。首博面具造型的佛家特点，应该是契丹萨满受佛教影响之后的结果，这一点可以证明该面具发现于北京，而其他不具佛家特点的面具多出土于北方地区。

美丽的契丹银面具，永恒的神与巫的内涵，始终是令我迷恋的主题。

1. 辽 鎏金银面具 首都博物馆   2. 辽 契丹面具 辽宁省博物馆-1

凝聚时代情趣的北京地区辽墓壁画

契丹是我国北方的古老民族，原是鲜卑族的一支，在辽西地区过着游牧生活，唐贞观年间（627—649 年）归附唐朝，唐设松漠都护府，由契丹部族首领任都督。唐末藩镇割据，契丹部族首领耶律阿保机与割据军阀朱全忠等相勾结，借机扩充势力。907 年，在朱全忠建立后梁取代唐朝的同时，耶律阿保机即位为契丹可汗，九年后即 916 年，耶律阿保机又废止了由契丹八个部落推举可汗的制度正式称帝，建立契丹国，建元神册，947 年建国号为大辽。辽太祖、太宗时期，辽国以强大的军事实力不断向外侵略和扩张，早在神册二年（917 年），耶律阿保机亲率军队围攻幽州长达半年之久。此后，又于神册六年（921 年）、天赞二年（923 年）、天赞三年（924 年）三次进攻幽州，但在汉军的顽强抵御下均被迫退军。耶律阿保机死后，继承王位的次子耶律德光利用一切机会交结、招纳对中原王朝怀有异心的军阀，试图侵蚀后唐北部疆界。天显十一年（936年），后唐河东节度使石敬瑭因害怕削藩，起兵反唐，并派使臣到契丹求援，表示如契丹帮助灭唐，愿向契丹称儿称臣，并割让幽云十六州。耶律德光大喜，亲率大军南下，当年九月将后唐军队主力包围于太原西南晋安寨，三个月后，唐军副帅杨光远率五万将士投降。石敬瑭于闰十一月进入洛阳，后唐末帝自焚身亡。此前一个月，石敬瑭在太原称帝，被契丹册立为大晋皇帝，成为后晋高祖。契丹如愿以偿地得到了幽、蓟、瀛、莫、涿、檀、顺、新、妫、儒、武、云、应、寰、朔、蔚十六州的大片疆土。

辽于 938 年得到幽州，直至 1123 年被金兵攻破为止，一直据有其地，历时185 年。在如此长的历史时期里，辽代先民在这片土地上留下了丰富的文化遗存，多种文化在幽州的土地上相互推动、相互交融，形成了一种新的都市文化。

北京地区已经发掘并公开发表的辽代墓葬已达几十座，主要是单室砖墓，多室墓和土坑墓少见。目前北京所发现的辽墓中有近一半的墓在墓内装饰了壁画或砖雕、影作仿木家具等建筑结构，有些墓甚至两者兼具，为我们研究当时的文化世界提供了宝贵的资料。墓中砖砌出的长柄灯、桌子、椅子使我们直观地看到了辽代人的家具样式和家居陈设状况；仿木构的门楼、假门、直棂窗、斗拱对我们研究辽代的房屋建筑大有裨益；壁画中的宴饮娱乐场面又使我们对辽代北京人的日常生活有初步的了解。

北京地区的辽墓，名头最响的当数韩佚墓。韩佚是辽代统治阶级的汉族官吏，先祖韩延徽为辽代重臣，辽史有传。含着金汤勺出生的韩佚，少年得志，凭依祖荫，官运亨通，累迁其职。根据墓志，韩佚逝于辽统和十三年（995年），享年五十九岁。他的墓位于八宝山公墓东南隅，为一座砖室墓，墓内绘满精美的壁画。墓室穹隆顶正中绘莲花，四周用八条红色弧形宽垂带将穹隆顶分成八格，每格内绘白色飞鹤一只，流云飘逸其中。穹顶下部四周绘有拱手端立的头顶生肖的人物像。高大华丽的仿木结构建筑的门楼，彩绘的帷幔下绘有三扇花鸟屏风，在红色边框中绘有盛开的山茶花，两只山雀飞翔追逐。韩佚墓中的壁画人物非常生动，其中的一名侍女高髻广袖，从围屏后翘首张望；还有一名衣巾侍女，高髻，身微侧，裸露出的右臂正转腕向后拢发，左手还拿着一个红花包袱；还有一侍女直立手捧托盘，虽然面目已剥落，但那一股生动的生活气息仍具有很强的感染力。身着汉服的奴婢和侍从，室内陈设的高腿桌、灯檠和衣箱、衣架等，仍保留着中原传统的汉族生活习惯。

辽墓壁画中的人物都画得活灵活现、栩栩如生。降辽高官北平王赵德钧墓的九座墓室均施彩绘，墙壁上镶有壁画，完整保留下来的只有三幅，一幅为墓室主人生前享乐图，另外两幅画的是女仆。一女仆体态丰盈，梳高发髻，衣袖高高卷起，裸露着两只玉臂正在揉面。那面团的柔韧与女仆丰满圆润的臂膀相得益彰，我们仿佛能感觉到她的身体正随着面团的揉动而轻轻起伏着，姿态真是被画活了。另一女仆也梳着高发髻，一张唐代女性的大胖脸，长衫掩映着里面的肚兜，手中的圆盘上放有面食，正做行走状。壁画中女仆的发髻样式、服饰特征皆为唐风，而赵德钧也正是生活于五代与辽并存的时代，壁画中的浓厚唐风也就可以理解了。

北京门头沟区的斋堂镇，现在已是京郊的一处著名风景与民俗的胜地。1979年在斋堂发现了一座辽墓，壁画是这次发掘的重要收获。壁画分布于墓室四壁和顶部，颜色富丽，刻画精细，装饰华美，充分反映了辽代民间画师的创作才能和绘画技巧。虽距今800多年，色彩仍然很鲜艳。壁画中有侍女人物和故事画。彩绘侍女面带微笑，双手藏于袖中托着托盘，盘中摆放石榴、仙桃、西瓜。她梳发高髻，戴云凤冠，饰有耳环，项上戴金璎珞圈，身穿绿色宽袖袄，内衬粉色长袖衣，白色帔巾飘垂身前，下曳红色长裙，裙带垂坠，通身装束富丽高雅。

值得一提的是，斋堂壁画中还有四幅山水画，描绘了云雾缭绕的高山峻岭，层峦叠嶂中的古寺，还有平远的远山，林木笼罩山阴处的村舍，以及在山前近岸水中荡漾着的小舟。山水画除用墨外，还兼施青绿重彩，具有雄浑的气势，流露着唐、五代的艺术风格，也与金元绘画颇有相同之处，显示出辽金时期北方山水画的风格发展渊源。斋堂辽壁画是北京地区发现的重要墓葬之一，辽代绘画见于《辽史》和其他文献记载很少，墓内保存的彩画和山水画比较罕见，为研究北方辽代绘画提供了重要的资料。

首博还有一幅辽庆陵壁画《四季山水——春之图》，描绘的是契丹人四时捺钵（辽皇帝四时外出渔猎，设立的行帐称为捺钵）的春之即景。辽人尚白，洁白的天鹅在水中游曳，还相互呼唤着，周围是生机勃勃的春景。从摄影角度来说，这幅画是那种满画幅式的构图，用长焦镜头高机位俯拍，画面紧凑，充满着典雅的画意，描绘的场景非常唯美。

在中国美术史中，壁画占有重要的位置，其历史价值与艺术价值都不容忽视。墓中的壁画多反映墓主人生前的事迹，记录了各种各样的生活场景。生动写实的辽墓壁画，从各个侧面反映了辽代的经济、文化、宗教和民族大融合，对研究当时的历史、文化、天文、民俗、服饰等有着重大意义。

北京地区的辽墓为我们提供了很多的历史与文化信息。这些辽墓壁画中的侍女和故事人物几乎皆为汉人，都着汉装，这是因为辽代统治者采用"以国制治契丹，以汉制待汉人"的统治制度。由于辽与宋的特殊关系，北京辽墓中有的砖雕及结构具有宋代大木结构的风格，比如西翠路的辽墓就最为典型。该墓中雕砖桌、椅的做法，和其他各地发掘的宋墓相似，是宋墓陈设中的特色。更为突出的是壁画，此墓中的壁画完全是花鸟写生，可将其作为研究辽宋时期绘画的参考。而北京昌平陈庄辽墓出土的器物虽多为汉式的日常用具，同时也出土了一对男女灰陶契丹俑，发式与衣着都是契丹本民族的。这些信息都告诉我们辽代时北京地区汉族、契丹族人民的共处与交流。各民族文化的相互交流与推动，正是北京历史文化脉络中最突出的特色，同时也形成了异彩纷呈的都城文化。北京就是在这种矛盾与冲突中逐渐由北方重镇上升为政治中心的。

崇尚天鹅的民族，首屈一指的中都

在北京的城建历史中，有两个重要的时间点，一个是北京的建城时间，也就是召公受封燕地，距今已有 3000 多年的历史；另一个是北京的建都时间，也就是金中都的建都时间，距今也有快 900 年的历史了。

2013 年是北京建都 860 周年，首都博物馆举办了《白山黑水海东青——金中都建都 860 周年特展》，这个展览向我们展示了一条极为重要的历史脉络，即通古斯族系的兴起。通古斯族系是从肃慎到满洲相沿发展的民族系统，在我国东北史中占有重要的位置，弄清楚它的发展脉络，我们就会明白为什么东北的少数民族能从白山黑水间，由游牧民族走向农耕文明进而建立了都城北京，就能回答清朝为何能成功地实现汉及多民族国家的大一统等重大历史问题。早在 1934 年的抗战时期，老一辈历史学家金毓黻先生就已厘清了通古斯族系发展的三个阶段，指出肃慎——"满族一系，启于渤海，盛于完颜女真，极于满清"。在新老历史学家的共同努力下，逐渐克服了以皇权为中心理论的影响，促成了通古斯族系研究的蓬勃发展，并总结出通古斯族系兴起过程中"递进重构"的特色，最终以展览的形式与大家见面，用文物讲述这段历史，给我们提供了一个非常难得也非常珍贵的机会。

金朝是通古斯族系发展过程中所完成的第二次分化，不仅占有重要的历史地位，而且形成极为繁盛与丰富多彩的文化，引人入胜而又扣人心弦。

唐朝灭亡后，契丹人不断发展壮大并建立辽王朝。通古斯族系中由粟末靺鞨所建的渤海国在公元 926 年被辽灭后，其移民一分为三，绝大部分迁往辽东地区，称为"熟女真"，一部分逃亡朝鲜半岛，还有一部分留居故地被称为"生女真"。生女真中有一支完颜部，他们是黑水靺鞨的直系后裔。正是这支完颜部在公元 12 世纪初统一了女真各部，于 1115 年建立了金朝。那么，金朝的名字是怎么来的呢？

大约在 10 世纪末的时候，完颜部的一支在酋长绥可的率领下，迁徙到了"按出虎水"居住，也就是今天的阿什河，从此完颜部开始了定居生活，这大大促进了部落政治经济的发展。在女真语里，"按出虎"的意思是"金"，"按出虎水"也就是"金源"了。因此，"金源"最开始是指地名，后来，"金源"一词被引申为女真族兴起的地方，也是女真民族精神的源泉。国号"金"就是这么来的。

以完颜阿骨打为首的大金奴隶制政权，最终打败了辽和北宋，统一了中国北方的半壁江山。这是通古斯族系首次入主中原，由白山黑水中转战而来的东北少数民族，不仅在中原站住了脚，而且还建立了辉煌的金中都，北京由此成为一代帝王的都城。

1151年，海陵王完颜亮下诏从上京迁都燕京，也就是今天的北京。他在北京花费三年的时间建成了一座新都城——金中都，北京自此成为一代帝王的都城，我们所说的北京建都历史，就是从海陵王1153年迁都开始计算的。此时的北京已从军事要塞上升为北方地区的政治中心，为元、明、清各朝的帝都奠定了基础。

金中都完全按照宋代的都城汴梁，也就是现在河南的开封来修建，封闭的坊制和开放式长巷共存，是金中都的设计特点，金代都城中的大安殿在修建西二环时被发现。辉煌的金中都在蒙古大军的铁蹄下被烧成了一片废墟，其遗址就在现在的菜市口、莲花池一带。

展览中有一个金中都的沙盘模型，在金代南城墙下有一个水门，就是莲花河流出的地方。老一辈历史地理学家侯仁之先生指出，莲花池这个地方与北京城有着"血肉相连"的关系，一个城市的成长，离不开水源的涵养。《周礼·考工记》中有着儒家对于城市建设的理想，这就是"前朝后市，左祖右社"，然而《周礼》并没有涉及城市的河湖水系问题，也就是说《周礼》中的城建是一个基于礼制的纯理想化的方案。金中都的建设，开始着手解决都城的水系问题，而从莲花池到后门桥，演绎了一座都城水系的兴建过程，从金中都的莲花池水系到元大都的高粱河水系，有了漕运系统的支撑与京城水系的涵养，北京从此站住了脚，成为历代帝王的都城。

金中都城垣遗址中的水关遗址，完全按照宋代的营造法式所建，水关遗址的发掘与复原，使我们仿佛又看到了丰沛的河水从金城南门下汩汩流出，养育着这座城市。无论是莲花池还是后门桥，都是北京城"生命的印记"。

中都作为女真族创建的封建王朝的首都虽然只存在了短短60余年，却是当时北半部中国的文化重心，在保存和延续汉文化传统上起了重要作用。而生活在中都的女真人也被先进的汉文化所吸引，自觉或不自觉地加以汲取，这种东北少数民族文化与汉文化的相互交流与融合，赋予中都独具魅力的特色。金中都聚集着大批文人学士，中都时期几位皇帝文化素养也颇高，其中金章宗以"文采风流"自居，也确实以诗文著称一时，好似金版的乾隆。他继承先皇之志大修北京园林，先完成了著名的卢沟桥工程，又建成了始自世宗的"离宫"大宁宫，就是今天的北海公园。此外，他还仿西湖而筑西湖、仿望春山而建香山，高梁河两岸植满桃柳李杏，玉泉山下栽植荷花芙蓉，他还修建香山八景、玉泉行宫、双清别墅，今天的大觉寺也是当时行院的遗址。

与金中都同样辉煌的就是金陵。金陵位于北京房山区大房山云峰山下，山川形胜，沿主峰而下，延伸着九条鲤鱼背似的山脊，环一平地做奔龙之状，所以又称九龙山。海陵王迁都时，决定在大房山云峰寺营建陵寝，他十分重视祖陵的迁移与山陵的管理，曾多次亲至大房山督促山陵的营建。1156年陵寝建成后，分三次从上京迁来金太祖、金太宗等人的棺木。金陵内有17座帝陵及一些后妃和亲王、郡主的陵寝，这是中国历史上为数不多的少数民族皇陵，也是北京地区目前已知年代最早、规模最大的帝王陵区。

提起女真文化，海东青与天鹅是最具代表性的。在展厅入口处陈列着一只骨雕鹰首，是一只海东青头的形象，猎鹰海东青在肃慎先民的生活中扮演着重要角色，是该民族的图腾。骨雕顺着骨棒的走势雕琢而成，海东青好像在空中引颈飞翔一样，非常简练传神。新石器时期的文物都具有这种神韵，因为里面有着对生命最基本的理解。海东青从肃慎先民一直延续下来，成为女真人的精神图腾。

天鹅是金文化中的佼佼者，最有代表性的就是春水玉了。辽金时期，北方的契丹、女真民族的帝王都有不同季节游牧渔猎的习俗，以春、秋捕猎为题材的玉器被称作春水、秋山玉，极具民族特色。春水玉主要表现海东青捕捉天鹅的春天狩猎情景；秋山玉多以虎、鹿、熊和柞树并存，相安无事，用来象征秋天山林间的狩猎活动。春水狩猎习俗对女真社会有着深刻的影响，那些玉器纹饰和服饰造型，已经成为女真文化的重要特色。

完颜晏是金太祖完颜阿骨打的堂弟，生前拜太尉、齐国王，地位非常显赫。他们夫妻合葬墓中出土的丝织品服饰填补了中国金代服饰史的空白，被誉为"北国马王堆"。值得一提的是，男墓主人头戴"皂罗垂脚幞头"，幞头耳后底部左右对称缝缀一对白玉天鹅衔莲佩，被称为"纳言"，这对天鹅纳言的嘴中衔着一枚荷叶。纳言始于汉代，唐宋因袭，原是官职之名，职责是宣达帝命。纳言寓意居高位而从善如流、广纳群言，是官人清正廉洁、襟怀坦荡的一种象征物。这种以天鹅作为"纳言"的信物，一直流行于金代女真贵族中，代表着佩饰者的高尚情操和道德水准。所以，不仅仅是海东青，在古代东北各民族中还有着崇拜天鹅的文化理念，我们应注意到，女真人在创造"海青拿天鹅"这一生动主题的同时，还有另外一层深刻的含义，那就是天鹅所表现出的那种缔造太平世界的美德。春水玉中的海东青都是勇猛而又残酷的，天鹅却只是扑展着翅膀、用不伤害对方的方式来抗击着猎鹰的袭击，它顽强不屈的性格和宽厚的仁爱之举令人敬佩和赞叹。海东青是草原民族勇猛剽悍的标志，而天鹅在"春水秋山"中的悠然忘情，则是汉文化的审美取向。因此，金源文化就是这样一种文化，它既有女真地域特色，又与汉文化及其他民族文化相融合，是一种颇具特色的复合型文化。

从大房山金陵中出土了一只金丝冠，是金太祖完颜阿骨打皇后的陪葬之物，它用金丝编成，是皇后冠饰中起支撑定型的骨架部分，外面用各色绢绸成型，再依照严格的等级制度装饰。皇后冠上有一对玉佩饰，也是一对玉纳言，造型为绶带鸟。它的尾巴弯弯的，梢部分叉，卷曲成蝴蝶翅膀的形状。这对玉纳言的玉色极美，微微透黄，非常温润。君子比德于玉，孔子总结玉有十一德，即仁、知、义、礼、乐、忠、信、天、地、德、道，其首要的就是"仁"，"仁"也是儒家文化的核心。而仁是意识形态领域的抽象名词，难以带给人真实的感觉，玉的"温润"对于君子、对于玉本身都是一个关键词，它使我们对于"仁"这个概念不再抽象，而是有了物理上的感受。将一块玉握在掌心，原来"仁"就是像玉这样温润纯洁、清澈磊落、和谐安宁的感觉。

中都作为都城，聚集了众多的皇亲国戚、官僚贵族，这些人需要各种日用品及享乐用的奢侈品，这就激起了中都的手工业与商业的发展。精美的金器、瓷器与玉器作为王公贵族们的玩好而加以收藏。北京地区金墓出土的文物，其风格与金上京出土的文物很不相同，带有浓厚的中原文化的风格，也构成了北京都城文化的重要特色。

首博的展陈中心是非常突出的，它的各个展厅、文物，甚至是建筑，所围绕的只有一个主题，就是都城文化的特色。什么是都城文化？华丽的宫殿建筑群，极具民俗风情的胡同，规模浩大的皇家园林，帝王陵及王公贵族墓，带有皇帝年款和御制诗文的珍贵文物，至高无上的权威与尊严，既是权力的中心，又是享乐的中心，文化积淀与富丽奢华共存，这些都是都城文化的特色。

辉煌的金中都于1234年被蒙古大军所灭，华丽的宫城与巍峨的陵寝几乎荡然无存，然而仍有众多的文物永久地留给了我们。它们不仅是北京地区的文物珍品，也是首博藏品中的重中之重，无论在通史、瓷器，还是玉器展厅中，都占据着重要的位置。在丰富多彩的金源文化中，海东青与天鹅是女真民族精神的精髓，也是少数民族文化与中原文化相互融合的产物，在中华文明的星空中，始终闪耀着璀璨的光芒。

金 春水玉-1

可与十三陵对抗的另一座皇家陵园

如果提起北京的皇家陵寝，大家一定会不假思索地说是位于北京昌平的明十三陵。然而北京还有一座大型皇家陵寝，它埋葬有十七位皇帝，还有许多王公贵族的陪葬墓，它就是比明十三陵还要早200年之久的地处北京大房山云峰山下的金陵。

海陵王完颜亮发动宫廷政变弑熙宗而继帝位，进一步开展政治与经济的改革。这位汉文化修养颇深，对中原风物向往已久的皇帝，上台后的第一件大事就是把金朝的都城从上京会宁府迁到燕京。为了不让那些旧贵族宗室以守护祖宗陵寝为由而抗拒南迁，第二件大作为就是在迁都的同时必须迁陵，以保证迁都的顺利进行。《金史·海陵纪》中说："海陵王于贞元三年（1155年）三月，命以大房山云峰寺为山陵，并于山麓建行宫。"

古之建邦设都须有名山大川以为"形胜"，而营建陵寝尤其要选择"形胜"佳壤。

王德恒先生编写的《北京的皇陵与王坟》载："地处北京西南九十余里的大房山，有一山明水秀、林木葱郁的云峰山，又称九龙山，沿主峰而下，延伸九条鲤鱼脊背似的山脊，伸向山间平地。两旁高山如屏，屏下两股清泉终年不断，正中一道石门，仅有一口可以出入，峰顶正前方有遥相对立的一排千仞绝壁。"据有关部门考察所见，此地山峰雄奇，条条山脉环一平地做奔龙之状。山峰上，林木茂密，每当阴晦时，有浓云出于山中，在四面环山中，有一天然隘口，山泉终年不断，溪水淙淙。这里确为一处山川形胜、风水绝佳之地。

关于金陵的布局，王德恒先生在书中指出："金陵则以云峰山为主峰，向两翼展开，正中是金太祖完颜阿骨打和金太宗完颜吴乞买的陵墓，称睿陵、恭陵，两侧依山而葬的是完颜家族的子孙，其布局如同雁翅排开。"这么宏伟的气魄不禁令我对其生出无尽的遐想。

海陵王十分重视祖陵的迁移与山陵的管理，曾六次亲至大房山督促山陵的营建。正隆元年（1156年）二月，海陵王第七次至大房山谒山陵。同年七月命太保昂如上京，奉迁始祖以下梓宫。八月第八次至大房山，行视山陵。"十月乙酉，葬始祖以下十帝于大房山。"至此十二代帝王的迁葬、安葬事宜全部完成。如此浩大的修陵迁陵工程，在一两年内即告完成，真正是"国家有倒山之力"，令今天的我们有些难以想象。

金帝陵园十分庞大，按里算范围最广时曾达130里，主要分三个等级。

1. 帝陵部分

2. 埋葬后宫皇后、妃嫔的坤厚陵

3. 诸王兆域（皇帝的兄弟或有王爵的人）

帝陵部分共有十八位皇帝下葬，陵区建有十七座陵。为何少了一座陵？我们先来盘点一下这些帝王陵寝：

太祖阿骨打葬睿陵。太宗吴乞买葬恭陵。始祖以下十陵计：贞陵、熙陵、辽陵、辉陵、安陵、定陵、永陵、泰陵、献陵、乔陵，是为十二座帝陵。

熙宗与海陵王都是阿骨打之孙，海陵王弑熙宗夺取政权，降熙宗为东昏王，绝不会将他的陵和其他诸帝陵同等对待。熙宗被弑，葬于皇后裴满氏墓中，贞元三年（1155年）改葬于大房山蓼香甸，直到金世宗在东京（辽阳）发动政变，夺权继位，才重葬熙宗，"大定初，追上谥号，陵曰'思陵'。二十八年（1188年）改葬峨眉谷，仍号思嵋（《金史·礼志》）"。

金世宗在辽阳发动政变，海陵王正率兵南下扬州，于是军队哗变，他被杀死。在大定元年（1161年）兵变之中，被黜降为海陵郡王，大定二年（1162年）尸骨运回中都，葬在大房山鹿门谷的诸王兆域中。《金史》载："大定二十年降为庶人，改葬于山陵西南四十里。""暴其罪恶，贬为庶人，乃黜其殡于兆域之外……"从这段记载，说明海陵王先葬在诸王兆域内，降为庶人后又殡葬于兆域之外了。其下场可谓惨哉！

金世宗死于大定二十九年（1189年）四月乙酉，葬于兴陵。遵照世宗之遗嘱："万岁之后，当置朕于太祖之侧。"因此，兴陵建于睿陵之旁。

章宗葬于道陵。

在陵区安葬的还有睿宗的景陵、显宗的裕陵。这两人生前都未做皇帝。睿宗是海陵王之父，海陵王称帝后，追谥为睿宗，从东北迁来葬太祖陵，称"景陵"。显宗是章宗的父亲，不幸早亡，大定二十五年（1185年）十一月葬于大房山，章宗继位后，追谥为显宗，号为"裕陵"。

综上所述，金陵内共有十八位皇帝下葬：太祖阿骨打、太宗吴乞买，始祖以下十代及熙宗、世宗、章宗、道宗，加上生前不是皇帝，死后追封的睿、显二宗，海陵王葬于兆域之外，因此陵区共有十七座陵。

　　海陵王因担负着弑兄夺权的道德罪名而被葬于兆域之外，不得进入金陵，然而他的历史作用却被永远地载于史册。金熙宗时期，社会形态就已经开始向封建经济转变，海陵王迁都可以说是顺应了社会发展的需要。如果完颜女真仍留居于东北的苦寒之地而没有挺进中原，那么通古斯族的历史乃至北京的历史都会是完全不同的另外一页。历史上改革人物的命运几乎没有大团圆的完满结局，他们面对的是风雷与霹雳，而留给后人的却是流岚和虹霓。舒婷在《致橡树》中的诗句，可用于对这样人物的深深喟叹。

　　此外，金宣宗陵、哀宗陵都不在大房山。宣宗葬在开封，哀宗葬地瘗于汝水之上。金国的开国元勋与后世历代帝王都安息于中原的土地之上了。

　　大房山云峰山下的金陵是主要的文物古迹之一，历史悠久，范围广阔，历代均进行祭祀。明末天启年间（1621—1627年），后金在与明朝的战争中屡次获胜，明朝官员认为应当破坏金陵的风水进行报复。天启元年（1621年），金陵祭祀被废除，天启七年（1627年），明朝对金陵进行了毁灭性的破坏。清入关后，重修金太祖陵，恢复祭祀活动。《日下旧闻考》记："顺治初，特设守灵五十户，每岁深秋致祭陵寝"，"殿前碑亭恭勒世祖章皇帝御制碑文、圣祖仁皇帝御制碑文"。清末至民国年间，陵区屡被盗掘，破坏十分严重。磐宁宫应是考察金陵范围的重要线索，但其故址到清乾隆时已无从寻觅。《日下旧闻考》中有记："……磐宁宫，今亦无考。"只是和磐宁宫有关系的瑞云宫给我们留下了一丝线索。《涿州志》云："瑞云宫在金太祖陵侧，遗址仅存。"在太祖陵遗址旁尚有一方大青石碑，字迹虽已脱落，但"瑞云宫"三字依稀可见。对金陵的范围和方位记载最早且最详的《大金集礼》中提到的地名很多已经查不到了，只剩下一些仍在沿袭其旧，如现皇陵村龙门口村一带为太祖太宗葬地。1970年时，金太祖陵前尚有殿基遗址，虽然是断壁残垣，但仍大略可见其重新修葺后的布局规模。1979年秋后，当地农民"向山要粮"，用推土机将其夷为平地，基石等被就地取材垒在梯田坝堰中；两块记述该陵修复情况的汉白玉石碑，之后也被砸碎，垒入梯田中。时至今日，若非知情人领路，很难找到遗址。但一到遗址处即可发现，散落在田间及农作物旁的砖石残块和琉璃瓦片比比皆是。金陵的地上建筑虽然被毁，但仍有丰富的地下埋藏物。据当地人讲，日伪时期，日本人曾掘开过金陵一次，国民党时期有一伙土匪也盗掘过金陵。以后又有一个人进去过，说陵内像宫殿一样。庞大的金陵遭到了毁灭性的打击，如此规模的帝王陵园今天踪迹难觅，考古发掘也只找到一些零星的残存遗物。

　　还好还有博物馆，保存着那些吉光片羽。首都博物馆中有两件出土于金陵的石椁，由整块汉白玉雕刻而成。一个上面刻有龙纹，一个上面刻有凤纹，专家认为这两副棺椁就是金太祖完颜阿骨打及其皇后所使用的。发掘时石椁内套有木棺，凤纹椁内木棺基本保存完好，有头骨和散乱的肢骨。龙纹椁中木棺已被毁，仅残留痕迹。

金陵中也出土了石坐龙，唐代史思明墓中出土过一尊铜坐龙，金陵中又出土了石坐龙。为什么将龙塑造成坐或称蹲伏的姿势而不是在云中飞腾？细细观之，这种蹲伏的姿势其实也是很威猛的，却是那种蓄势待发的力量，蜷曲的后腿与梗着的脖子，都具有一触即发的气势。从这些坐龙的身上，我们可以感受到古人对"蓄势待发"的理解，也可以感受到东方哲学所倡导的"十年磨一剑""卧薪尝胆"等那种在自我约束的磨炼中等待机会的修为模式。

金陵出土了一些石雕的建筑构件，大都装饰着牡丹纹饰。牡丹纹望柱是金陵中一件难得完整的建筑构件。整根望柱雕刻着牡丹花纹，蛟龙游走其间，这些牡丹花摇曳生姿，花瓣生动娇嫩，花叶纹脉清晰，苍劲的叶脉与娇嫩略微卷曲的花瓣相得益彰，我们仿佛能闻到飘来的淡淡幽香。特别是浅浮雕的工艺，更使它们具有情趣盎然的画意，深得宋人的真谛。金陵中众多的牡丹纹构件，令人感到金人对牡丹花的偏爱。

佛教中有一种能发出最动听声音的神鸟就是妙音鸟，又叫迦陵频伽，它出自雪山，于净土曼陀罗中的卵中即能鸣唱，声音清婉和雅。金陵出土的绿釉迦陵频伽，人首鸟身，面部丰满圆润，羽毛甚美，头上有高高的华冠，有着观音的风韵。传说佛祖说法时，迦陵频伽环绕佛祖飞翔鸣唱，以其鸣声譬喻佛菩萨之妙音，透过那美好的声音，来探究无比广袤的心灵世界。

如今在北京所能追慕的帝王陵，只剩下十三陵了。我沿着落叶飘飞的公路行进，仍然能感受到有一些幽深静谧所在。记得很多年前的一个下午，我恰好停留在十三陵旁的一片树林里，黄昏将至，夕阳残照，落日辉煌，树林和面前的山色都沐浴在一片金色之中，那时候的我，毫无思古之幽情，只是被这壮美的光与颜色所吸引，却未勾起心中的任何波澜。如今，当我已经开始懂得历史的时候，却又去何处寻觅那苍凉壮阔的景色来为那些不被珍惜、已经逝去的遗迹发出一声叹息！所幸，大房山还在，那状如九条奔龙的九龙山还在，它们还是林木茂密、有浓云雾霭出没于其中吗？那些淙淙的山泉还在默默地流淌吗？一年的仲春时节，驱车去踏访金陵，驶到入山的路口，却被告知防火封山不得入内。望着那条寂寞的小路，不禁有些怅然。历史无言，山林默语，所幸博物馆还在！只有在首都博物馆中陈列着的金太祖完颜阿骨打夫妇的汉白玉龙纹椁、凤纹椁在引领我们的那一缕追思，感谢博物馆！

莲花灿灿，绿水澄澹

——从莲花池到后门桥看古京城水系

北京自从金贞元元年（1153 年）建都以来，已经走过了近 900 年的历程，社会更替、文化繁衍，是什么样的命脉支持、养育着这座历代名城？毫无疑问，水利是一座城市的命脉。那么京城水系是怎样一个繁衍过程？著名历史地理学家侯仁之先生带领着我们从莲花池到后门桥察看这一条历史地理的轨迹。

侯仁之老先生向我们讲述过，莲花池这个地方很重要，追根溯源，它和北京城有着"血肉相连"的关系。北京城为什么能够在这里成长，是很值得研究的问题。一个城市的成长，水的供应是必须解决的问题。北京城起源的蓟城，是人口比较稀少的一个小城，它的生命来源——水源，就是靠莲花池。蓟城这个地方有一个高地，离莲花池很近，蓟城这个选址是十分重要的。关于蓟城最早的记载，还是孔子提出来的，首先见于《礼记》，最初是黄帝之后被封于蓟。到了战国时期，蓟已是燕国的都城。燕国的乐毅伐齐，取得了很大胜利，获得很多战利品带回蓟城，放在不同的宫殿里。乐毅在《报燕王书》中讲到战利品时还写道："蓟丘之植，植于汶篁。"这句话的大意是说，蓟丘上栽培的植物，是作为战利品从汶水上移植来的，这是蓟丘的名称第一次见于记载。

到了 1400 多年前，当时的大地理学家郦道元，在他那部大著《水经注》里，特别讲到蓟城。当时的莲花池，在《水经注》里叫西湖，在蓟城的西侧。蓟丘在城内的西北隅，今天来讲，应该是在白云观的西侧。郦道元说蓟是因蓟丘而得名，古代很多平原上的城市都是利用比较高的地方兴建的。

关于西湖，郦道元提道："绿水澄澹，川亭望远，亦为游瞩之胜所也。"就是说湖水澄清，风景开旷，是一个游览的好去处。简单地说，这是个小湖泊，虽然面积有限，但除去供应城市的用水外，还可以游览，这是一个城市很大的特点。

水源和高地只是有利于蓟城成长的局部地理条件。蓟城在地理位置的关系上却更为重要。在古代，华北大平原上水网密布，南北方向很难通行，所以自南而北，大路一定是沿着太行山东麓行进的。穿过太行山的水，自西而东，流入平原，大路经过山口时常常遇河搭桥。大路自南而北，沿着太行山东麓前进，遇到最后一条大河相当于现在的永定河，过了河上的渡口，大路开始分岔。如果永定河是一条流量稳定的河流，那么最早的北京城应该是在卢沟桥所代表的渡口上成长的。世界上很多著名的城市就是在渡口上成长的，最典型的是英国的伦敦，中国有兰州、天津、南京、武汉等都是在渡口上成长的城市。可是北京城并没有在渡口上成长，原因何在？华北降水的特点是冬季降水很少，夏季又常降暴雨，河流泛滥，桀骜不驯的永定河常常会使这个渡口遭受水灾。气候的特点影响到河流的特性，洪水排斥渡口，过了渡口要找最理想的地方实现大路分岔，就找到了蓟丘，找到了莲花池，简单地说就是这样的道理。所以大路从这里分岔了，一条向西北出南口，一条向东北出古北口，一条向正东去，最远到山海关，转向北方而去。从北而南，大路也是从不同的方向，集中在蓟丘和莲花池附近然后南下，这就是北京城最初在这里成长的最重要的地理特点。

莲花池虽然是比较小的水源地，但是这个地方逐渐发展起来了。因为它处于南北交通的重要地段，南北交通往来的关系常常出乎我们的意料之外。在北京小平原的沿山一带，东到平谷的上宅、北埝头，北到南口东南的雪山，西到西山，所发现的一些新石器时代的遗址，都是在燕山脚下，然后人类的活动逐步向平原中心扩展。这是10000年来，随着气候变暖，人开始离开山地进入平原进行发展。就是因为南北交通的关系，随着形势的发展，最早的蓟城开始成长起来。

近1000年来，首先是北方的少数民族，越过燕山南下建立王朝，头一个是辽，在原来蓟城的旧址上建立了陪都辽南京，它不是真正的统治中心，城市没有更大的发展，但它是北京的都城序幕。相继而来的就是金，金在此建立中都，就是在原来蓟城的城址上向东、南、西三面加以扩大。中都城扩大的一个重要结果就是把以莲花池为水源的莲花河包入城中。莲花河流出的地方，就是金代南城墙下的水关遗址。这就说明，老北京城的成长和莲花池的关系至为密切。不仅如此，把河的下游包进城里后，又引河水建造了皇家的御园——同乐园，而且还进一步把同乐园的水引进了宫城里面，形成一个小湖泊叫作鱼藻池，就是现在西城区的青年湖。

现在的西二环路自北而南正好穿过金宫城的中心。所以在兴建西二环路的时候，金代宫城内大安殿的遗址被发现了，大安殿相当于现在故宫的太和殿，建在全城的中轴线上，旁边就是鱼藻池。这就使我们想到，莲花池的存在，影响到一个古代城市一步步成长，最后扩建为金朝的中都城。这就是北京建都的开始，因此可以说北京城的成长和莲花池的关系至关重要。

回顾了历史上的莲花池，再来看今天的后门桥，这就涉及历史上北京城址的重大转移的问题。

金朝之后，又一个北方的少数民族南下中原，蒙古成吉思汗的骑兵，于公元1215年从南口下来，占据了中都城，兵争的战火中，宫殿区毁坏殆尽。又过了45年，忽必烈才来到这里，到底是恢复旧城还是另建新城？金朝的中都城，建立为全国性的统治中心之后，漕运的问题没办法解决，经济基础得不到巩固，所以大都城必须迁移。

现在提到元大都，常会见到这样的说法：将儒家对于城市建设的理想付诸实施。然而《周礼》并没有涉及城市的河湖水系问题，也就是说《周礼》中的城建是一个基于礼制的纯理想化的方案。忽必烈手下的两员干将刘秉忠与郭守敬师徒二人，特别是刘秉忠不仅继承了儒家的思想，还受道家思想的影响，在城市规划上，既考虑到人的要求，又考虑到自然条件，即所谓："人法地，地法天，天法道，道法自然。"这种天人合一的思想第一次体现在都城的建设上就是元大都。

作为统治中心，漕运是必须解决的一个问题。在旧中国，帝都之所在，中央的消费，都要靠漕粮的供应，从远方征集粮食，通过河上的运输一直运到都城。金朝扩建中都城，力求开辟新水源，一直没有成功。莲花池水供护城河和园林用水有余，供漕运用水则不足，必须另外开辟新水源。漕运及都城的建设都有刘秉忠、郭守敬师徒二人的参与，这个城市的总体规划该从哪里开始？

忽必烈非常喜欢琼华岛，也就是北海白塔山所在的地方。这是金朝建都之后，利用东北郊外一带的湖泊修建的离宫——大宁宫，这是一片在蒙古草原难以见到的景色。刘秉忠在布局时，首先就考虑到这一带湖泊，怎么样才能把琼华岛周围的湖泊保留在城市当中？刘秉忠考虑的结果，选择了紧挨着现在什刹海东岸的后门桥，确定了一条自北而南的中轴线，所以新大都城中轴线设计的起点就在今天的后门桥。

宫城的设计与《周礼·考工记》的理想一样，左祖右社，前朝后市，这都是符合儒家思想的。但是，在宫城之西，湖泊的对岸，南有太子宫即兴圣宫，北有太后宫即隆福宫，这在《周礼·考工记》上是没有的。湖泊纳入城市设计的中心，既有自然的山水，又有人工相应的设计，全城就这样规划下来，总体设计完成了。

在漕运问题的解决上，刘秉忠的学生郭守敬起了重要的作用，他认为必须为原有的湖泊开辟更为丰沛的水源，这为都城的建址奠定基础。为了解决大都城的用水问题，郭守敬找到了昌平水量丰沛的白浮泉，他决定要把白浮泉的水引到大都城。由于北京城的地势，郭守敬先将白浮泉水往西引，再沿山转到了当时瓮山泊也就是今天的昆明湖，然后由瓮山泊开一条渠道下来，并连通高粱河上游水源，在今天西直门以北的地方进入现在的什刹海，从而解决了水源问题。

当时的什刹海叫积水潭，俗称海子，是一片宽广的水面，水从后门桥下流过，桥的西侧有澄清闸控制流量。下流再经过皇城的北墙和东墙之外，直接向南流出城外，转向大运河的北端通州，这样就形成了漕运水系。但是北京地区的地势是西北高东南低，为了能使从通州来的粮船上溯到城内，郭守敬设计了一条闸河，沿河建造了24座水闸，通过上下闸的互相启闭来调节水位，使货船可以由低向高行驶，从通州直达积水潭码头。这样就解决了南方及沿岸各地粮食物产由水路运到通州后卸船，再由人力畜力运到大都城这个十分艰苦的问题。积水潭上接白浮瓮山泉，下接漕运系统，是元大都水陆交通枢纽、商贸中心。元世祖忽必烈亲临巡视时，见到积水潭船货云集的盛况，十分高兴，赐从通州到积水潭的这条闸河为"通惠河"。

侯仁之先生指出，大都城规划的起点，严格地讲就是后门桥，正式名称叫万宁桥，它决定了全城的中轴线。河水从莲花池到后门桥，演绎了一座都城水系的兴建过程，进而完成了北京城市供水主水源从莲花池水系到高粱河水系的转移。北京城从此立住了脚，延续着它历代皇城的辉煌，展现着多姿多彩的都城文化。

侯老的文字十分浅显，每个句子也很短，讲述考古与历史地理时没有一个艰险晦涩的用词，平铺直叙中带着严谨的逻辑性，层层递进，抽丝剥茧，令人一读即能了然。读他的文章还有一种享受，就是像读小学课本那样容易上口，又自然而然地深入心田。这正是真正的大师风范，真正令人钦佩之至的地方。

苏舅舅送给我《北京考古集成》时，指着侯仁之先生为该书的题字跟我说，侯先生是一位历史地理学家。什么是历史地理学，它的功能与作用是什么呢？

历史地理学实际是一个翻译过来的名词。与之相对应的沿革地理学，在中国有着悠久的历史，主要是讨论中国历代疆域的消长和地方行政区划的演变，我国在沿革地理学方面的文献非常丰富。但是早在20世纪50年代，侯仁之先生就提出除了沿革地理之外，有没有比这更重要的问题呢？

侯先生还是拿北京来举例子。按照传统的讲法，北京的沿革地理应该和《顺天府志·地理志》的沿革表没有什么大分别，首先要讲到北京最初叫作蓟，在东周是燕国的都城。到秦始皇统一天下之后，改为广阳郡治。汉初复为燕国治，后又改为广阳郡治。三国以后，或为郡治，或为国制，都以燕为名，一直到隋，所属改称幽州，仍为治所，唐初亦然。其后幽州尝改范阳郡，治所如故。至辽始建陪都于此，曰南京，又称燕京。宋曰燕山。金初复称燕京，及建都，乃称中都。元筑新城，命名大都。明初建都南京，此称北平，后改北京，燕王朱棣迁都后，乃称京师，清朝相因不变。以上所举这一连串的改变，就是"沿革"两字的意思。除此之外顶多再讲到历代的城址各有什么改变，最早的北京城到底在什么地方，现在的北京城是什么时候才开始建造的，到现今又曾有过什么样的改变。经过这样的讨论之后，对于"北京沿革地理"这样一个题目，就可以圆满交卷了。

但是现在要问的是：这一套"沿革地理"的知识对我们了解北京这个大都市的发展有什么帮助？这个问题是我们应该郑重考虑的。

侯先生认为如果我们要真正了解北京这个大都市的发展，必须先问下列几个问题：

1. 北京最初的聚落是什么时候出现的？它为什么在这个地方出现？
2. 这个聚落最初的性质是什么？什么时候才开始获得它在政治上的重要性？
3. 它在政治上的重要性如何逐步得到发展以至成为全国的行政中心？
4. 在它成为全国的行政中心之后，它的政治首都的机能又如何得到发展？

这都是一些最基本最重要的问题，但其中没有一个是传统的以行政区划演变为主的"沿革地理"的研究所能答复的。要答复这些问题，必须充分了解北京这个大都市在它不同的发展阶段中，它的地理情况是如何的。因为地理情况不是一成不变的，时代不同了，地理情况也就跟着改变了。例如今天的北京的地理情况，已经不是 3000 年以前的原始聚落在这里开始发展时的情况了，我们要了解 3000 年以前北京的原始聚落何以会在这里植根萌芽，我们就必须了解那时这块地方的地形大体如何？河流湖沼与今日有何不同，农田和聚落的散布大约是怎么一个状况？特别重要的是那时这块地方的交通情况如何？它和其他相互毗连的地理区域的关系又如何？但是要解决这些问题，并不是一件容易的事，因为这些地理情况早已不存在了，这和研究今天的地理是大不相同的。研究今天的地理主要是靠直接观察，但是研究 3000 年以前的地理，就无法靠直接观察了。所以从事这项研究工作的人，不仅要受地理学的训练，同时还要受历史学的训练，他的工作是属于地理范围的，但是他主要的材料却是从历史上得来的。他工作的目标，不外借助地图和文字把 3000 年以前的地理情况重新构造起来，使今日的地理情况还它原来的面目。这种地理上"复原"的工作，在今日地理学的研究上已经独树一帜，我们称之为过去时代的地理研究，或简称之曰"历史地理"的研究。

其实"历史地理"在我国学术界也并不是一个新名词，往远了说，郦道元的《水经注》就应算得上是一本历史地理之作。侯仁之先生指出，前人研究《水经注》，绝大部分是下的版本校勘的功夫，这从复原《水经注》的真实面貌来说是十分必要的，但还不能揭示《水经注》本身的地理价值。《水经注》的地理价值是什么？清末学者王先谦指出郦道元之《水经注》，在于"因水以证地，即地以存古"，这不仅是对《水经注》的评价，也为历史地理下了一个精辟的注解。王老夫子是史学大家，注重校勘，但他不是个钻故纸堆的书虫，他视野辽阔，注重实学，在研究《水经注》的三十年间，凡足迹所到的地方，一定要把《水经注》带去，以资印证，侯仁之先生赞誉他"算是善读郦书了"。

历史地理就其研究对象来说，无可争辩地属于地理学的范围。将其称为历史地理，是因为它所研究的不是今天的地理，而是过去的地理，即历史时期的地理。至于沿革地理主要研究的是历代疆域的消长和地方行政区划以及地名的演变，这不过是历史地理研究的初步工作，而不是它的主要内容。新中国成立以前有些地理学家对于历史地理学的认识也是不正确的，例如有人把历史地理学主要看作研究"历史文化发展之地理背景"的科学；有人认为"历史事件的空间性的叙述或研究便是历史地理学"；还有人更直截了当地认为历史地理学乃是"用地理的眼光，解释环境对历史的影响"。所有这些看法，无论其措辞如何，实际上都是把历史地理看作研究历史现象和了解历史问题的一个方面，并且在不同的程度上，都企图从地理环境来解释历史现象，这就是地理环境决定论，这种理解对历史地理来说，都是失之偏颇的。

侯仁之教授最早阐明了历史地理学与沿革地理学之间的本质区别，指出"历史地理学是现代地理学的一个组成部分，其主要研究对象是人类历史时期地理环境的变化，这种变化主要是由于人的活动和影响而产生的。历史地理学的主要工作，不仅要复原过去的地理环境，而且还须寻找其发展演变的规律、阐明当前地理环境的形成和特点"。"沿革地理仅是历史地理研究的初步，而不是最终的目的。还有若干历史地理的专题研究，并不借助沿革地理的知识而依然顺利进行。"侯仁之教授的这些论文，系统阐述了中国历史地理学的学科属性、研究对象、任务、方法和现实意义，尽管在当时学术界仍有一些不同看法，但他的观点已为大多数学者所接受。这种认识上的飞跃，将中国历史地理学带进了现代发展阶段。

在辽金城垣博物馆中，有一张苏舅舅与侯仁之先生及其他考古工作者在水关遗址发掘现场的照片，这些考古工作者因循着历史地理学的原则，为"证地以存古"的目标，考证出京城水系的初建与成长，水关遗址的发掘与复原，使我们仿佛又看到了丰沛的河水从金城南门下汨汨流出，养育着这座城市。水关遗址的重现，再一次印证了河流是人类文明的摇篮，水源更是一座城市生存的基础。历史地理学所研究的是历史时期的地理环境，是限于在人类活动影响下的地理环境。人类出现在地球上已经有几百万年的历史，在漫长的岁月里人类利用自然和改造自然，从而在自然环境中打上了人类活动的烙印，甚至创造出只有在人类的活动下才能出现的地理现象。侯先生写过很多本关于北京的书，因为历史地理学的研究方法，不仅他本人，我们也都心悦诚服地将这些研究成果称为"北京城的生命印记"。这些生命的印记，不仅使我们更加深入地了解我们的城市，更重要的是向我们展示了老一辈的治学精神，在历史烟海的传承与沿革中不断发问："还有没有比这更重要的问题呢？"这种通过不断探索而求甚解的精神，是老一辈留给我们最宝贵的学习品质，也是现代人所最缺乏的。

读万卷书行万里路，我虽然过不了万，但是在阅读之后，总是喜欢用自己的脚去实地踏勘一下书中的记载。一年暑假，我带着上小学的孙儿首先从白浮泉起步，沿着京密引水渠奔昆明湖而去。当年郭守敬找到了白浮泉，开了一条运河把水引到昆明湖，今天的京密引水渠基本重叠着那条路线。我拒绝被导航带上北六环，执拗地从凤凰岭温泉沿着运河一直走。小学生问运河这么长哪儿是尽头？我告诉他运河从白浮泉出来，先到昆明湖，然后沿着北京外国语大学后边的那条河到紫竹院，那条河是奶奶小时候经常去玩的地方。然后从紫竹院到西直门，再流到什刹海。我带着孙儿只追到青龙桥，一路走一路拍，终于实现了从白浮泉沿着运河走到颐和园的愿望。

后来我们又去了什刹海。在玉河边上给小学生讲了当年郭守敬修闸河疏通漕运的故事，京杭大运河来的粮船就是经这条闸河运进京城。小学生在万宁桥边找到了水兽，那两个趴在地上像龙又像虎的大家伙。站在什刹海边上，我告诉小学生这就是在首博通史展厅里看到的那片停满粮船的水域。

夏日的清晨，后门桥侧的什刹海绿水澄澹，钟鼓楼倒映其中。北京西站落成后，侯仁之老先生去参观，发现莲花池的风景不如从前了，他真希望有朝一日莲花池能恢复它的水上景观。新北京的建设者们没有辜负老一辈的期望，如今古老的莲花池每年八月便会开出大片灿然的莲花。从莲花池到后门桥，愿历史留给我们的那些生命印记，永远镌刻在我们的城市中，始终陪伴着我们。

苏舅舅（右二）与侯仁之先生（左四）在水关遗
址考古现场

春水秋山与绝美的锁佩

——金代石椁墓出土的玉器

　　首都博物馆的古代玉器精品展厅中，专门有一个展柜陈列着金代的玉器，那是我最喜欢停留的一个地方。里面的精品堪称是首博玉器厅中压轴的，还在2008年奥运会期间在古代精品文物展厅中展出过。

　　金代所处的年代是和南宋相对峙的特殊年代，同时又是北方少数民族统治时期，因此具有浓郁的时代特色与民族风格。金代的玉器也很繁荣，其中不乏精品，专家认为金代玉器繁荣的原因有几个：

　　金代统治区域包括今之东北三省、河北、山西、山东以及河南、安徽、江苏一部分的广大地区，均为中原文化发达之地区，女真族在契丹辽代及北宋地区大量掠夺珍宝，刺激了金代玉器的发展，而学习先进的中原文化，也促进了金代玉器的发展；同时金在扩张过程中，俘虏的大批玉匠，有的原在辽境内，有的直接从北宋境内掳掠而来。

　　金代有较为充足的玉料、玉匠，加速了玉器的发展。金代玉以回鹘贡进或通过西夏转手得到新疆玉，为了确保玉材的使用，金规定朝廷玉多用和阗玉琢制，祀天地之玉皆以次玉代之。可以看出，金代治玉也遵循着严格的等级观念。

　　"春水秋山"是金玉的代表作。

　　契丹、女真均是北方游牧民族，渔猎经济占主导地位，春水、秋山原为契丹族春、秋两季的渔猎捺钵活动。所谓捺钵，即契丹族本无定所，一年之中依牧草生长及水源供给情况而迁居，所迁之地设有行营，谓之捺钵。女真族建立新政权后，承袭了契丹的旧俗，狩猎于春秋的娱乐活动，并将捺钵渔猎活动称为诗意的"春水秋山"。

　　春水玉表现的是海东青捉天鹅的场景。国家博物馆中有一件春水玉带饰，器物以圆环为托，图案中的"鹘"就是指海东青，琢制出海东青捉天鹅的场景。海东青身体矫健，疾飞如电，正抓住天鹅的头部啄食脑浆。这种只雕刻鹘、鹅，没有花草杂饰的造型是早期春水玉的特征。春水狩猎习俗对女真社会有着深刻的影响，这些玉器纹饰和服饰造型，已经成为女真文化的重要特色。

秋山玉既有配饰也有琢制成玉山子形状的。场景大多是柞树林中站着几只鹿，或正回眸相互凝望，神情亲昵；或安然享受着秋天山林中的美景。辽金秋山玉中的动物有一个共同的特点，就是都呈回首状，回首是辽金元玉雕中动物的常用姿态，工匠抓取回首的那一瞬间，给人以静中有动的感觉，体现出生动、充满活力的民族风范。可以看出，春水玉与秋山玉的风格完全不同，春水玉表现的是血腥的对抗场面，而秋山玉展现的则是自然界中的和谐相处。体现出东北少数民族对生命的顽强与和谐的认知。

首博玉器厅中的那几件金玉，出土于一座石椁墓。1974年12月，北京市房山县长沟峪煤矿在基建施工中发现一组石椁墓，是由五个石椁组成的族葬墓，其中主墓的随葬品仅见玉饰，共出土玉器11件，多为妇女所用饰品，结合残存的牙齿磨损情况分析，主墓的墓主应为一老年妇女。根据墓中出土的仿制宋代年号玉钱殉葬现象，考古学家认为其身份为金代官僚家属。

金代石椁墓出土的11件玉器十分精美，带有浓厚的中原文化的风格。特别是那件青白玉镂空折枝花锁佩，玉锁镂空透雕，造型呈扁椭圆形。玉质呈青色，晶莹润泽，造型设计精巧，两丛折枝八瓣花构成的花头并列在花锁下部，仿佛花中有花，两个折枝向上缠交在一起，宛如花篮的精美提梁。花的枝叶依形而生，偃仰翻转，自然生动。透露空间，穿插交织，激活了规整的对称式构图，给人以圆满富贵的感觉。此锁是迄今所知最早的多层透雕玉器花锁，标志着镂雕技艺被广泛使用，技术已十分纯熟，并明显受到宋代绘画强调生活的真实和对自然的体察，以神趣为归风格的影响。一般说，北京地区出土金国玉器玉质优良，做工精致，其题材多为花卉、飞禽和符瑞，具有鲜明的中原文化传统色彩，其汉化程度之深，制作之精美，与金上京地区出土的玉器风格很不一样。

那些折枝花被称为"琼花"，是扬州的特色花，还有那雅美的竹枝，双鹤衔灵芝都是汉文化审美的代表与祥瑞题材。青白玉孔雀簪饰是迄今从金代墓中出土的唯一一对孔雀形簪饰，中原风格浓厚，是研究金代女真贵族妇女生活习俗的珍贵实物。这些玉饰被埋葬于金国辖地，受到女真贵族的喜爱，由此可以反映金人的审美观和崇玉观。

这11件玉器到底是宋玉还是金玉，专家持有不同意见。有的认为是通过榷场交易及挞伐掳掠得来的宋玉，为金人玩好并殉入墓内，有的则认为是汉化程度较深的金玉。张广文先生在《谈玉器》中说："考古发掘表明，宋、辽、金时期，同一特征的玉器往往在南、北地区大范围出现，或同一类型的玉器，在南北地区以不同的特点出现，同中有异，异中有同，南北玉器互相推动。"也许这能帮助我们理解这些出土于金墓中的汉风玉器。东汉以后，胡人南下，少数民族在北京地区建立过短暂的政权。唐天宝十四年（755 年），胡人安禄山从幽州起兵反唐，揭开了东北少数民族登上中国政治舞台的序幕。此后，契丹、女真、蒙古、满洲等民族相继崛起，并以北京为政治中心，影响中国社会政治、民族经济与文化长达 1000 年。北京就是在中原与东北、西北的民族融合与民族纷争中，地位日趋重要，逐步上升。北京地区的文物也必然会带有这些历史特点。考古鉴定只是一个方面，重要的是我们要理解多元的文化在民族交融与民族纷争中相互推动的作用，正是这种相互推动，才能形成这种具有旺盛艺术生命力与艺术美感的作品。

青白玉镂空折枝花锁佩

显赫的家族，通灵的神龟

——乌古伦家族及窝伦墓出土的玉器、瓷器

1980 年，北京市丰台区米粮屯村先后出土了金代名臣乌古伦元忠及其妻子鲁国大长公主、父亲乌古伦窝伦的墓志各一方。乌古伦墓是北京地区首次发掘的带有明确纪年的金代女真贵族墓，这三合墓志志文长达数千字，对于研究乌古伦窝伦、元忠的家族史以及金代历史提供了可靠的文字资料，在某些方面弥补了《金史》之不足。

乌古伦部是金代女真的重要部族之一，乌古伦窝伦家族又是金初的名门大户，这一门户的名声与显赫，从墓志的撰写人、书丹人、题额人皆极一时之选就可见一斑：李晏、邓俨、党怀英、张行简、周昂、庞铸在《金史》中各有专传；而李著，章宗时为户部员外郎；乔宇为礼部侍郎，与完颜纲等编类陈言文字凡二十卷，又曾出使宋朝，封拜吴熙，由这么多的名士为这三人立传，自然与乌古伦父子及家属的政治地位、社会声望及阶级权势大有关系。

乌古伦部族与金皇室的关系可以说是源远流长，在女真完颜部建立金政权之前，他们的祖先就竭力扶助完颜氏，同时也被女真皇室所器重，形成了相互依靠、互通婚姻的关系。

父亲乌古伦窝伦不是最有名的，只不过因为通婚姻于帝室做了驸马，而且作为乌古伦氏的一个富户，"赀累钜万"，参加了一个时期的灭辽战役，后历太宗而至熙宗，三朝均未授以任何官职。且死时、死地、死因墓志中竟不见述，其间似有难言之隐。有名的是他的儿子金代名臣乌古伦元忠，元忠也是一位驸马，娶鲁国大长公主为妻，与完颜氏宗室"世为婚姻，娶后尚主"。即乌古伦父子不仅都做过驸马，还有不止一位乌古伦氏女嫁入女真皇室为后妃。而元忠本人"自九岁养于邸中如所生"，又配以世宗最喜爱的长女，他与金皇室的关系就更为密切了。元忠与皇帝可以彻夜促膝长谈，被金世宗"倚之为股肱"，本人也位高权重。然而在元忠势力达到顶峰之际，也意味着衰败的到来。元忠不仅被与他促膝长谈的金世宗罢相，还累及自己的儿子，而金章宗即位后下的一道谕

旨："自今外路公主应赴阕，其驸马都尉非奉旨，毋擅离职。"此谕一下，元忠干脆难见天颜了。

乌古伦家族的兴盛与衰败，只不过是历代统治王朝内部互相倾轧、残酷斗争的又一个缩影，是当这个家族的历史作用已经完成甚至对完颜氏政权构成危害时，便置父子、兄弟或婚姻关系于不顾，进行坚决镇压的又一个故事。一个被皇室玩于掌股之间的家族兴衰史已成历史烟云，墓中出土的那些文物则永远地留给了我们，虽然它们始终沉默着，我们却可以从中获取无尽的美感与享受。

从乌古伦元忠墓中出土了几枚碧玉围棋子，精巧莹润，应是墓主人生前的挚爱之物。用玉来制作围棋子，既珍贵又美观，由此可见金朝上流社会对围棋的喜好，也是北京都城文化的一个缩影。

乌古伦窝伦墓之所以著名除了父以子贵之外，还由于墓中的那些精品。其中最精美的玉器就是那对龟巢荷叶佩。佩为青玉质，温润细腻，由一块玉料对剖制成。琢磨出三层纹饰：上层为龟，中层是荷叶，肥厚的荷叶边缘卷曲，像被一阵清风吹动，下层是茨菰茎叶，下角还有两朵荷花。

在两片宽大的荷叶中央，各雕了一只昂首爬行的小龟，它们好像在呼唤着自己的同伴，以便相伴而行，情态十分生动。杨伯达先生说："将该玉放平观赏，宛若荷叶、茨菰浮于水面，神龟游于蓣叶，生动可爱。"杨伯达先生接着写道："《宋书·符瑞志》：'灵龟者，神龟也。王者德泽甚清，渔猎山川从时则出，五色鲜明，三百岁游于蓣叶之上，三千岁常游于卷耳之上。'蓣叶即荷叶，此玉表现'王者德泽甚清'，为皇帝歌功颂德，属符瑞玉器，名为'龟游'，对生者尚有祷其长寿之意。"龟为长寿之物，还与富贵谐音，意寓富贵，在古代人们心目中的形象是非常美好的，它被作为吉祥长寿的神灵之物被人加以崇尚；莲花出淤泥而不染，是廉洁、清高的化身。采用莹润细腻的优质青白玉，通灵之物乌龟与高洁的荷花相互映照，是佩玉中的佳品。

另一件值得赏玩的是白玉绶带鸟衔花佩。佩为白玉质，润洁细腻。镂空雕琢出五瓣形花朵，花蕾、枝叶叶脉清晰，叶齿整齐。单阴刻格子纹表现鸟儿丰满的羽毛。背面碾琢粗犷，光素。器物造型新颖，琢刻碾磨精细，抛光甚佳。绶带鸟的"绶"因与"寿"字谐音，故绶带鸟是福寿的象征。绶带鸟衔花卉纹，寓意春光长寿，生机勃勃。

作品表现绶带鸟用嘴轻啄花朵那一瞬间的情景，寓动于静，轻柔美妙。这件作品与龟游有一个共同的特点，即不是孤零零地表现一个物体或一件动物，而是花与鸟、龟与荷叶、荷叶与茨慈姑相辅相成，动静结合，表现出周围的环境特点，富有生活气息。古代的匠人总是善于抓取这样的瞬间，并将它定格于自己的作品中。那时他们的手中还没有相机，但他们照样可以记录美好的瞬间，并使它流传千古。

这两件玉器与金代石椁墓的玉器一起同坐于一个展柜，那真是一个历史与文化分量都极重的展柜，也是最令我流连的展柜。那些玉佩不知被我拍过多少遍。

除了玉器，墓中出土的青瓷也很精美。青瓷葫芦执壶，耀州窑青瓷鋬手洗，耀州窑月白釉刻花卧足钵，件件都是名贵的珍品。葫芦执壶釉子青幽肥厚，鋬手洗裂出片片冰纹，特别是那件刻花卧足钵，斜刻的刀法令釉汁堆积，显出了阴影般的效果，极有境界。

乌古伦窝伦墓是首次发掘的北京地区有明确纪年的女真族贵族墓，距今有800余年，为研究金朝历史提供了极其难得的珍贵实物资料。考古所遵循的原则为"文献加文物"，出土文物对于文献记载的内容起到了实证的作用，特别是有明确纪年的文物，它的考古实证意义就更为突出和珍贵。

1. 金 青玉龟巢荷叶佩-1   2. 金 白玉绶带鸟衔花佩-2

湛蓝如湖水清朗似天空，雄浑与典雅的交响

——元大都的元青花

　　元代（1271—1368 年）虽然只有 90 多年，但它是中国经过长期分裂后，又一次出现的大一统朝代，它为明清两代中国封建社会后期的大发展奠定了基础。在瓷器发展史上，元代是一个承前启后的重要时期。从传世及出土的瓷器看，元代景德镇除了继续生产青白瓷、白瓷和黑釉瓷以外，还生产新品种有卵白釉（枢府）瓷、青花瓷、釉里红瓷和红釉、蓝釉等高温颜色釉瓷以及孔雀绿等低温颜色釉瓷。其中，青花和高温颜色釉瓷的烧制技术成熟，在中国陶瓷史上具有划时代的意义，为明代瓷都景德镇的形成奠定了基础。

　　元瓷为什么会有如此高的成就，它的文化背景与社会背景是什么呢？

　　元朝是少数民族统治的朝代，在民族等级制压迫下的中国文人，由于失去了参与政治的可能，于是转而将才能投向更广阔的天地，他们的文化素养，为元朝的文化和艺术打开了一个崭新的局面。元朝是一个开放的朝代，元大都更是当时的国际化大都会，贸易往来十分频繁。元代的对外贸易，不仅受到军事行动的影响，而且更因元政府大力提倡而特别兴盛，并刺激了各种手工业的发展。市场的需求刺激着元青花的生产并影响着它的纹饰。现存世的元青花大部分在国外，只有少部分留在了国内，这就从一个方面证明了当时外销瓷的兴旺。人文因素与市场机制的双重作用，使得元瓷、特别是元青花瓷具有了蓬勃的力量，在人类的历史长河中熠熠生辉。

　　元青花是大元的文化符号，气势特别大，用磅礴来形容一点都不过分。但是细观元青花，它的底色并不是纯白色，而是像鸭蛋皮那样微微泛青，非常有韵味。宋代时，景德镇以烧制青白瓷为主，釉质肥厚，白中闪青，像玉一样莹润，这种瓷不仅是文人雅士的挚爱，也被达官贵人所推崇。这种青白釉为后世的青花和彩瓷都打下了基础，具有十分重要的意义。元继承了宋朝，青白釉（又称卵白釉）是元青花的底色，可以这样说，如果没有这种青白釉做衬托，元青花就不是元青花了。坐在首博瓷器厅中的几件元代青白釉瓷器，

均属于元代景德镇窑所烧制的，是北京地区出土与传世诸多青白瓷中出类拔萃的器物，代表了元代的时代风格，经有关专家鉴定已列为国家一级文物及珍贵文物收藏。

元青花不仅是元瓷的代表，也是青花瓷中的杰出器物，元青花的艺术造诣不同凡响，既有草原游牧民族的雄风与气概，又将宋瓷的艺术精髓表现得淋漓尽致。造型的饱满与张扬，纹饰的典雅与秀丽，绝对的奔放与绝对的唯美，也许就是元青花的内涵与精髓。所有这一切，使得元青花带上了些至高无上的神圣气魄，配得上"高山仰止"这四个字。而它神秘的、令人难以捉摸的起源和突然就成熟起来的演进史，以及极少的存世量，也使人们对它更加着迷。关于元青花的源头专家们见仁见智，有的从中国的陶瓷发展史出发追寻根源，也有的从波斯早年用钴蓝的事实出发，最终认为元青花主要是在波斯用钴蓝的影响下产生的。费尽心力地查找源头，都离不开对当时历史时代大背景的了解。

我国早在唐代就已开始用钴料在瓷胎上绘画，唐三彩中的蓝色就是用钴料呈色的，唐青花在当时也已远销国外。9—10世纪，中东很多国家都进口我国的唐青花瓷，这种新出现的制瓷工艺，必然给当地制陶工匠以很大的吸引力，加之这些国家的人民很喜欢青金石，有着青金石般色泽的青花瓷，就更受到欢迎。但是唐代的青花瓷器烧制技术，随着烧制唐三彩的河南巩义市窑的衰落而暂时中断了。大约在14世纪二三十年代，几乎中断了近四个世纪的河南巩义市的青花烧制技术，在江西景德镇突然重新放出光芒，这是一种历史在更高阶段上的重演，而促成这种历史重复的，瓷器仍然是向中东地区出口的。中东地区国家的制陶业，在10世纪以后，对于釉下彩，特别是青花的制作一直没有间断过，但是由于中东地区的胎、釉料较差，且烧成温度不高，因此始终无法达到中国青花瓷的质量水平。随着元朝政府对外交往的发展，又重新唤起了中东国家对中国青花瓷器的需求，而元世祖忽必烈于至元十五年（1278年）在景德镇所设的浮梁瓷局，已能成熟烧制出乳浊状的卵白釉瓷，即"枢府瓷"。在枢府瓷胎釉制作具有完善条件的基础上，利用国产及从中东地区进口的钴土矿，大批生产出口所需青花瓷器，在当时是水到渠成的事。这种开始为外销而生产的商品，也必然转而为国内市场所需要，这就是元代景德镇青花瓷器大发展的时代背景。

元青花，它造型精美雄浑，是中国瓷器史上的巅峰之作，而首博的那只青花凤首扁壶称得上是其中的绝品。

凤首扁壶1970年在北京旧鼓楼大街元代窖藏出土，出土时是一堆碎片，然而在残破而厚重的卵白瓷地上，青花发色像深潭的水，蓝得纤尘不染，给人以古拙的美感。只需一瞥，逝去的时光瞬间在青花"碎片文明"上汩汩而出。

凤首扁壶经过名师的修复终于以完整面目示人。它的造型既吸收了晋唐天鸡壶的特点，同时又吸收了北方游牧民族马镫壶的扁体造型，二者被非常巧妙地结合在一起，在扁圆的壶体上，将壶的流塑成凤鸟的头，壶柄则由凤尾构成，凤头昂起，一双秀目微阖着，高傲之中带有一丝矜持，羽毛丰泽的双翅垂于两侧，被折枝花纹所簇拥着，十分有范儿。它不仅造型新颖生动，而且还具有相当的工艺难度。壶嘴是模制成型，把手则是手工捏塑成型，而壶身是雕镶成型。青花是釉下彩，先在瓷胎上用蓝色钴料作画，然后罩上透明釉，在1270度的高温下一次烧成。元代景德镇官窑的青花瓷器采用进口钴料绘制，高温烧制后色泽青翠浓艳，凝结的铁锈斑形成类似水墨画的效果。

有趣的是，在新疆伊犁博物馆中也有一只凤首扁壶，据说与这只是一鸾一凤，这令人对它们当年的风采生出无限遐想。当年它们是相栖相伴的一对儿，还是关山相隔？它们坐落于何处，是官宦人家的厅堂，还是文人雅士的书案？面对着它们，人们发出过什么样的吟咏与喟叹？令我最感到满足与庆幸的是，在首博举办的一次元青花精品展中，这两只凤首扁壶竟齐聚一堂，共同坐落于展厅。它们相隔不远，两相对望，时空在博物馆中被凝聚到一个点上，这样的经历让我久久不能忘怀。元青花的美，是那种深沉的、沁人心脾的，而元青花中的凤首扁壶，则是美中之大美、绝美，深沉与古雅的力量，震撼人的心灵，美到令人心痛，甚至有着战栗的快感。

在元青花瓷器中，我最喜欢的纹饰是"满池娇"。元朝时期在丝织刺绣品上流行一种纹饰被称为"满池娇"，荷叶、莲花、鸳鸯戏水，很受皇家及达官贵人的喜爱，元青花鸳鸯戏莲纹玉壶春瓶的图案就是满池娇。

玉壶春的器形由唐代寺院的净水瓶演化而来，它的造型定型于北宋时期，在当时是一种装酒用的实用器，后逐渐演变为观赏器。关于"玉壶春瓶"名字的来源，一般的书籍都说是因宋人的诗句"玉壶先春"而得名，也有说是因"玉壶买春"而得名，但仅仅是四个字，完整的诗句是什么，什么人作的，题目是什么，都不得而知。进一步说，即便知道了这首诗的全部，但一句诗是如何与这种撇口、细颈、垂腹、圈足的器物联系起来的呢？"玉壶买春"四字倒是可以查到出处。唐代司空图的《诗品·典雅》中有"玉壶买春，赏雨茆屋；坐中佳士，左右修竹"的句子，"玉壶买春"四字在这里的意思是用玉壶去买酒，"春"指的是酒，玉壶则指玉制的壶或是如玉一般的青瓷壶。至于这种壶的形状是否就是现在所见的"玉壶春瓶"，二者是否能够直接联系起来，均难考实，也有某种可能是后人用"玉壶买春"来附会现在的玉壶春瓶，也未可知。

　　考证不是一件容易的事情，对名字的考证并不影响我们欣赏器物。器身上鸳鸯戏莲的图案，具有耐人寻味的唯美色彩，莲花的枝干柔韧中透着妖娆，那饱满的花朵仿佛在随风轻轻摇曳，水波泛起的阵阵涟漪，给画面增添了柔媚的几笔。器底部是元青花常爱用的仰莲纹，方正的造型蕴含着草原民族的粗犷之风。用这样安稳有力的仰莲托着那一池娇色，犹如一支宁静而又舒缓的夜曲。一个娇字，颇为传神。

　　匜是宋元时期的典型器具，原来是中国古代用来盥洗用的青铜用具，后来成了仿古器的典范。青花束莲卷草纹匜，器形较小，浅圆钵形器身，口沿侧有一较宽的流，在流的下部有一圆环。匜内底心绘制的也是满池娇纹饰，雕刻到瓷器上其莲瓣尖，葫芦叶，彰显出青花的笔墨趣味。外壁的七瓣双勾仰莲纹里面填充着如意云纹，花瓣是长方形的，造型古朴，写意不写形，而且莲瓣之间互不挨着；双勾的边线有一条很粗，好像是不经意地一抹，笔法洒脱。而入明以后的往往是用细线挑双勾莲瓣的边框，莲瓣互相挨挨挤挤，有的还有重叠。满池娇到明代被演绎为一把莲，脱去了古朴的味道，笔法更加具象，也更加工细。

　　景德镇窑青花松竹梅纹葵口盘，它的纹饰与元青花那种繁密布满器身的特点很不相同，三只简练的松、竹、梅，构成一幅疏朗的画面，加上典雅的葵口边，使整件器物充满了宋风。比器物本身更出名的是它的出土地——北京西城区后英房，这是元代规模较大的一处居住遗址，发掘后的遗址平面布局，给我们提供了元大都的一处民居实景，对于研究北京城的城建史及四合院的发展变化，始终具有重要的价值。继清理后英房元代遗址之后，考古工作队分别在北京的西绦胡同和后桃园又发掘清理了两处元代居住遗址，它们都是元大都发掘工作的重要组成部分，遗址中也出土了精美的元瓷。元大都对北京城建的影响是极其深远的，胡同、四合院都趋于完善，它们唇齿相依，使北京城有了自己的肌理。在元代统治阶级居住遗址出土的器形高大、釉色亮丽的珍品，不禁令我们从这些遗址与文物提供的元代建筑、制瓷的实物资料中，遥想当年大都生活的绚烂与多彩。

1. 青花凤首扁壶 首都博物馆

2. 青花凤首扁壶 新疆伊犁博物馆藏

3. 元 景德镇窑青花松竹梅纹葵口盘
北京西城后英房出土-2

4. 元 青花
鸳鸯戏莲纹玉壶
春瓶

韵律之美

——北京的中轴线

　　建筑是凝固的旋律，它将线条、面、块组合在一起，加上各种不同的建筑材料，形成了优美、庞大、简洁、古朴、另类的群体，展示着城市的风格，也构成了文明的元素。北京作为几代皇都，它的建筑就更加不同凡响，其中最为显著也是众所周知的就是它是一座以中轴线为对称建造的城市。

　　我听过一位老师讲的故事，也是这位老师的老师讲给他的。说是大清时有一个外国使者要来北京觐见皇上，可是他却不愿意按照当时的礼仪对皇上下跪，于是官员们做了一个礼宾的安排，让他从大清门走进皇城。这个老外已经见识过了北京民居灰砖灰瓦的四合院，但是一走进皇城他就发觉环境不一样了，红墙黄琉璃瓦，气派堂皇，大块条石铺就的御道把人一直引向天安门。这位使者沿着御道一直向北前行，金水桥、华表、威武的狮子，宫殿的大屋顶，向上延伸的巨大台阶，人在这些建筑面前是这样的渺小。当他爬上台阶来到太和殿前时，他不由得匍匐在地，他说他跪的不是皇帝，而是中国的建筑，在这样优美辉煌的建筑面前，他不得不五体投地了。

　　引导这位使者的御道就是北京的中轴线，富丽堂皇的皇宫乃至古老的北京城都是在这条中轴线上对称展开的。那么，最古老的中轴线产生于何时呢？

　　1983年开始发掘的红山文化牛河梁遗址是一处坛、庙、冢相结合的大型祭祀建筑群，其布局与性质和北京的天坛、太庙及十三陵相似，也是以中轴线为中心展开的。在距离牛河梁女神庙一千米的地方，有一座人工夯土的小山，被称为"金字塔"，爬到"金字塔"顶上向四周望去，女神庙遗址与"金字塔"在一条南北线上，而东西两侧的积石冢群址与"金字塔"等距离地排列在一条线上。这组按照中轴线分布的祭祀建筑群表现出对周围聚落的强大驾驭态势，展现出5000年前的一个具有国家雏形的原始文明社会，它对于中国上古时代社会发展史、思想史、宗教史、建筑史、美术史的研究都产生了巨大的影响，这就是最早的中轴线。

　　周朝的宗法制度与礼乐文明是对中华文明的一大贡献，它建立并完善了一个礼制社会，这样的社会对于建筑也必然会有一定的规制。《周礼·考工记》中载："匠人营国，方九里，旁三门。国中九经九纬，经涂九轨，左祖右社，面朝后市，市朝一夫。"这个营国规矩，显然是根据皇帝面南而坐的大原则而制定的。每边长 4.5 千米开三个门，城中各有 9 条东西向和南北向的主干道，皇帝的左手为东建祖庙，右手为西建社稷坛，面为南是朝廷，后为北是市井百姓。这样一种棋盘格局正是以皇帝宝座下的中轴线为对称展开的。然而《考工记》中更多的是一种理想，将这一理想付诸实施、把中轴线引入城市建设已经是汉魏时代的事了。

　　邺城遗址位于河北临漳县城西南 20 千米处，距邯郸 80 千米，曾是曹魏、后赵、冉魏、前燕、东魏、北齐的都城。曹操击败袁绍攻入邺城后，开始大规模的修建，邺城成为中国古代城市建设史上具有里程碑式的城市。城市有了明确的分区，不仅继承了古代城与廓的区分，也直接继承了汉代宫城与外城的区分。城市道路正对城门，把中轴线对称的手法从一般建筑群，扩大应用于整个城市，全城强调中轴安排，王宫、街道整齐对称，结构严谨，分区明显，这一中国城市建筑的典范承前启后，影响深远。对后来的长安、洛阳、北京城的兴建乃至日本的宫廷建筑，都有着很大借鉴和参考价值。

　　元大都的建设比较全面地实现了《周礼·考工记》的理想。大都的建设以水为经，取中定位，在富有韵律感的中轴线两侧，合理规划，科学布局，根据太液池和积水潭确立皇宫及主体市的规划位置，形成了宫南市北的格局，祖庙和社稷分别建在宫城的东西两侧，居民则分布在皇城四周。使大都成为当时世界上最光辉的城市，也是中国封建都城建设的辉煌杰作。至明清两朝，中轴线形成了现有的规模，皇宫居全城中心，受三重城垣包围；内城居住着官僚和商人，外城为一般平民居住，整个北京城的布局体现了以皇室为主体的思想。一条串联起中国古代辉煌建筑的中轴线终于成熟定格在古都北京。这条长达 7.8 千米的城市中轴线南起永定门，北到钟鼓楼，汇集了北京古代城市建筑的精髓，见证了北京城的沧桑变迁。

　　北京独有的壮美秩序就由这条中轴线的建立而产生，如果把中轴线比喻为一柄如意，那它具有一南一北两朵如意云头。南边的那朵，被肖复兴先生称为"蓝调城南"，北边那朵则是刘心武先生小说中的"钟鼓楼下"。

　　自明朝从南京迁都到北京，大运河北头的漕运码头，由积水潭移到前门以南，以后又相继扩建了外城，到清代禁止内城开设戏院，将绝大多数的戏院和娱乐场所开设在前门外，以及前门火车站交通枢纽中心的建立，这一系列的历史因素，造就了城南特殊的历史地位与含义。城南的肌理就在中轴线两侧向东、向西铺开。在这片肌理中，有四个最具代表意义的地标，就是永定门、天桥、珠市口和前门，这四个地标把城南分成了三块，每块各有自己的味道。

永定门位于中轴线的最南端，站在永定门上往南望，视野开阔，可以一直望到南苑。当年的皇帝去南苑打猎得从永定门出城，而解放军和平解放北平，就是在永定门前举行的进城仪式，然后一路大踏步地走向前门。永定门是北京几座外城门里最大的一座，从它的门洞里穿过，才算进了北京城。

天桥这个名字从明朝永乐年间就有，那时的城南还是水汪汪的一片，皇帝去天坛祭天需要经过一条河，于是就在这条河上用汉白玉修了一座单孔的拱形石桥。天桥，就是天子要过的桥。天桥是随着水的消失而走向没落的，轻盈的水道变成了臭烘烘的龙须沟，味道与市风一下从大雅跌到了大俗。这种味道虽然失去了诗意，却成了城南的另一道风景。集贸市场、茶馆酒肆、书棚棋社，曲艺摊上的小曲，撂地摆摊的杂耍，使得民间风味与民间烟火具有浓厚的平民意味。天桥是城南最大的娱乐场所，爱吃爱玩的北京人，都喜欢到这里来放松一下。

与天桥一街之隔就是珠市口，这是城南的一道分界线，它不仅仅是一道贫富的分水岭，还是雅与俗难以逾越的一条鸿沟。清朝时期，前门地区的风气之先，经济文化上的繁荣，在乾隆年间达到高峰，执全城之牛耳。可是这种繁荣，也就到珠市口为止，那些在纵横交错胡同里的会馆，如大水般恣肆汪洋的店铺、戏楼、酒肆饭庄，都在珠市口北边。从前门大街到珠市口，是城南的花柳繁华地，温柔富贵乡。

如意的中部就是皇宫紫禁城。清华大学建筑学院楼庆西教授写道："从午门起，宫城内的中轴线上排列着一道又一道门，一座又一座殿，走过大大小小的、宽窄相间的广场与庭院，经历太和殿的高潮和寝宫、御园的余韵，走出宫城而登至景山。景山是京城中轴线上的一座小山，它正处于整座内城的中心点上，站立在这异峰突起的景山中央的万春亭里，向南可以展望到中轴线上的层层宫阙，它们在两边灰色的四合院住宅中间，显得鲜明而突出。向北望去，景山下的殿堂，皇城的北门地安门，一直可以看到中轴线北端的鼓楼与钟楼。"

钟鼓楼这一片对北京有特殊的意义，它不仅是中轴线的北端，它还是京城水系中间的一个扣儿，从昌平白浮泉来的水经过昆明湖从西直门流到积水潭，通过中轴线上的万宁桥又向东南接上通州大运河，积水潭是京城水系中一个美丽的结，把城市用水和漕运水系连接在一起，解决了城市用水和漕运的问题北京才能立住脚成为皇都，构成北京味儿的胡同四合院也是从这儿开始形成发展的。

钟鼓楼的位置也特别好，往东南是大户富贾区米市大街，往南不用说就是景山故宫，往西是名人故居西海湿地，往北有皇家大庙雍和宫和最高学府国子监。钟韵鼓声覆盖下的那一片是北京最活色生香的地方。

钟鼓楼这块地方，我曾经盘桓过数年。宝钞胡同是我 40 年前出没的地方，在这里起早贪黑地干了 3 年，恢复高考后成了 1977 级学生才离开，在这里发生过那些影响到我生活的事情，至今仍是我的挚爱。那一片有多美，多深情，多庸常，多亲切，没来由的就想去那里转一转，永远也不会腻烦，总是能尝到不同的味道。红墙灰瓦的鼓楼，灰墙青瓦的钟楼，沿着陡峭的楼梯爬上去，只为看一眼从景山后街延续到脚下的那一段中轴线，熙熙攘攘的市井风情，太温暖了。

什刹海是北京有名的一处小资之地，只坐着，便是一种享受。站在银锭桥上，响晴白日之时可银锭观山，从水岸边的高窗望出去是一片青绿，水岸边是眺望什刹海的最佳角度。深秋时下一点雨，湿漉漉的凉意拂在脸上，钻进鼻孔，水面被细雨打出疏疏落落的涟漪。冬天的什刹海冰场，曾经演绎过多少故事，我们这代人都记得冰场上的军大衣和将校呢，那早已逝去却留下深刻印记的岁月。

这条记录着我们民族不朽历史和个人生命轨迹的中轴线，带给我们无尽的诗情画意，然而在建筑师的眼中，除了诗情画意之外，还会有一种特殊的感触，梁思成大师把这称为"建筑意"，他常常因为领悟到这种"建筑意"而兴奋。那么，中轴线具有什么样的"意"呢？

"意"在艺术与美术领域中是非常美的一个字。《说文解字》中释为："意，志也。从心，察言而知意也。"《现代汉语词典》中解释："意会，不经直接说明而了解""意蕴，内在的意义""意味，含蓄的意思，情调、趣味"。这些解释都向我们提示，"意"是物质表象内所蕴含的、需要理解领悟的一种精神层面的东西，一旦领悟了这种东西，它会反作用于我们，使我们获得更深层次的喜悦与快感。

提到"意"，书法中的"意"是最丰富的。中轴线具有书法之美，中轴线很像"中"字那竖直的一笔，"口"在中轴两边对称展开，就像城市的布局。中国的书法就是依靠着横平竖直这种最基本的功法来展开的，而《周礼》中规定的城市布局也具有书法规则的均衡性。东晋女书法家、王羲之的启蒙老师卫夫人，在她的《笔阵图》中用具象的比喻来阐述抽象的原理，讨论了书法创作"意"与"笔"的关系。在说到那竖直的一笔时，她把它称作"万岁枯藤"，意思是要像深山老林中的那一条老藤，在漫长岁月中成长起来的生命，那么粗糙又那么坚韧，生命力孕育其中。蒋勋先生说："万岁枯藤不再只是自然界中的植物，万岁枯藤成为汉字书法里一根比喻顽强生命的线条。万岁枯藤是向一切看来枯老，却毫不妥协的坚强生命的致敬。"

　　中轴线就是运用毛笔中锋一气呵成的一笔"万岁枯藤"，它力贯全城，耿直而坚韧，有一股向两边扩张的力量，具有强大的驾驭态势，却又中正平和，不偏不倚，它告诉我们礼制的法度与规矩，同时又向我们展示深思熟虑的均衡之美。中轴线就像"万岁枯藤"那样有着自己生命发展的轨迹，城市在它两边慢慢展开，文明融入其中，充满着民生、民俗的血肉。中轴线的意蕴不仅仅限于对称之美、力量之美，欣赏中轴线，让我们领略了一个道理，即文明不仅是博大的，更是融会贯通的，因为中轴线会让我们想起书法，想起音乐，想起那善舞的长袖，会引起很多美的联想。"中轴意"所蕴含的丰富内涵，会令我们在不同的场合、不同的心境之下有不同的领略，因而也是玩味不尽、绵长久远的。以至于我们会发出这样的感叹：大美中轴线！

大美中轴线

永乐华美，宣德雄健，成化古雅，嘉靖绚烂

——明代瓷器欣赏

2007 年 4 月，首都博物馆举办了"景德镇珠山出土永乐官窑瓷器展"，我站在展厅前默读着前言：

"明代，景德镇设立了'御器厂'，专门为宫廷烧造御用瓷器。永乐甜白、永宣青花、成化斗彩、嘉万五彩，无不是瓷中翘楚，至今仍深受世人的喜爱并成为世界各大博物馆争相收藏的珍宝。

"1982 年至 1999 年，景德镇市陶瓷考古研究所配合景德镇的市政建设，在珠山周围发现并清理了明代官窑埋藏落选贡品的场所，抢救发掘出丰富的遗物，确认了珠山一带为明代御器厂遗址。

"2002 年至 2004 年，该所联合北京大学考古文博学院与江西省文物考古研究所，对明代御器厂遗址进行了正式发掘，清理出御窑窑炉及多处落选品埋藏坑，出土了大批官窑瓷器碎片。历经多年的整理、对合、复原，修复了数以千计的官窑瓷器精品，其中以明初永乐、宣德的产品量多、质优，气势宏伟。

"本展览为景德镇珠山出土的永乐官窑瓷器之专题展览，计展出修复的永乐官窑瓷器一百一十余件，包括甜白釉、红釉、青花、釉里红及釉上彩绘瓷，同时展出了一批具有伊斯兰风格的白釉及青花瓷，涵盖了珠山出土的永乐官窑瓷器的所有品种和器形，不少为世所未见，反映了永乐皇帝特有的审美情趣及当时高超的制瓷技艺，是研究明永乐时期历史、文化、经济等方面极为珍贵的实物资料。希望本展览可以为研究科技史和中国陶瓷史的观众提供可靠的实例，为收藏家和鉴赏家提供断代与辨伪的标尺。"

那时候的我，犹如一张白纸，在文物知识与鉴赏上处于"一穷二白"的状态，然而当我走进展厅，站在那块明永乐青花一把莲折沿盘的面前时，在我的眼前仿佛打开了一扇窗，清新的风随着一把莲的摇曳与摆动迎面吹来，一下就唤醒了那深埋于心底对祖国文化遗产的领悟与情感。正像伟大领袖所说的，一张白纸"可画最新最美的图画"，从此我在自己的这张白纸上不断留下印记，记

下领略文物的丝丝缕缕，文物摄影也由此开始。

明瓷是中国陶瓷史上最为多彩的一页。朱元璋于公元1368年称帝，建元洪武。江西地区从1361年以后，基本上在朱元璋的控制之下。景德镇在明代成为中国的瓷都，除了有其特殊的历史条件和有利的地理环境外，还有明朝宫廷在当地设立御器厂，承担为宫廷、皇室提供最优质瓷器的任务，也是明瓷几乎是景德镇一花独放的主要因素，可以说真正代表明朝时代特征的是景德镇瓷器。

青花瓷器从元代烧制成熟后，在洪武时期似乎曾一度衰落过，永乐开始，景德镇的青花细瓷又出现新的高峰，青花瓷器的制作已逐渐成为景德镇瓷器生产的主流。永乐、宣德两朝官窑瓷器的胎釉制作比元代有更大的进步，胎质细腻洁白，釉层晶莹肥厚，青花色泽浓艳是这一时期的共同特点。郑和七次下南洋，进一步发展了与中、西亚的贸易关系，带回了"苏麻离青"钴土矿，这类进口青料含铁量高，含锰量低，减少了青中的紫、红色调，在适当的火候下，能呈现出宝石蓝的色泽。但也由于含铁量高，往往在青花部分出现黑色的铁锈斑，这种自然形成的黑铁锈斑和浓艳的青蓝色瓷器相映成趣，被视为无法模仿的永乐、宣德青花瓷器的成功之作。

永乐青花一把莲折沿盘，出自明代景德镇珠山永乐官窑遗址。莲花是中国的传统纹样，寓有高洁清廉、出淤泥而不染的含义。早在东汉随着佛教的传入，莲瓣纹开始在陶瓷器上流行，至北宋成为南北瓷器上常见的图案。莲花与荷花在花形上有所不同，荷花饱满硕大，艳丽张扬，是水中的牡丹；而莲花花瓣短小密集，层层叠叠，清雅俊秀，与佛祖、菩萨脚下的莲台形制非常相似，更具佛教意味。束莲图案开始于宋，耀州窑青瓷上装饰的三把束莲纹，并印有"三把莲"字样。明代永、宣时期青花瓷上"一把莲"成为典型的装饰图案，且被清代康、雍、乾时期所仿效。此盘盘心绘莲花、菱角、荷叶等水生植物，因束为一把，故有"一把莲"之称。其绘画笔法为双钩填色，但其填色方法并非用大笔一笔涂抹，而是用小笔填绘，每次蘸料有限，需不断重复蘸料，这就使青花色彩有了深深浅浅的笔触痕迹，这也是从永乐开始到成化前期明代青花细瓷最具共性的一个特征。青花呈色深翠凝重，釉面肥亮，釉色白中泛青，与其中自然形成的黑铁锈斑点相映成趣。图案疏朗俊秀、笔意自然，极具中国传统水墨画的韵味。

永乐的青花葡萄纹与一把莲一样具有非凡的魅力。每颗葡萄珠的边缘仿佛都有一道光泽，展示着它的珠圆玉润与丰硕饱满，葡萄叶的筋脉显示着滋润的皱褶，卷曲成一圈一圈的葡萄藤细嫩而又富有弹性。"吐鲁番的葡萄熟了"，这对西域生命力的赞美之歌，始终带给人收获的喜悦。

执壶是隋代出现的一种酒器，又称注子、注壶，具有西亚风格。永乐青花缠枝牡丹纹执壶，比元代的梨式壶更高挑挺拔一些，更接近隋唐金银器的造型。壶身以缠枝牡丹纹为主体装饰，前塑弯曲的长流，流与颈之间又有云形扁带相连，手柄也是扁带形的，柄上有突起的系绳小孔，瓶的细圈足装饰着古朴的回纹，外加三乳钉装饰。执壶的青花色泽浓艳且带有黑色的铁锈斑，釉色白中泛青，是永乐时期的典型特征。

鸡心碗因为在它的碗底心有鸡心形状的突起，所以得了这个名称。永乐青花莲瓣纹鸡心碗碗口圆浑，腹部深邃，从口沿处向下迅速收束于小巧的高圈足，有一种很别致的漂亮。内底向下凹陷，外壁以空心莲瓣作为装饰，在莲瓣之间，绘制着石榴纹。石榴多子，是一种吉祥的纹饰被广泛应用在瓷器的装饰上。在这件瓷碗的内口沿装饰一圈卷枝纹，碗心绘有四瓣花纹，这是永乐时期所独有的。在各式各样碗的造型中，鸡心碗的形制独具一格，器身的迅速收束，能看到一点儿宋代斗笠碗的影子，但绝不雷同，它脱去了斗笠碗的古朴，漂亮中带着点儿傲慢，很不随大流的气质，这种风格是商品社会手工业发达的底子，很耐人寻味。

永乐年间的青花梅瓶，瓶身的主体纹饰多为缠枝莲纹、折枝花纹、花果纹，缠枝纹又名"万寿藤"，因其结构连绵不断而具有生生不息之意。辅助纹饰除仰、覆莲纹外，还有蕉叶纹，给梅瓶这种秀媚的器物增加了古朴的味道。整体画面一改元青花繁缛的装饰风格，构图疏朗有致，青花色泽浓艳，画面中的黑色斑点似水墨画中晕散的效果，雅致中透出华美，是永乐青花的显著特征。

青花古雅，永乐的白釉也很美。永乐年间的甜白釉，胎体白度很高，在极薄的胎体上，施不含铁或含铁量极低的透明釉，经过高温焙烧，釉质具有甜润的白糖色泽，所以被称为"甜白釉"。景德镇甜白釉的烧制成功，为明代彩瓷的发展创造了有利条件。

甜白釉上的花纹，都是在极薄的胎体上锥刻的暗花纹，也就是在瓷器胎体上用较细的工具刻画出花纹（称为锥拱），再罩上一层透明釉，暗花在隐约之间，不注意几乎看不出来，这种隐含于白釉中的细微纹饰，要通过一定角度的光线才可透见，就像拍蜘蛛网时需要侧逆光才能闪现出蛛丝那样，制作工艺极为高超。首博的永乐甜白釉暗花缠枝牡丹暗八仙纹僧帽壶，换了好几个角度才看出上面的纹饰，拍摄时更要缩小两挡光圈才能将这种暗刻纹拍出来。倒是几件白度不是很高的甜白釉比较容易看清上面的花纹。清代专门将这种瓷器作为一个独立的品种，称为"永乐甜白脱胎素白锥拱器"。寄生于贾府栊翠庵的尼姑妙玉，就收藏诸多数量的明代精品，贾母带着众人到栊翠庵茶品梅花雪，给众人用的都是一色官窑脱胎填白盖碗，"填白"应就是永乐甜白釉了。因为这种白瓷可以填上各种彩色而成彩瓷，所以又有"填白"之名。按书中写的人数了数，跟贾母一起来的主子级人物有王夫人、薛姨妈、贾宝玉、林黛玉、薛宝钗、三春、史湘云、李纨、凤姐十多个人，每人一个甜白釉盖碗，妙玉的收藏真够丰富的。

宣德青花和永乐青花一样，是中国古代青花瓷的高峰，被后人称为"永宣"，是青花瓷的黄金期。《景德镇陶录》评价宣德瓷器："诸料悉精，青花最贵。"宣德青花瓷以其古朴、典雅的造型，晶莹艳丽的釉色，多姿多彩的纹饰而闻名于世，与明代其他各朝的青花瓷器相比，其烧制技术已达到了最高峰，成为中国瓷器名品之一，其成就被称颂为"开一代未有之奇"。

宣德官窑中的龙纹非常美，特别是那种团龙，盘曲在精致的花边框之内，远远望去有点儿宝相花的样子。宣德龙的姿态十分凶猛，画法已改变了元代细长柔软的颈，或是须发直竖，或是具有野性的披发，龙须似戟，仰天剑般地竖着，结实有力的四肢，鳞片仿佛被饱满的肌肉撑起，极富质感，尖利的脚爪抓握着，张开的大口中卷曲的舌头正是咆哮那一时刻的状态，有的还两翼带翅。藏于故宫博物院的著名的宣德青花海水拔白云龙纹天球瓶中的还是一条回首龙，须发上竖，梗着脖子，采用"拔白"手法，就是满地青花中拔出一条白龙，龙悠游在青花海水之中，龙身上锥刻的暗纹隐约可见，在凶猛的气势中显出一抹雅丽。

除了凶猛壮美的龙纹之外，宣德青花中的花卉纹也很美。宣德青花折枝茶花纹如意耳扁壶，器身的造型就很典雅，色调浓艳的茶花充满着富贵之气却又不失画意。宣德青花折枝花果纹葵口碗更是不同凡响，碗的造型与葵口边宋意十足，青花的色泽、纹饰与葵口边共同展现出一种古意，那种难以掩饰的古典之美，其艺术境界更在永乐的华美之上。宣德青花真是别有一番意趣，百看不厌。

宣德瓷器不仅纹饰雄健，颜色也很有力量。宣德的高温铜红釉，在永乐红釉烧造的基础上有所发展，是明代红釉烧制的高峰。宣德以后，历朝虽还略有生产，但无论质量或数量，都已趋向衰退，嘉靖朝的高温铜红釉，往往烧成暗红中带黑，导致以低温铁红代替。

宣德红釉有鲜红和豇豆红两种，鲜红因烧成气温的不同，有深、浅不同的红色，习称宝石红、祭红等。鲜红釉器最美的是口沿处那一圈灯草口，这是因为红釉流淌下垂，釉层较薄而露出胎骨，像一根灯草盘在口沿上。那一圈既不是白色也不是浅红色，而是粉白色，有一种自然天成的装饰效果。宣德鲜红釉僧帽壶上也有一圈灯草口，柄上和云头型花片上也有，那柔和的一条，比红釉本身还有韵味。

　　成化斗彩是明代最脍炙人口的瓷器。由于斗彩主要作为宫廷玩赏品而烧造，当时的生产数量就很有限，在明代就是极贵重的珍品。"斗彩"这个名称，在明代还没有形成。明代晚期一些记述瓷器的书籍，把成化斗彩叫作"成化五彩"或"青花间装五彩"。直到清雍正七年（1729年）的清宫内务府造办处的档案，还是称"成窑五彩"。最早使用"斗彩"这一专门名称并加以解释的，是成书于清雍正、乾隆年间的《南窑笔记》："成、正、嘉、万俱有斗彩、五彩、填彩三种。先于坯上用青料画花鸟半体，复入彩料，凑齐全体，名曰斗彩。"看来"斗彩"这个名字具有的纹饰由青花与五彩拼凑而成的意思。

　　斗彩由于是宫廷珍玩，一般不见大器。瓷器的胎体很薄，胎质细腻，白胎的釉色极美，光亮莹白，特别是那种白中微微闪青的釉色，好像英国贵族的肌肤，因为过于洁白细腻反倒泛出些青色来。青花发色追求柔和而不是浓艳，味道古雅，这与成化青花多采用国产"平等青"料有关，呈色浅淡而略带灰色，色泽稳定，轻淡柔和，造型庄重。构图也比较疏朗，改变了永宣时期用小笔触着色，少了些层次，却多了些简约。这只成化斗彩折枝花纹浅杯，极其小巧精致，但和小赫舍里墓出土的成化斗彩葡萄纹杯比起来还是略逊了一筹，葡萄纹杯是斗彩中的精品，并且还是一对儿，只有它才担得起国家一级文物的名头。

　　五彩瓷器是明代彩瓷中的名品，分为青花五彩和釉上五彩两大类。青花五彩是以釉下青花与釉上低温烧成的五彩描绘器物上的纹样，这与斗彩是有区别的。斗彩中的青花是用来勾画纹饰的轮廓线，而青花五彩是用青花绘出几个重点图案，其他空间用低温五彩去填补完成，因此青花五彩中的青花是起着图案定位作用的。另一类釉上五彩是将彩绘画在已经烧成的白釉瓷器上，然后经过800摄氏度的温度烧制而成。

　　明嘉靖时期五彩瓷兴盛繁荣，五彩鱼藻纹罐是其中最具代表性的作品。罐上描绘的花草游鱼被称为鱼藻纹，是瓷器装饰的典型纹样。因为"鱼"与"富贵有余"谐音，所以鱼纹几乎是每个朝代都会使用的装饰图案。

　　首都博物馆中有一件嘉靖青花红彩鱼藻纹罐，这件罐实在是太漂亮了。罐上的青花青幽雅致，釉色有一种莹亮的光泽，显得极其工细。几尾红色鲤鱼在水藻与莲花中穿梭跳跃，十分活泼。细细观之，鲤鱼的红鳞中闪出金黄色的光泽，这种黄色掩含在红鳞之中，静悄悄地闪烁着金色光芒，实在是太有韵味了。原来这是嘉靖初期的一种新技法，即在黄彩上盖红彩。万历时期是先画好红色轮廓，然后填黄彩，这与嘉靖时期黄上盖红釉有显著区别。这件罐大部分是青花，只有极少的部分是黄上加红彩的。这种烧制方法是先在大窑中烧好青花，然后在留出画鱼的空白处用黄彩画鱼入窑烧，烧成后再在黄彩上渲染描画矾红彩鱼鳞和黑色的鱼眼，再入窑烧一次即完成。除黑、红色之外，釉上彩都是一次烧成的，此罐的釉上部分经过了两次焙烧，这种制作方法要有纯熟的技术和经验方能做到，这就是彩釉套叠的"嘉靖黄上红"。资料中记载原有的盖罐残伤，现在的盖是雍正时期配烧的，但黄红的色彩是先红后黄一次入炉烧成的，配制的结果大致相近，可见极具鉴赏力的雍正皇帝对这件罐子的重视与喜爱。

故宫博物院中也有一件嘉靖五彩鱼藻纹罐，它的风格与青花红彩鱼藻纹罐不同，色彩效果更为直接。这件鱼藻纹罐就是我国传统的釉上彩品种，通体由青花、枣红、娇绿、蜜黄等彩釉搭配，在荷花、水草、浮萍之间，游鱼翻转嬉戏，尾巴摇来摆去，晃动着脑袋张嘴觅食，尽显生机勃勃的神态。整个画面饱满而不张扬，外底青花书写"大明嘉靖年制"官窑款，非常名贵。站在罐子跟前，可要小心不要靠得太近，当心鱼儿摆尾时会被"唰"的一下溅一脸水哟！

2008年奥运会期间首博举办的"五千年文明瑰宝展"中展出过一件嘉靖矾红地黄龙纹瓷罐，也是一件杰出之作。矾红是嘉靖朝开始以低温铁红釉代替高温铜红釉的一种红料，与铜红釉相比，虽然缺乏那种宝石般的光泽，却更像国画中用水渲染红色的笔触。罐子的工艺是"红上黄"，即红上罩黄。由于瓷胎有白釉衬底，烧出的红、黄二色鲜亮无比，具有流光溢彩的效果。

永乐华美，宣德雄健，成化古雅，嘉靖绚烂，处于资本主义萌芽状态的明代中晚期，商品生产和商品交换十分活跃，致使明代瓷业取得了不可低估的成就，在中国陶瓷史中形成了自己独特的艺术风格。

1. 明永乐青花 一把莲折沿盘

景德镇珠山遗址出土

2. 明 永乐 青花折枝葡萄纹盘

3. 明永乐
甜白釉暗花缠枝
牡丹暗八仙纹僧
帽壶-3

4. 明 宣德
青花海水拔白龙
纹天球瓶 故宫
博物院藏-5

5. 明 嘉靖 青花红彩鱼藻纹罐-1

6. 明 嘉靖 五彩鱼藻纹罐-7

皇亲国戚更奢侈

——明代万贵与万通墓出土的精品

在首博泡的时间久了，会有一个感觉，就是那些重臣和王公贵族墓出土的文物更牛更奢侈。我记得在泡江西文物精品展的时候，完全被朱元璋儿子们也就是那些藩王墓出土的金饰给镇住了，明代在江西分封了宁王、益王、淮王三藩，已经发掘出数十座与这三个藩王系统有关的墓葬，出土文物达到数千件，无论在墓葬的数量、等级还是文物的精美程度上，都是其他省份难以比拟的。其中的霞帔坠子在 2008 年奥运会的精品厅中展出过。在这些王妃的金饰面前，十三陵地宫里皇后用的饰品简直土得掉了渣，俗得毫无品位可言。这些展品告诉我们，极品并不一定都出自皇宫内院，江西的藩王墓与北京的王公贵族墓一样，出土的文化宝物品质极高，精美程度甚至超过皇宫的用品，丰富的内涵向我们展示了另一种更有趣味的文化特色。

明朝的皇帝都很怪，要么痴迷炼丹，要么喜欢木工活儿，要么就谈一场冬夏之恋，妃子比皇帝大二十来岁。明宪宗就是这样一个人，他是冬夏之恋中的男主，女主就是《明史》中的名人万贵之女万贞儿，时称万贵妃。

万贵，《明史》有传，可算得上是明代前期的名人，他生于洪武壬申年（1392 年），卒于成化乙未年（约 1475 年），官衔为骠骑将军锦衣卫都指挥使，也是一位父以女贵的典型。万贵的长女万贞儿为明宪宗的宠妃，与朱见深演绎了一场旷世的"冬夏之恋"，以长朱见深十七岁的年龄始终将宪宗揽于自己成熟、温暖而又丰腴的怀抱，不仅每晚陪寝，甚至宪宗外出游乐时，也一刻不离地守着他，"帝每游幸，妃戎服前驱"。这样一位身穿戎服、威风凛凛保护在前的半个娘，怎能不令懦弱的朱见深充满恋母情怀而始终将宠爱集于她一身呢？

一人得道，鸡犬升天。万贞儿的父亲因此从山东诸城县衙里的一名小吏而升到了锦衣卫都指挥使的官位，她的兄弟也加官晋爵。万贵去世时，"上悼惜赐宝镪贰万缗斋粮布为丧葬资，命礼部谕祭，工部营坟域"，礼部为他办葬，工部为他建坟，地位可谓荣显。苏舅舅在《北京考古集成》中有专文论述万贵与万通，文中对宪宗在位二十三年，朝政由万贵妃操纵而导致的宫廷要案如宪宗皇后被废黜案、淑妃之死案等一一进行了剖析，并认为万氏家族在宫廷中并非仅左右一般事务，整个朝廷权柄几乎掌握在万氏家族手中，而其搜敛的财物更是不计其数。在万贵与万通墓中，出土的文物仅金银器每座都有数百两之多。其中包括装有红蓝宝石的金盒一个，金壶一把，金海棠八角盘两个，金锭二十个。万贵脚下置放银壶、银洗盘各两个，脸盆一个，明代宫内官库制造的银元宝八个，在身体下面还压有垫背大金钱八十个，足以证明墓志及史载不误。

万氏家族除万贞儿外皆葬于城南，即今右安门关厢附近，地面茔地陈设已无存，墓葬结构皆为砖石所砌，棺木虽然腐朽，但均未遭到盗掘。墓中的金银器以盘丝、累丝、镶嵌为主，那些精工雕刻的器皿都可列入上品，与王妃墓葬出土的金银器相比有过之而无不及。苏舅舅在仔细研读过万氏家族墓志后指出，万氏家族墓志的出土给明代史料增添了一些新的内容，作为补史来说可算作重要资料。

我们来看看万家父子墓中的珍品。

万通为万贵之子、宪宗皇帝朱见深最为宠爱的女人万贵妃之弟，生于明英宗正统四年（1439 年），卒于明宪宗成化十年（1474 年），他的墓中也是宝物连连。嵌宝石桃形金杯，杯体为剖开的半个桃子形，杯柄为桃枝与桃叶，杯中与柄部镶嵌红、蓝宝石。此杯集范铸、焊接、镶嵌等工艺于一体，制作考究，造型构思巧妙，以现实的桃为原形，并加以提炼与升华，红宝石的鲜红、蓝宝石的深蓝与黄金本身的灿灿黄光三者合于一体，素金配宝石，使本来因缺少纹样装饰的器物增添了富丽的效果。

明清时期玉带钩的用途由实用的腰带扣，演变为装饰性的玩赏之物，造型趋于统一，以龙首玉带钩为主流。万通墓出土的青白玉龙首螭纹带钩，其纹饰叫作"苍龙教子"，一条老龙在与一只子螭对话，苍龙沉稳厚重，小螭则顽皮活泼，阴刻的细毛发向后飘拂，带出了一点毛毛躁躁的感觉，工匠对于角色性格的把握真是到位。此件带钩青白玉质，带土沁，龙首为钩，圆钮上附一金别子，工艺比较粗宽，有"粗大明"的风范。

万贵墓位于右安门外关厢，1957 年被东庄农业社社员挖菜窖时发现。

万贵墓中金器居多，錾花人物楼阁图八方盘是一件精品。盘八方形，先以范铸成型，而后錾刻花纹图案。盘沿为连续的几何图案，盘心主题纹饰的内容极为丰富，描绘了人物、楼阁、树木、水波、桥梁、马匹、山石等，以人物、楼阁为主体，共刻画人物二十一位，或骑马、或携琴、或交谈、或对饮。人物錾刻随意、洒脱、自如、信马由缰，却又极富神采，笔笔到位。对建筑物——

重檐楼阁用笔却极为严谨，似界画，一丝不苟，整体画面动中有静，静中寓动，有环境烘托，有故事情节，是中国传统绘画以錾刻手法在金器中的再现。

万贵墓中还有一件精美的金器——海水江崖瑞兽纹金盏托。盏托为圆形，唇边以范铸与錾花手法制成，盘沿为二方连续回纹一周，盘心为一双钩篆书"寿"字。盘心与盘沿间为半浮雕式海水江崖瑞兽纹，水中有若隐若现的马、龙、狮、象、鱼等瑞兽。该盘在制作上突出整体的效果，不拘泥于细部的刻画，呈现出浑厚、粗朴的风格。

黄金镶嵌硕大宝石，是明代皇家饰品的固定搭配。巨大的猫眼儿、红宝、蓝宝、大颗的珍珠镶嵌在粗糙的金托上，除了求奢求大，别无是处，土得毫无品味可言。而万贵墓中的金器精品都是素金器，无一点镶嵌，或精美如画，或浑朴粗犷，其品质与风范把定陵地宫中金器甩出去好几条街。

万贵墓众多的金器，可谓是金光粲然，然而这些光彩都被放在万贵胸部的一件陪葬玉器给压下去了。

这是一件可与子冈杯比肩的玉杯，为深腹、圈足、螭耳，寓意喜意。杯身雕琢得细腻透彻，厚薄均匀，器面光平。两螭相对称作为杯耳，剔雕得非常精细，额头上带有"王"字的小螭前爪把着杯的口沿，昂首耸身，嘴巴正处于杯沿，好奇地望着杯中装着何种琼浆玉液，神态顽皮而又专注，尾巴十分有力地盘绕于杯壁，形成支点，平衡得恰到好处，仿佛再稍一用力就会翻入杯中。玉料是和田羊脂玉，玉质极佳，雕工极简，这正是和阗美玉的雕琢风格，用最简洁的手法，最完美地体现玉质之美。它抛弃了琐碎、纤巧与烦器，遵循"刻镂而不伤古雅"的最高艺术标准，将作品升华到具有某种境界，是真正的大师之作。此杯出土时放在万贵的胸部，说明了墓主人对它的挚爱。

明代玉器以玉器皿为上，而玉器皿中又以玉杯、玉壶为上。明朝出土的玉器皿极少，传世的很多杯、壶是其时最具时代特色的玉器皿，说明其时吃茶、饮酒之风弥漫于世，在享用的同时，还要把玩器皿。此间的玉器皿几无出土，此杯作为出土玉杯，非常珍贵。经过专家多次鉴定，一致认为它是一件具有高度历史与艺术价值的珍贵文物，1993年国家文物局对全国一级文物进行核审时认定为国家一级文物收藏，参加过多次巡展。

每次在首博的玉器厅，我总是喜欢长久地停留在它的面前，在它的斜对面，即展陈着另一件大名鼎鼎的夔凤纹子刚款樽，也是明代玉器皿中的佼佼者，然而我总是被双螭耳杯的素韵之美所吸引，那微微泛黄、莹润如酥的玉色，凝练的线条，小螭活灵活现的神态，令人总也欣赏不够。首博玉器厅中有两件和田玉器，除了这件之外，还有一件是小赫舍里墓出土的元代的凌霄花饰，也是微微泛黄莹润如酥的玉饰。这两件都是首博玉器厅的极品，而它们的主人也是位及人上的王公贵族，他们墓中的藏品无论从年代、材料、品质、做工都极尽奢华，这些人臣贵族位高权重，有封地又有官位，自家的租子吃不完还有官饷，更不要说诸多的敛财渠道，所拥有的宝物自然都是极好的。在它们面前，清代皇子墓出土的玉器，就像灰姑娘一样，又寒酸又小气，畏首畏尾、缩头缩脑地坐在一旁，实在是很可怜。在这样的环境里泡久了，自然也就咂摸出了北京都城文化的味道，这个味道有时可以言说，有时又只可意会不可言传，其中的妙趣真是值得玩味。

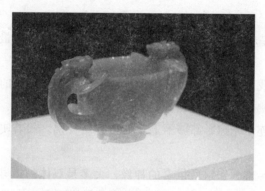

1. 明 羊脂白玉双螭耳杯-3

庄严佛法，美丽人间

——首都博物馆中的佛造像之美

　　我见过的佛造像不多，但在我见过的里面，有几尊是我最喜欢、也是印象最深的。

　　藏传佛教对我来说，始终带有一种神秘色彩，也许是它的义理非常烦琐艰深，也许是它的佛像众多，名目繁杂，既搞不懂，更记不住，所以对它们只是看看而已，可能连浮光掠影都够不上。唯独有一种佛，却着实令我迷恋，这就是欢喜佛。

　　欢喜佛是藏传佛教密宗所供奉的神像，大多是双体的，男佛与女佛是合抱双修的状态，明王威猛，明妃妩媚。据说欢喜佛供奉在密宗是一种修炼的"调心工具"和培植佛性的"机缘"，利用"乐空双运"产生悟空性，达到"以欲制欲"的目的。明王那凶恶的面目不仅是用来吓退外界的妖魔的，更主要的是可以用来对付自身的内孽障；而始终被明王拥在怀中、在修行中不可或缺的明妃，她的作用以佛经上的话来说，叫作"先以欲勾之，后令入佛智"，她以爱欲供奉那些残暴的神魔，让他们先在爱中融化，然后再把他们引到佛的境界中来。

　　爱能引导神魔进入佛境？这境界简直太崇高了。这使我想起多年前读到过的一篇文章。《光明日报》的大编辑韩小蕙，写了一篇文章《欢喜佛境界》，还被粗心的我在开始时读成了"喜欢佛境界"。她在文中把欢喜佛热情地讴歌了一下，这篇文章对我影响很大。欢喜佛在她眼中是什么样的呢？为什么多年来一直对我影响至深呢？我们不妨先来一起读一读吧。韩小蕙写道，她一见到欢喜佛浑身上下都如歌如吟地飘摇起来，因为欢喜佛的美丽震撼了她。她眼前的欢喜佛通体上下洋溢着一种令人热泪盈眶的爱恋之情，男佛与女佛地老天荒般的不可分离，四目相对，两两传情，使爱情达到了神圣的、经典的境界。这哪儿是供人跪叩膜拜的佛国神像，分明是一对现世男女的热恋雕塑！在韩小蕙眼里，每一尊欢喜佛的内心，也一定有着人间这种最坚贞、最典范、已演绎成为千古榜样的动人爱情，正是他们那种生在一起、死在一起的忘我境界，使韩小蕙一遍遍咀嚼和体验着"生生死死"这个词，禁不住的泪洒神州。韩小蕙认为，"生生死死"这个词，属于古典的过去岁月，在我们今天这个日益商业化、金钱化、交换化的世俗社会里，已是几乎看不见的稀世珍宝。很久很久了，这些珍宝让还停留在古典情怀的"傻子"们诸如她自己，遍寻无着，失魂一样的号啕痛哭。

怎么样？够女人味儿的吧！韩小蕙所讴歌的"大美、绝美、至美、纯美"，它的内核就是——爱，真够沉重的一个字。当我端着相机站在欢喜佛面前时，所想捕捉的就是韩小蕙所崇尚讴歌的那种四目凝视、吻在一起的角度；所想表达的就是那种传达爱意时逼人的美丽。这种古典的天大地大的美，不可能是静止的，因为它那生机勃勃的、丰沛的生命力，已将胜乐金刚淹没在爱的旋涡之中，像宇宙中的星云一样，他们被爱包裹，与宇宙一样的永恒。

因为韩小蕙写的文章《欢喜佛境界》，我还专门跑到承德去寻访了一次，在庙中还抽得了一支上上签。签符上那些讨人喜欢的吉祥话已经记不得了，只记得庙中的老喇嘛为我在签符上写下了"扎西德勒"四个字，并教我用一炷高香，烧化签符。随着一缕青烟飘向天空，那种悠然圆满的心情，至今还记忆犹新。

让我们来欣赏欢喜佛的美丽。

1. 明 铜镀金上乐金刚像

鎏金铜胜（上）乐金刚像，亦即我们俗称的欢喜佛。只见一位头戴金冠、身披彩带、三眼圆睁、高大伟岸的美金刚，运足神力，搂抱着一个小巧玲珑、俊美无比的小女佛；小女佛幸福地昂着头，左臂激情地环绕着男佛的脖子，右臂向苍天高举着，擎着一株灵芝；两个身躯紧紧贴在一起，两张嘴唇火热地吻在一起，双修而合二为一。

——摘自 韩小蕙《欢喜佛境界》

2. 铜镀金喜金刚

这些或金或银或鎏金或鎏银的佛像，可以说是天地间所有的大美、绝美、至美、纯美、最美的结晶化合成体，每一尊，都不仅使我想起了敦煌飞天的婀娜外形，还尤其想到了梁山伯与祝英台、简·爱与罗切斯特的爱情故事。在我眼里，每一尊欢喜佛的内心里，也一定有着人间这种最坚贞、最典范、已演绎成为千古榜样的动人爱情，正是他们那种生在一起、死在一起的忘我境界，使我一遍遍咀嚼和体验着"生生死死"这个词，禁不住的泪洒神州。

——摘自 韩小蕙《欢喜佛境界》

3. 铜镀金大轮金刚手像

眼前的这尊欢喜佛，美丽得逼人！但见这两位紧紧拥抱在一起的、已地老天荒般浑身一体不可分的男佛女佛，通体上下洋溢着一种令人热泪盈眶的爱恋之情；男佛怜惜地把爱人捧在胸前，柔和的眼光久久地落在她的脸庞上，里面满是爱慕；女佛则热烈地依附着他，一对美目目不转睛地凝视着他，回递着更深的爱意；四目相对，两两传情，使爱情达到了神圣的、经典的境界。这哪儿是供人跪叩膜拜的佛国神像，分明是一对现世男女的热恋雕塑！

我眼泪一下子就涌上眼眶，但觉喉咙发紧，心更紧得喘不上气来。爱情，人间最美的感情，连神仙都要来分享，并且借助神条天律"规定"下来，让人顶礼膜拜。威严的神啊，在这个意义上，你想得多么周到，你变得多么可亲近。

——摘自 韩小蕙《欢喜佛境界》

除了欢喜佛，还有几尊是我的挚爱。

藏传佛造像里有一位呈菩萨相的佛称作金刚持，金刚可以理解为智慧，他左手持铃右手拿杵，梵语的金刚持音译为"伐折罗陀罗"。"伐折罗"即为金刚杵，"陀罗"是执持的意思，故译为金刚持，是藏传佛教噶举派崇奉的本尊佛，为藏传佛造像大家庭中的一个重要成员，种类众多，具有独特的艺术特征和丰富的宗教文化内涵。金刚持右手持杵象征"巧善"，左手持铃象征"智慧"，是"不二法"以及"空界"的代表。在藏传佛教密宗殿中，其艺术形象为弓步姿势站立，前腿弓，后腿蹬，狮子头形，头上长毛竖起；面部有三只眼，龇牙咧嘴；身后披一张虎皮，胸前戴一串50颗头骨串成的长念珠，脖子上还缠绕着一条长蛇。右手持金刚杵，高高举起，左手置于胸前，象征"大无畏、大愤怒"，表示金刚部菩萨摧毁魔敌之坚毅智力。可是这尊金刚持并未持有法器，只是双手交于胸前，呈捧持状，好像在护佑自己的内心。他头戴花冠，装饰华丽，大大的耳饰垂于肩畔，结跏趺坐于莲花月轮上，面目娴静状若菩萨，姿态十分优美。值得一提的是，藏传佛造像在吸收印度、尼泊尔艺术特征的同时，又相互借鉴和吸收各自的艺术因素和工艺特点，形成了极具特点的藏民族文化。金刚持是噶举派的本尊，而噶举派一个最大的艺术成就就是丹萨梯风格的造像，在佛教艺术史上占有重要位置。丹萨梯造像的出现，标志着藏传佛教造像民族审美意识的日趋成熟，造像镶嵌松石、珠宝，反映了民族审美在佛造像中开始显著。这尊金刚持正是这样的风格，华丽的花冠与璎珞缀满绿松石，形成强烈的色彩对比，充满着藏民族的审美取向。

弥勒在普罗大众的心目中是一位笑口常开的欢喜胖子，大肚能容天下之事，看见他烦恼都会没了。可是首博的这尊弥勒菩萨完全颠覆了我对弥勒的印象，这不是一位女神吗？

原来弥勒有两种身份，因而就会有不同的形象。弥勒是印度梵语音译，意为"慈氏"，因其过去世曾得到佛的开示，发心修道成"慈心三昧"而得名。

弥勒出生于古印度南部婆罗门家庭，原信奉婆罗门教，后因听闻释迦牟尼佛说法而皈依佛教。因其根机深厚，深得释迦牟尼佛器重，释迦牟尼佛授记他，在未来世将继承佛位而成佛。因此弥勒具有两种身份，即现在菩萨身份和未来佛陀身份。千百年来，弥勒以此重要身份受到了我国汉藏各族人民的普遍崇信。这尊像是弥勒菩萨身份像，为弥勒菩萨众多艺术形象中的一种，虽然我只见过这一种，却固执地认为她一定是最美的那种，因为她更具人间烟火气。菩萨头顶束高发髻，形同当时妇女头饰，面相方正圆润，眼光下敛，挺直的鼻梁，樱桃小口及丰满的下巴极具女性风韵，宽肩细腰，于妖娆中透出力量，十指纤纤，右手结说法印，左手结禅定印，颈间璎珞低垂，结跏趺端坐于莲花宝座上，衣纹十分简洁，流畅贴体，整个造型端庄秀美，在深色背景的映衬之下，散发着娴静温柔的气息，分外婀娜。

我首次在首博遇见他们的时候，他们还没有被玻璃罩子罩住，就这样静静地坐在空气中，我可以离他们很近，我可以围着他们转，从不同的角度观赏拍摄，才会得到这样的效果。后来他们被罩住了，我也就收起了相机不再拍了。我时常会庆幸自己抓住了一些机会，能与文物近距离接触，能留下它们不受干扰的美好。如今这样的机会越来越少了，我拍的那些都变成了"老照片"，成了我珍藏的宝贝。

观音之歌

观音是我心中最美的女人。无论东方还是西方，古代还是现代，不管是婉约派也好，花间派也好，他们笔下对女人的描绘和赞誉，早已在观音身上得到了完美体现。我甚至怀疑，是观音启发了他们对女人的憧憬和想象。为什么优秀的造像都是绝美的人间形象，为什么古代匠人对于女性理解得这样透彻、表达这样的完美，在他们的心中，到底有着怎样的想象和憧憬，这些问题始终缭绕于我的心间，没有答案。

2013年11月，"佛韵——造像艺术集萃展"在首都博物馆展出，所展出的99尊佛像座座精美绝伦，特别是选用了99这个数字，正应了佛教"九九归一"的说法而别具深意。"佛韵"中有着众多的观音造像，令我兴奋到癫狂。我为了积累观音造像的摄影，不仅要在博物馆转，还要不放过每一个到访过的地方，辛辛苦苦积攒了六七年，也不过二三十尊。而这次展览不仅观音造像甚多，而且都是集大成之精粹，能遇到这样的机会实属难得，也让我过足了拍观音的"瘾"。

就让我来讴歌一下观音吧！

多年前的一个初春，洛阳牡丹即将开放的时候，我来到龙门石窟，卢舍那大佛并未引起我的震撼之感，在它附近万佛洞的一面石壁之上，一尊观音雕像却令我停下脚步，这无意间的一瞥，立刻被她牢牢抓住，望着她，有一种如醉如痴的感觉。

她左手提着一个水罐，右手中的麈尾本是布洒福祉的，却被她往肩头上随便一搭，就像搭一条汗巾那样，丰满圆润的面颊，特别是那下巴，告诉我们她正处于放松的那一瞬间。想想看，当我们长出一口气放松身心的时候，因为脖子变松软了，下巴便自然回收而使得下颌出现了双褶，观音就是处于这种状态，因而使她更像一个刚刚结束劳作的良家妇女，正直起腰来喘一口气，纯粹生活化的姿态是那么的妩媚，那么令人怜爱又令人着迷。据说梅兰芳大师见了这尊雕像，就像被点醒了一样，深得个中三昧而将舞台上的女性角色演绎得出神入化。

无独有偶，在首博展出的"佛韵"中，有一尊唐代的观音菩萨，也是这种姿态，左手提水罐，右手将麈尾随便一搭，三道弯的体态，重心放在右脚，左脚只是轻轻点地，投射下来的灯光在她的悬胆鼻上造出了一道绝美的曲线，圆润的下巴也有一个双褶，鎏金将她罩在了华美的金色之中，然而她仍然是一副脱俗的凡人像。这两尊中原风格浓郁的观音造像启示我们，即使是菩萨观音也只有在充满着人间烟火气的时候才是最美的，换句话说，就是凡俗女子在修炼得具有观音之心的时候，才是最为高雅而又善良可人的。

宋代是一个生活最为精致、也最讲究品位的朝代。然而宋朝的品位并不是阳春白雪、曲高和寡式的，宋朝的世俗化倾向明显，它将文化品位转化成日常生活中的精致享受，变成看得见、摸得着的生活陪伴，这也许就是宋朝最令人向往的原因。

宋代的观音已经完全转化成女性的形象，而且越来越妩媚。首博的景德镇窑青白釉反瓷观音坐像就妩媚得可以。细眯眯的丹凤吊稍眼即使半闭着也杀伤力十足，窄窄的悬胆鼻精致无比，小小的元宝口嘴角微微上翘，圆润的双下巴令她具有富贵之态，观音兜儿优雅地罩住发髻，这样的绝品女性有谁能抗拒得了呢，剩下的只有在她的面前徘徊了。

莲花与观音有着不解之缘，莲花手观音或是手持一茎莲花，或是在掌心印有一朵莲花，而这只莲花手正是施无畏印或与愿印的，这告诉我们些什么呢？

在大乘佛教中，莲花象征极乐净土，为佛家之往生境界，即"极乐世界"，莲花手观音几乎成为接引众生往生西方极乐世界的象征。莲花手观音备受信徒们的拥戴，将其视为人们精神的保护神。而莲花手所结的无畏印，即施无所畏惧之德，象征施一切众生安乐无畏，菩萨结此印能除一切众生的种种怖畏；而莲花手所施的与愿印，舒指仰掌，仿佛有滴滴甘露从佛的指间缓缓流注而下，即施众生诸愿皆令圆满。因此，莲花手观音的关键词就是"无畏"与"慈悲"，这也是我们人生的关键词，怀着慈悲之心勇敢地面对人生中的一切，做有利于众生的事情，令心中的那朵白莲自然绽开，这也许就是菩萨对众生的期许。

相较于莲花手观音，千手千眼观音也含有大慈大悲、救苦救难之意。佛教认为，众生的苦难和烦恼多种多样，众生的需求和愿望不尽相同，因此，就应有无尽的无边法力和智慧去度济众生。观音菩萨的千只眼睛时刻在关照这个充满苦难的世界，而千只手上的不同法器就是用来度济众生的。然而，沉沦于红尘中的苦难众生，是消极的等待度济，还是在佛的感召之下，勇敢地对命运宣战？

2004 年 9 月，在雅典残疾人奥运会的闭幕式上，《千手观音》一舞震惊世界。2005 年的春晚，随着《千手观音》的辉煌舞姿，热泪在我脸上不停地流淌，这是一次心灵的震撼，是生命的自我救赎。从首博的"佛韵"中归来，我将《千手观音》的视频拿出来连着看了三遍，仍不禁眼眶湿热。领舞邰丽华初始时眼帘低垂，似乎在关照自己的内心，随着乐舞高潮的到来，她猛然间杏眼圆睁，流光溢彩，那种内心的开放与感悟，通过那一对杏眼的神采传达出来，感染了我们每一个人。这些与有声世界隔绝的舞者，靠着相互间的呼吸，靠着引导老师的指挥来统一动作，如果不是内心的感悟，如何能取得如此整齐划一的效果。他们用心灵来感受音乐，他们用心灵来互相感受，他们用人的坚强，接受着、放大着佛的度济，他们将佛的度济传达给世人，演绎着人间最美的千手观音。

四臂观音是雪域高原的守护神，藏人由老至幼家家户户，皆吟诵其六字大明咒："嗡嘛呢叭咪吽"。我曾在成都琴台路一家颇为著名的藏品店中，买过几盘 CD，都是在欧洲制作的佛教音乐，由获得了格莱美奖的那位尼姑演唱，其制作风格与内地的完全不同。那六字真言的最后一字被拖曳得长长的，随着管弦乐器厚重的音调，发出嗡然的轰响，就像空谷中的回音，反复回荡着，充满着对真言的诚心吟诵，又通过音乐的手段传达给人们。

四臂观音是观世音菩萨无数化身之一，寂静的四臂观音像造型优美，她的前两只手合十胸前，握着一颗如意宝珠；另外两只手，右手持一串水晶念珠，左手持八瓣莲花，菩萨天衣轻柔，璎珞悬垂，绿松石点缀其间，于通体的金光之中，透出星星点点的柔绿，那种庄严中的华美直摄人的魂魄。最为感动的是菩萨手中的那一串水晶珠链，犹如"叮咛的泪"。很多年以前，我读过一套来自台湾 60 后作家的禅理散文，其中一篇《水晶之心》，是最为深入心田的：

"我喜欢水晶那种清凉透明的感觉。人如果能用清凉的智慧对待一切因缘，用透明的心关照世界，这个红尘人间将更加美丽清净，更接近我们心系神念的莲花净土。

"手上带着一串水晶念珠，像带着一串叮咛，一串提醒。凝视腕上的手珠，透明如水，像一串凝结的泪，盈盈然，绽放着清润的光芒，恍如随时要化作行雨，布洒人间。系连珠子的是一条红线，仿佛一条热肠子，包在冰雪聪明的心中。我喜欢这种清明中包含温柔的感觉，世事看得剔透，却仍愿保持温热的心情生活，就像在空性的体悟中仍对人世怀着悲悯，这就是佛法动人的地方。

…………

"在热恼人间做一颗清凉的水晶，以透明的心关照世界，提醒人生命本有的光明与清凉。"

动人的佛像，动人的佛法，所要提醒我们的是体悟生命的本源，回归生命的本源，这就是所谓的"焕发自性之光"吧！

这尊蒙古喀尔喀四臂观音传承着永宣宫廷造像的至高品相和精湛工艺，从喀尔喀这几个字透出的历史信息来看，它应为清廷赏赐于喀尔喀蒙古的内地宫廷造像。

半跏思维起源于印度，传到中国后流行于南北朝。通常认为这是表现释迦成佛前、身为悉达太子时苦思人生哲理乃至开悟的情形。"佛韵"中的思维观音半结跏趺坐，左手持一茎莲花，工匠常常赋予这莲花曲折盘旋的花茎，摇曳婀娜的姿态与菩萨的曲线相得益彰，她右手支颐做思维状，佛指极其优美，半开的双目凝视着左下角约45°的地方，西方雕刻《思想者》也是这种以手支颐的姿态，而这一方位乃是人像摄影的绝佳角度。

佛教重于思维，以"空"为体，佛教的"空"究竟是什么意思，是空无、是看空一切、放弃一切吗？实际上佛教的"空"，其实质乃是流转与变化，这个世界是生生流转、不断变化的，认清楚这一点，才会放弃执着，才会将死亡看作是又一个生命的开始，懂得变化，掌握了这种辩证的方法论，心才能解脱。

西方雕塑中的思维状态，是一种情绪的反映，令人感受到忧愁、忧伤等沉重的情绪，反映了处于现实世界中的痛苦，这也许与基督教的原罪理论有关，人无法自我解脱，只能依靠上帝，所以这些雕塑的思维才会给人以忧伤沉重的感觉。而中国佛教中的思维，乃是对"空"的思考，通过认识"空"来认识现实中的种种变化。"色即是空，空即是色"，色是我们的物质世界，它是不断变化的，而这种变化也能反过来作用于我们的精神世界，从另外一个角度来认识"空"的实质，乃"空即是色"是也。通过这样反观自照式的思维，或者说修行，我们能够实现自我解脱，进入那种至高的"究竟涅槃"的境界。中国的宗教是能自我拯救的，因此，思维观音给人的乃是安定喜悦的感觉。

作为观音之歌的结尾，音符必然要唱出最悠长最优美的曲调，也许只有首博佛像厅中元大都出土的水月观音能为这首歌来结尾。水月观音的形象最早是唐代画家根据玄奘《大唐西域记》中的观自在菩萨创造的造型，之后广泛流传，宋代较为流行并逐渐世俗化。首博的这尊青白釉水月观音，可称得上是一尊绝品，她半结跏趺坐，赤足，身披华美的璎珞飘带，头戴宝冠，低垂的眼帘，秀挺的鼻梁，在她的周围似乎缭绕着悠悠的经文："观自在菩萨，行深般若波罗蜜多时，照见五蕴皆空，度一切苦厄"。她的周身焕发着慈悲与自性之光。在佛光或者说在佛的眼光笼罩之下，我们自己也变得光明澄澈起来。所以我一直把菩萨的头像作为我在网络账号上的头像，想要的就是那份明澈与自在。

从审美的角度来讲，这尊绝美的菩萨一改佛造像直立或打坐的成规，而呈现出一种无拘无束、自由自在的形态，这种半结跏趺的坐姿不仅是观音菩萨的专属，而且至今都为淑女和模特们所推崇，这种很潮的坐姿，自在中彰显着雍容大度，虽为"自在"，气度却非常超俗。而元代的青白釉几乎达到了登峰造极的水平，那水般清澈而又玉般纯洁的釉色，超越了宋代的文化品位，也是明代所不能望其项背的。北京是由少数民族所建立的政权，每一朝所拥有的文化和艺术，由于不同文化的相互交融与相互推动，比那些只拥有纯粹汉文化基因的更具魅力，更能抓住人心。

首都博物馆正是这样一个所在，它以都城文化的形式，展示、传播着这些复合型的文化艺术。我们流连于首博的展厅，最好不要用"博大精深"这样的字眼来形容那些文物，用心感知民族文化交融的魅力，体会王公贵族墓出土的文物，以及带有皇帝诗文与御制年款的珍贵传世之宝中的民间生活气息和人间的世俗情感，感受其中的高深造诣特别是那种呕心沥血的艺术追求，这才是首博展览中的个中三昧。

1. 龙门石窟万佛洞中的观音

2. 宋 景德镇窑青白釉观音坐像（反瓷观音）

3. 喀尔喀蒙古 札那把札尔 四臂观音-6

4. 元 青白釉水月观音局部　　　　　5. 元 青白
釉水月观音

三朝盛世与闲情逸致之清代皇帝闲章

康雍乾三朝是中国历史上著名的盛世，"康熙大帝""雍正王朝"已是电视剧与出版物的热点题材，而"乾隆微服私访"更是演了又演，不厌其烦地出续集，所以作为帝王他们已经被说得够多的了。可是他们文人雅士的一面，虽然在电视剧中表现不多，却被不少笔耕康雍乾三帝的人士所津津乐道。一个马背民族，来自东北的少数民族，有金戈铁马的征战经历，为何汉学修养如此深刻，情趣如此古雅，情感如此细腻曲折，也是不少人感兴趣并探讨的题目。面对三朝中数量众多且异彩纷呈的文物，如何领略它们的艺术内涵与思想性，甚至是其中所包含的生命价值，若挑选几类最具汉学修养、又是他们亲力亲为而成的特色文物，也许可以帮助我们更直观的回答这些问题，也可以从不同侧面帮助我们了解这三朝大帝的另一个世界。

自古以来印章即为持信之物，《周礼·掌节》中记载，玺节即印信。持信之意在他人持以取信，因此，印章又称印信。此种印章从古至今广泛使用，而国宝、后妃册宝、谥册宝、符牌等即为这种持信物。另有一种印章，所刻并非姓氏字号、官职籍贯，而是祈求吉祥、顺达的词句，表达人们的美好愿望，这就是所谓闲章的早期形态。随着发展，闲章的范围不断扩大，尤其是元代以后，那些具有较高审美卓识的文人参与到印章艺术中来，使其进入了"欣赏艺术"的新阶段。明清两代篆刻艺术更是流派纷呈，争奇斗艳，大有"羡煞伊人"之势。"持信之物"与"欣赏之物"实为贯穿印章艺术发展始终的两条主线。

清代诸帝汉文化修养之高、程度之深，已成为历史研究者的共识。而大量的具有汉族文化特色的文人闲章的刻制，即为表现之一。在所有清代帝王宝玺中，以这部分宝玺所占比重最大，其中又尤以康、雍、乾、嘉四朝为盛。

一、闲章种类

单就印文所显示的内容，可分为五类：

1. 爵位姓名年号玺。宝玺文字中有皇帝的名字、继位以前的爵号或继位以后的年号。皇帝继位以后，都要刻制一套相应的年号玺，一般包括"某某之宝、某某御览之宝、某某御笔之宝、某某鉴赏、某某辰翰"等。如康熙有"康熙御笔之宝""康熙辰翰""康熙御览"等。皇帝继位以前，则可用名字刻印，亦可在名字前冠上爵号，有的干脆用爵号刻印。如雍正之"胤禛之章""雍亲王宝"等；乾隆之"宝亲王之宝""弘历图书"等。这类宝玺专为某位皇帝所独有，从印文便知其所属，为诸帝闲章使用频率较高者。

2. 宫殿玺。镌刻书斋、楼阁、馆院等室名于印材上，世传始于唐代宰相李泌"端居室"玉印。后来士人风靡景从，矜持风雅，多有斋堂馆阁印。但一室名并非实有其室，只是把它刻在印章上赏玩而已。文徵明曾说："我的书屋多于印上起造"，代表了明清文人斋馆印之风尚。清代诸帝宫殿玺即为这类印章之滥觞。举凡宫内外重要场所，如代表一个区域之"避暑山庄""长春园宝"，指实具体宫殿之"五福五代堂宝""圆明园勤政殿之宝"等，皆网罗入印。

3. 鉴藏玺。钤于善本图书或书画名迹上，以被鉴赏或识别。唐太宗时，曾自书"贞观"二字，刻字母连珠文印，用于御笔书画上，这是鉴藏印之始。清代诸帝鉴藏玺有三种情形：其一，宫中某些固定场所，多存放有古代艺术珍品，皇帝亦经常驾临，或挥毫染翰，把玩观摩；或读书晰理，讨论学术，凡这些地方收藏或皇帝在此把玩观摩过的作品，都要钤盖相应地点的鉴藏章。如"养心殿鉴藏玺""三希堂鉴藏玺""乐寿堂鉴藏玺""淳化轩图书珍秘宝"等。其二，清代诸帝对古代艺术品的整理十分重视，曾钦定、编纂、刊刻了大量有关古代文化艺术品之著录书目。被著录书目收入的作品，尤其是善本书籍、书画碑拓，亦钤盖相应书籍之印玺。如"石渠宝籍""密殿珠林"等，作为收入书目的凭证。其三，清帝撷取内府藏书之精华，别贮一地，成为大型藏书，冠以总名，凡收入之书籍，则钤以丛书名印。如"天禄琳琅""味腴堂全书粹要宝"等。

4. 警句诗文玺。这些玺多随身携带，取其吉利。其作用和方式与后期文人警句印截然不同。后期文人警句印钤于绢纸上，用以点缀字画文玩，多为文人所为。凭借诗词文句，表达其个人的胸襟怀抱。而优美的诗文，透过篆刻家细心经营和巧妙雕琢，在方寸之间，呈现出典雅的意境和风韵。恰如高阜所说："夫斯邈之书，可以峙山岳者，难充几案之娱；李杜之篇，可以挥烟云者，难舒指掌之细。而约千言于数字，缩寻丈于半圭，不越径寸之中，而尽乎碑版铭勋赋诗乐志之胜，则唯图章为然。"在这一方面，清代诸帝的警句诗文玺可谓集其大乘。如康熙之"戒之在得""惜寸阴"，雍正之"崇实政""亲贤爱民"，乾隆之"谨起居，慎出令"等；有的玺文选自四书五经、诸子百家等中国古代文化典籍，如康熙之"惟尧则之""惟几惟康"，雍正之"为君难""兢兢业业""建中于民""万国咸宁"，乾隆之"自戒不息""惟精惟一""所宝惟贤"，道光之

"政贵有恒""恭俭惟德"等；有的则摘取诗文妙句入印，如"掬水月在手""心清闻妙香""众花胜处松千尺""大块假我以文章"等；有的取自皇帝自己的御制诗文，其中以乾隆为最。如"水月两清明""静中观造化""几席有余香"等；七言之"绘有月色水有声""入眼秋光尽是诗""性根埋窟资探源""一瓯香乳听调琴"等。这类玺印最能表现清帝的心境与生活情趣，而不仅仅是篆刻刀法的欣赏了。

5. 花押玺。即将花押式样刻入印章中，以代押字用，为中国印学的一个分种。至清代，花押印的刻制成为宫廷中时兴的风尚，玺文多用皇帝亲自手书之汉文草书吉祥语，非常容易辨识。如康熙之"光被""太平"押等，雍正之"无思"押，光绪之"敬天"押，既美观实用，又不易仿制，这大概就是花押玺倍受清帝青睐的原因。

二、印材与纽制

一枚篆刻作品，除了文字布局，刀法娴熟之外，印材的选择也是十分重要的。"佳文""佳篆"与"佳石"三者相互辉映相得益彰，恐怕也是清代诸帝所追求的艺术境界。皇帝以玉制印，有着悠久的历史，早在秦始皇时便已形成"天子独以印称玺，又独以玉，群臣莫敢用"之局面。

清代用于篆刻皇帝闲章的材料主要是玉、石、木三种。清帝闲章所用玉品有青玉、白玉、碧玉、苍玉等。其中青玉和白玉整个清代皆使用，为最普遍者。苍玉多用于康熙时期，而碧玉普遍用于清帝闲章则在乾隆中期以后，那时清政府平定回部，致使和田良玉充供内廷，从新疆所进之玉，多为质地温润、精美的碧玉。因此，乾隆时许多大型印章多用碧玉篆刻。如"太上皇帝之宝""八征耄念之宝"等，而岫岩玉在清末才大量进入清廷成为主要印材。

石质印材主要有青田石、寿山石、昌化石。木质印材主要是檀香木和竹根，主要用在清初的顺、康及晚清的同治、光绪、宣统时期。

印纽雕刻是印章艺术中不可或缺的组成部分，尤其是石质印材广泛使用以后。归纳故宫所藏，其纽制可以分如下几大类：

神兽类：龙、螭、狮、凤、麒麟等

普通动物类：牛、羊、马、象、鹿、虎、鱼、鸳鸯等

植物花果类：梅花、荷花、水仙、佛手、葡萄、瓜等

写意图画类：《夜游赤壁图》《松石图》《松亭图》等

其他：云纹、雷纹等

在以上诸种皇帝闲章中，最具特色者即为印纽雕刻中的"薄意"艺术作品，所谓"薄意"是施工于印石体表周围的一种浅浮雕艺术。它以极浅薄的层次和

富有画意而得名。从故宫现存的清帝薄意艺术印纽来看,雍正、乾隆时多为山水、人物,嘉庆以后则为松石花鸟,在技法上不断成熟。

三、闲章的制作、保存和使用

首先,由礼部依据成例,奏报所要制作的宝玺,以征得皇帝的批示,有时玺文由皇帝亲自撰拟,然后移文造办处,由造办处用纸、木、绢或蜡制成印样,呈请皇帝御览。皇帝同意后,再由主办者发印样于铸造机构。有的皇帝闲章则是地方上于国家庆典时作为贡品所献。

皇帝闲章亦有固定保存地点,寿皇殿为清代皇帝闲章的一个重要保存场所。清宫中贮存印章较多的宫殿的还有乾清宫、懋勤殿、养心殿、古董房等。此外,凡以宫殿命名诸玺则存贮该殿。

清帝闲章所用,皆为侍者代为钤盖。其作用有以下几种:

其一,御笔书画上钤用。

其二,钤盖于清宫收藏、经过皇帝御览欣赏过的书画作品上。

其三,钤盖于内府收藏之善本图书上,多在每册首尾页。

另有一种情况,有些皇帝私玺虽为闲章,但却使用于颁发上谕等重大政治活动中。

四、闲章反映之清帝思想与情趣

1. 为君治世之道

清朝诸帝十分重视祖制,标榜“敬天法祖”,以保持其统治政策的连续性和民族性。他们以“法祖”为名,推行自己的政策,减少了用人行政方面的阻力。这些思想也无不在私玺中反映出来,如“敬天法祖之宝”“敬天尊祖”等即是。另一方面,为保持其统治的长治久安,他们又必须调和随时有可能激化的满汉民族矛盾,把握好政策的适度和力度。自觉运用能为满汉民族普遍接受的理论学说作为统治依据。其中儒家之中庸学说为清代统治者广泛采用,有关这一学说的闲章则有:“和顺积中”“执用两中”“用厥中”“致中含和”“致中和”等。这类私玺之所以很多,与清朝诸帝对“中道政治”思想的一贯重视并极力推崇不无关系。同时,清朝诸帝对自己亦提出了相当严格的要求。他们常常告诫自己,为人君者当以德服民,以勤政为要,爱民为本。

2. 文化活动及修养

清代诸帝长于万几之暇,读书研史,鉴赏吟咏,以琴棋书画自娱。他们把“情赏”看作是艺术鉴赏的最高境界,提出“情赏为美”之说,希望从静止的表层挖掘出蕴涵于作品深层的艺术感染力,以求“绘有月色水有声”,在欣赏过程中陶冶自己的情操。他们读书,讲求“怡情”,把读书作为一种感情寄托,一旦随书入境,便会超然一切。同时也讲"有获",力求从书本中求得人生的道理,治世的方略,从先贤圣哲的言辞中获得智慧,有所借鉴。他们写字作画,深知"写心"的道理,强调"用笔在心"以达"春风化雨"的艺术效果。另外,许多闲章着意描绘大自然中花卉草木、山石流水,天地气运的多姿多彩,借以抒发他们对大自然的热爱与向往。通过这些富有诗情画意的印文,使人们感受到他们那丰富的内心世界。

3. 性格特点及心境

通过"坦坦荡荡"的印文,康熙那宽厚仁慈的性格清晰可见,同时也就不难理解为什么在他统治的许多地方表现出容忍与和解的精神。如果雍正帝不是富有才能而又野心勃勃,横行霸道而又猜忌成性,他也不会人为激化与政敌之间的矛盾,落得个嗜杀残忍的名声,以至搅得他一直心神不宁,大叹"为君难",并刻成印章随处钤盖了。印章反映皇帝性格最充分者则莫过于乾隆。他一生所刻印章在千方以上,其中诸如"十全老人之宝""古稀天子""八征耄念""五福四得十全之宝"等,多记述他一生的功业。通过他为这些印章所成的解释文章,不难得出他好大喜功的特点。

总之,清帝闲章大量使用于各种场合,许多现在仍存于北京故宫博物院,为历史研究和文物研究资料和依据,这便是清帝闲章的价值所在。

摘编自台北故宫博物院杂志——《清帝闲章试论》

我们来欣赏几枚清帝闲章。

除了玉质之外,寿山石是制印的扛鼎之石。寿山石矿床分布于福建省福州市北郊寿山村周围的群峦、溪野之间。田黄的母石是产于高山的优质寿山石,在数百万年前经地震或风雨的剥蚀滚到了山下,被土壤、溪水及有机酸蕴藏浸泡而成为寿山石中的至尊。出产田黄的地方必然是坑头溪流经的水田,因产于田底,又多呈黄色,故名"田黄"。

构成一枚精美的田黄石印章,除石材品质绝佳之外,就是雕工了。薄意是田黄印章雕刻的至高境界,"薄"是指它极浅薄的层次,"意"则是富有画意的意境,单是这名字就够美、够诗意的了。而它的初衷却是因为田黄石材的珍贵与稀缺,所以尽量少去掉材料,结果却形成了一种特别适宜田黄的艺术品位。在莹润得比玉色更娇嫩的"冻儿"一般的表面,薄薄地起一层浅浮雕,将自然界的山川河流、雨雾云烟凝聚于方寸之中,而小巧的形态,极薄的层次,令文人在把玩之时,那种大自然中的氤氲之感,从手指一直传到心中。

乾隆爷的田黄雕云凤章、田黄雕松梅章雕得都比较深,也许是因为它的题材,高贵的凤与遒劲的松梅,雕深一些才能显出古朴的金石意味与皇家气派,这与纯粹的文人题材还是很有区别的。

"八徵耄念之宝"在清帝闲章中是很著名的。从"八徵耄念之宝"的印文可知，是乾隆八十寿辰（1791年）所治印玺之一，是乾隆皇帝即将禅位给嘉庆帝而自居太上皇前不久所刻的印玺，属乾隆私印。"八徵"出自《六韬》中的《文韬》，是姜太公在与周文王谈论为君之道时，以尧帝为例，提出贤君的八条标准，包括："金银珠玉不饰，锦绣文绮不衣，奇怪珍异不视，玩好之器不宝，淫佚之乐不听，宫垣屋室不垩，甍、桷、椽、楹不斫，茅茨偏庭不剪。"乾隆皇帝入老耄之年，难免身体衰弱，头脑昏聩，身为皇帝，一日在位，就不可不以"八徵"之准则自警，作为"耄耋之念"，时刻谨记在心。这类自警、自律之词，也是清帝闲章中的重要内容。与康熙"坦坦荡荡""戒之在得"的印文相比，乾隆的印文多了一些浮华的意味，表面为自警、自律之词，骨子里却有一些高高在上，沾沾自喜之意。代表仁君贤帝的八条标准中有一条就是"玩好之器不宝"，即不收藏古玩珍品，而乾隆皇帝恰恰是中国历史上最大的收藏家与鉴赏家，是"玩好之器聚宝"，他到底是如何自警自律的，难怪老百姓要把他称作"爷"，真是恰如其分。

好大喜功的乾隆爷，"八徵耄念"是他的挚爱之词，"八徵耄念之宝"印玺就有好几种版本，乾隆皇帝在很多场合用到它。包括大禹治水玉山的反面，一枚著名的玉圭之上，乾隆还在很多著名书画上用过它，因此也可作为鉴别书画真伪的依据之一。这方玉玺是2004年首都博物馆以250多万港元从香港佳士得春季拍卖会上购得的。这枚白玉玺印的印纽为一条盘龙，没有腾云驾雾的张扬，却非常典雅尊贵，又蓄势待发。若将其与奥运中国印相比较，不难感觉到它们的相似之处。中国印借鉴了乾隆时期唯美、崇尚古雅的艺术风格，同时又展现了沉稳深厚、具有蓄势待发力量的大国风范。中国古老的传统文化，在今天仍然有着不可磨灭的力量，它所蕴含的深刻内容是值得我们始终学习、借鉴的。

印章一直是我的心头之好，我除了逛博物馆，去书画文玩店也喜欢去看印章。偶尔也会挑几块石头，刻几个字，再去旧书铺买本印谱，把印章钤上去。除了那些具有情赏之美的篆文之外，也学着古人，给自己的空间取个名号，定名为"莲花室"，这是借用了乾隆爷的室名。我刻过一枚"掬水月在手"，这也是乾隆爷的一个印文，特意选用了古朴粗大的石料来衬托这清远的意境。我最喜欢的印文有两个，一个是"静中气象"，安静中也会有气象？有的，还有很多。所谓静水流深，静不等于没内容，静只是一种场，是很好的介质，能让我们做好事情并获得享受。另一个是"俯拾即是"，这是一句偈语，字面意思是不经意捡起来的就是可以的。这个"是"就是英文中的"be"，绝对的肯定词。我们所做的一切，都有自身的意义，虽然是不经意间的，但因为生命的积累，这俯身一捡也有了被肯定的价值。慢慢写字，盘玩一下印章，听一张黑胶，都会有"俯拾即是"的收获。

三朝盛世与艺术品位之清代宫廷珐琅彩

　　康雍乾三朝汉学修养之深，对精湛艺术追求之切，还有一件代表物可作至深表达，这就是名声昭著的清宫珐琅彩。

　　清宫珐琅彩不同于一般意义上的珐琅彩，清宫珐琅彩应当以清代宫廷为重要前提，其中包括以下几个方面的内容：

　　1. 由江西景德镇的御窑厂提供精美的白瓷素胎；

　　2. 所用之料是西洋进口或宫中自炼的珐琅料；

　　3. 皇帝亲自参加设计或修改意见，准烧什么不准烧什么，由皇帝钦定；烧成后进呈皇帝御览；

　　4. 由宫中造办处珐琅作承接烧制事宜，每一件器物都有具体的画工与烧造匠师负责。

　　被世人所视为珍宝的清宫珐琅彩大抵依据上述四个极为关键的步骤制作而成，缺少其中任何一个条件都不能称其为清代宫廷珐琅彩。而且在烧成之后件件都须经皇帝过目品评，然后造册登记，定名入账，配匣入藏，甚至藏于何处，皇帝都有十分具体的安排。

　　一、康熙帝奠定了烧制珐琅彩的基础

　　清代制瓷业真正的起步是康熙时代。当时这位年轻的帝王面对着两个问题：一是在汉人面前树立起清朝强不可撼的形象，二是接受汉人先进的文化，消灭满汉间的文化隔阂，从根本上使大清国长盛久安。康熙依靠这两点，取得了平定藩乱和收复台湾的胜利。但是，大多数有学识的汉族文人仍不肯仕清。若想使大清国这个变得庞大的国家机器运转下去，康熙就不得不在拜孔的同时，在意识形态领域中，对汉文化表现出一种敬意，去效仿、去接纳。康熙瓷器敦厚古拙的造型，既是新政权强大力量的自然体现，也表现出接受汉文化的真诚。

　　康熙大帝天赋极高，博闻强记，兴趣高雅。康熙二十年（1681年）平定三藩之乱后，天下太平安康。自明末利玛窦等人来华，西学东渐，西洋的天文历法、数学、物理、医学、地理、音乐、绘画等艺术都曾引起大帝的极大兴趣。

欧洲各地的工艺美术品也随着使臣的来华和传教士的携带大批涌进国门。珐琅彩器、望远镜、钟表、西洋布、洋酒、油画、珊瑚、彩石和鼻烟壶等物品纷纷进入宫廷，而华丽高雅的珐琅彩器尤得皇帝青睐。这说明欧洲珐琅器所表现出来的艺术风格更适合皇室富贵华丽的装饰需求，较当时流行于世的五彩、斗彩瓷更具魅力。因而康熙大帝对它的喜爱达到了醉心的程度，命令马国贤和郎世宁试制，而这两位传教士却不想从事这种艰辛的劳作。虽然遇到这样的挫折，康熙帝也没有放弃对珐琅彩的执着追求。为了便于研制珐琅彩，他下令更改了几百年来烧制官窑御用瓷一律由景德镇制作的惯例，把"珐琅作"划归宫中造办处辖理，将珐琅彩的选胎和烧彩分为两地进行，把施彩的地点移至宫中造办处及怡亲王府和圆明园三处，于康熙二十七年（1688 年）以后开始了不断实验、不断试烧的艰苦历程。终于康熙五十九年（1720 年）结束了试烧的初级阶段，开始步入成熟完美的时期。

此时用于彩绘的珐琅料尚依赖西方进口，计有红、黄、粉、白、紫、蓝等色。素胎在实验性的烧制阶段曾使用过宜兴窑的紫砂胎，后来由于陶质的紫砂胎密度差，疏松又有空隙，且底色紫红晦暗，逐渐被淘汰而全部采用景德镇烧制并精选的白胎瓷。白瓷解运进京后需送御前呈览，认为质地尚好的，再送至珐琅作进行制作。

康熙珐琅作的画师一部分是原籍广东的铜珐琅匠师，另一部分是在造办处供职的画家和西洋画师。这些学有专长的人才被皇室招进造办处奉职，其中包括意大利画家郎世宁，法国艺术家王致诚、蒋友仁等。他们的出现使康熙时期的珐琅彩或多或少地受到当时风靡欧洲的巴洛克艺术豪华富丽风格的影响，另一方面也恰好迎合了清宫讲排场求华美的装饰要求。

我国制作铜胎掐丝珐琅的历史早于瓷胎画珐琅三百余年。现存的康熙珐琅彩瓷的装饰风格与同期的铜胎画珐琅有着惊人的相似之处。胎质较厚，色彩浓重，多以紫红、蓝、黄等为色地，所绘图案规矩端庄，有牡丹，西洋菊，处于试制阶段的珐琅彩牡丹碗仍带有古朴的铜胎珐琅遗风，与宫中所藏的铜胎画珐琅在施彩、绘画上几乎完全一致，且胎质略厚，色调浓重，花纹规整，彩色至多四五种。细看釉面布满气泡，材料研磨得不够细润，以手抚之有凹凸不平的涩滞感。而康熙晚期的成熟作品釉面均净平滑，荧光闪耀，色彩增至八九色之多，用没骨法描绘的大朵牡丹或仰或俯，极尽妍丽，彩绘已进入瓷面绘画层次，向着雍正珐琅彩日臻完美的境地迈进。

康熙帝有着丰富的内心世界且极重感情，又对外面的世界很感兴趣且积极地接受新鲜事物，这些性格特征也影响到他对珐琅彩的热爱。他坚毅的铁血精神，缜密的政治头脑与对于艺术的欣赏追求相得益彰，这种多面的精神世界与清宫珐琅彩一样都很有魅力。

二、日臻完美的雍正珐琅彩

雍正皇帝审美情致极高，对宫中珐琅彩的酷爱程度较其父康熙帝有过之而无不及。雍正朝自炼珐琅彩成功可以说是一个划时代的伟大创举。当时进口的珐琅料不仅数量少而且颜色也只有七八种，不能满足多层次色调对比与千变万化的装饰风格需要。雍正初年（1722 年）正式指定专人、拨专款研制。怡亲王允祥是康熙诸多皇子中没有政治野心而醉心于艺术的皇子，在怡亲王亲自督导下，匠师们终于在雍正六年（1728 年）自炼珐琅彩成功。"初十日，怡亲王交西洋珐琅彩料九样，新炼珐琅彩料九样"，不仅炼烧出了九种与西洋彩料相同的颜色，而且还新增加了九种西洋料没有的颜色，其中有雍正帝特别喜爱的不同色阶的绿色，仅自制的釉料就达十八种之多，加上在使用中临时调配出的中间色和旧有西洋料，足以使雍正珐琅彩姹紫嫣红、光彩夺目了。

在谈及雍正珐琅彩的成就时，除了怡亲王，还有一位有着特殊贡献的人物，就是督陶官唐英。宫中自制珐琅彩料成功之后，生产全面展开，宫中旧有的瓷胎很快用尽。烧制高档珐琅彩瓷的第一道工序就是选胎，白润质坚的薄胎瓷是画珐琅的首要条件，只有完美的造型和精纯的白瓷才能使美妙的画面充分显现，所以唐英的责任至关重要。他需要将上好的景德镇瓷胎解运进京，呈皇帝亲选，然后再烧制珐琅彩。故此，雍正珐琅彩瓷胎细腻如脂，纯白似雪，对着日光照射，可以清晰地映现出对面的纹饰。取得如此绝妙的成就，理应有唐英卓著的督窑之功。

雍正珐琅彩不惜工本，由名手绘制，名工烧制。山水、人物、花卉、翎毛都突出地表现了宫廷绘画的艺术风格。它是以皇帝的喜好为依据，由供奉画家和西洋传教士画家共同创作出的艺术珍品。深得皇帝赏识的供奉画家有清初四王之一的王原祁及唐岱、黄鼎、张宗苍、董邦达、董浩父子，还有工笔花鸟画大家恽南田、蒋廷锡。蒋廷锡之子蒋溥，官至礼部尚书、协办大学士，花卉之作亦经常进呈御览。邹一桂是一代没骨画大家，恽南田之快婿，雍正五年（1727 年）选入翰林院庶吉士，他的写生画法深得恽南田真传，敷色艳丽，用笔工整，风靡朝野，在构图设色方面对雍正珐琅彩影响极大。专事珐琅器上的写字人戴临，虽不是著名书家，但其字体娟秀而不纤弱，气静神闲，与珐琅器的画风相得益彰，雍正帝曾不止一次地点名让戴临书写。

因为皇帝的亲力亲为（清宫档案中记载着众多的关于器物制作方面的"钦此"批示），加之雍正本人的艺术修养和鉴赏力，还有那些功底深厚的书画大家的共同作用，他们不仅恪尽职守，还将丰富的情感倾注到每一件作品中，所以历史上不曾有哪一朝代的瓷绘艺术能像雍正珐琅彩这般粉润秀雅，鬼斧神工。艺术大师们十分善于表现物象的质感，能将层峦叠嶂的整幅山水浓缩在一件小碗的里心，又可以将万紫千红的花鸟写生再现于一件小瓶的外壁。欣赏这些精美绝伦的艺术品，既可以领略峰峦的苍茫，又可以观赏虫蝶那游丝般的触须。名川大江，苍松翠柏，花鸟鱼虫，都被匠师们以缤纷的色彩、细如毫芒的笔触表现得淋漓尽致。布局章法继承了中国画融诗、书、画、印为一体的传统，以优美娟秀的小楷诗句补白。精美的珐琅彩都有与画面内容相关的诗词及闲章相呼应。宫中事先已有选好的佳句，待画家画定图样后再选择最贴切的诗句让专门写字的书家写在瓷器上。画兰花图案的器物多选用"云深琼岛开仙径，春暖芝兰花自香"，相配的闲章是"佳丽""金城""旭映"等；画菊花题句多为"秀擢三秋干，奇分五色葩"；画松竹梅则多为"上林苑里春常在"；画牡丹花卉则多配以"一丛婵娟色，四面清冷波"；山水题材的常见有"翠绕南山同一色，绿围沧海绿无边"。闲章的运用突出了瓷绘意趣，并以阴阳文篆写印章的形式附在词句首尾，更增添了瓷器画面的书卷气。置于御前陈设，可供闲暇时赏画读诗，开掌股之上摩挲赏玩，其景融融，其乐陶陶。

　　由此我们可以理解，雍正帝如此热爱珐琅彩，并不仅仅是因为他暴戾，多政少德，多威少恩，而是必须利用汉文化以稳定天下、平定民心。他的这些作为，实际上是在涵养文化、丰富文化，而不是单纯地利用文化为其政治目的服务，而他自己也需要这些艺术品的抚慰，使他能在政治的险风恶浪中找到一个可以休憩的港湾。雍正帝和那些文人匠师们一起，给我们留下了一大份文化遗产，这份遗产也将涵养、丰富我们的精神世界，能让我们在这些艺术珍品中尽享其美。

　　首博有一件景德镇窑珊瑚红地珐琅彩花鸟瓶，是雍正珐琅彩精品中的精品。这件珐琅彩花鸟瓶，以珊瑚红为地，采用写实的笔法，吸取工笔花鸟的技艺，通体绘制白色碧桃花和具有君子风范的竹子，腹部枝干上栖息着一只粉白色的小鸟，颈部则饰有一只正在飞翔的小鸟，花卉丛中有飞舞的蜜蜂，描绘出一幅生机勃勃、鸟语花香的美丽画面，是雍正官窑中罕见的珍品。

　　这件瓶子也是令我久久徘徊之物，不知拍过多少次。每次都会端着相机围着它慢慢地转，寻找合适的光线与角度，选择不同的构图来表现它的全景和局部。雍正的瓷器都很难拍，因为瓷胎太细腻，釉色太莹润，这样的表面反光都是漫漶的，很难抓住焦点，通常会累得渗出汗珠，但是其中的乐趣之深，真是难以言表。每获得一张曝光与色彩还原都很满意的照片，我都恨不得攥拳为自己庆祝。

三、乾隆王朝珐琅彩的发展

乾隆皇帝在位六十年，在其父辈的光芒之下，国库丰盈，财力雄厚，在这样富足安泰的社会环境下，乾隆爷成了中国历史上最大的古玩收藏家与鉴赏家。从老百姓对他的称呼上就能感觉到，除了帝之外，他更多的是一位"爷"，而在北京这一八旗子弟云集之地，北京人对于"爷"的特定含义和所拥有的身份是心领神会的。

乾隆时期的珐琅彩，不论胎骨、釉色、纹饰及器形，均有独到之处。不仅胎体比雍正时期更加洁白细腻，釉色晶莹透彻，更突出的是色的变化较多。盛行彩地开光绘景物，除了图案式和自然写生式之外，又将开光式分为锦地开光和色地开光，并增加百花地、锦地夹彩、暗花地和剔花地等。尤其是锦地夹彩，可谓是本朝独创。如红地绘花珐琅彩山水盘，绿地珐琅彩红梅盘，蓝地锦上添花珐琅彩茶盅，胭脂色地珐琅彩轧花勾莲瓶，米色地洋花瓶，黄地牡丹花葫芦瓶等，其各种色地使纹饰装饰更加丰富多彩，给珐琅彩平添不少华丽之气，更具迷人神韵。而盘、碗之类的器皿大多是内外兼饰图案，瓶类则是通体满饰纹饰。其中有一种纹饰，是在器物中心绘牡丹，周围饰菊花、牵牛花等各种花卉的图案，称之为"万花堆"和"锦上添花"，寓意百花吉祥。它几乎是本朝纹饰的主要题材，以歌颂乾隆朝的太平盛世。特别是在珐琅彩瓷器的色地上面隐现出细如毫芒的凤尾纹，俗称的"轧道工艺"在这时也盛行起来，在凤尾纹的衬托下，珐琅彩瓷器如锦上添花更显得高贵典雅，具有一种富贵之气。

首博的这件景德镇窑珐琅彩紫地富贵瓶，这就是乾隆爷喜爱的"万花堆"或为"锦上添花"，多么得繁复富贵。

在器形种类方面，乾隆珐琅彩瓷不仅具有特色和新的创意，还喜欢以奇、巧、雅来取胜，瓶类多种多样。商周青铜器上的弦纹是古朴简洁的大美，用在乾隆珐琅彩上，金色的弦纹与珐琅彩交相辉映，仿古又不泥古，是乾隆珐琅彩喜用的装饰手法。造型最为奇巧的是双耳转颈瓶，构思巧妙，颈部为一套环，夹放在口腹中间，颈部彩绘并书写"天干"，可与器身书写的"地支"相对。颈部不因两耳固定而受影响，随着任意旋转，即成万年历，妙趣盎然。

乾隆珐琅彩在工笔山水、写意花卉、翎毛鸟禽的基础上出现了完全仿西洋画的题材，加入了中国及西洋和妇孺纹饰，如婴戏图、八仙过海图、十八罗汉图、西洋仕女图等。所绘人物神态各异，栩栩如生，画工精细，既有中国传统绘画技法，又吸收了西方绘画风格，画法较前期更加细致丰富，具有西洋油画的艺术效果。如《春闺课子图》，从室内的布置和人物的衣着发式来看是传统的中国式样，但妇人面部轮廓鲜明，凸鼻凹眼，带有明显的西洋人相貌特征。乾隆瓷器绘人物仕女多用写照法，先用淡红笔描绘人物的面部底线，然后再压上墨笔线，料彩凹凸，以淡红色烘托出白净的面孔。此种画法是仿唐代周昉所绘的仕女，耳根用淡红烘托，额头及双颊粉白，呈三白余红的状态，深得中国仕女之神韵。

　　乾隆爷喜欢作诗，对于款识也很用心，因为在文人情调中，款识不仅是瓷器装饰的附属物，而且内容、格式、字体、书法等方面都具有鲜明的时代特征及文人本身的意趣特点，好的款识与装饰画面遥相呼应，占有举足轻重的位置，乾隆爷当然不能忽略。从现存珐琅彩瓷看，带款识物即达数百件，件件精美。乾隆珐琅彩瓷的款识颇具特色，具有装饰艺术的美感。字体由康熙时的楷书为主，变化为以篆书为主，楷篆并用。写法虽变化甚多，但已形成制度化。书写材料多以蓝料、青花、红彩等在双方框内，或篆或楷刻写"乾隆年制"四字款，或"大清乾隆年制"六字款。笔道严谨、书写规整、自然流畅、书法生动。双方框外框有褶角、圆角之别，另外有一种不加任何围框书"乾隆年制"款。凡料款所书写之字，皆釉料凸起，双圈方边，至为珍品。还有一种款，在双线方框内，用铁线篆书写，笔画纤细有力，因很像一个打印出来的方印章，所以又称为"印章款"，其艺术欣赏价值很高。

　　关于清宫珐琅彩的衰落时间有不同的说法，但乾隆中期以后，清宫档案中已经看不到有关珐琅彩烧制的记载。"乾隆盛世"已出现从巅峰开始下滑的趋势。在这种大背景之下，宫廷中的奢华之风也必然受到影响而不得不有所收敛。珐琅彩瓷造价昂贵，费工费时，所以在各个方面都难以维系它的存在，社会经济条件的每况愈下是停烧的主要原因，而唐英的离任，粉彩强大的生命力，也是珐琅彩停烧的原因。看来乾隆还是未得儒家个中三昧，浅谙中庸之道，他虽然也有建功立业，但更多的还是一位"爷"。无论如何，我们还是要感谢这位好大喜功的"爷"，给我们留下了这么丰富多彩的艺术品，它们焕发着恒久的艺术魅力，令我们久久不能忘怀。

1. 清 康熙 红地开光珐琅彩牡丹纹杯 故宫博物院

2. 清雍正 景德镇窑珊瑚红地珐琅彩花鸟瓶 首都博物馆

皇家经典王者风范之铁血大帝与塞尚情怀

生于忧患、早成大统的康熙大帝，是中国历史上为数不多的善于治国的封建政治家，在清一代从康熙大帝开始，逐渐获得了真正意义上的"大一统"。康熙还是一位多才多艺的学者，对文化有着广泛而又浓厚的兴趣，自然科学方面的数学、天文、历法、物理、地理、农学、医学、工程技术，人文方面的经、史、子、集，艺术方面的声律、书法、诗画他几乎都有所研究，并且还吸纳西学，学习科技。征战挞伐的铁血皇帝极重情感且内心非常细腻，因为怀念感情笃深、淑德彰闻却又花年早逝的皇后赫舍里氏，悲痛欲绝的康熙甚至"辍朝五日"，将皇后"梓宫"送到京师北郊巩华城，在梓宫安放处，玄烨默哀许久。在赫舍里氏死后半年内，玄烨曾去巩华城 34 次，在次年又去 24 次，对皇后的悼念可谓执着。这样一位极品男人，在他的统治时代，除了用铁腕维持中央集权的统治及高超的政治手段之外，康熙大帝"政治余闲程艺事"，还在艺术品上倾注了极大的心力，最有代表性的当数瓷器。

清代帝王特别是康雍乾三朝都很爱好瓷器，瓷器官窑在清初顺治就已恢复，但初期并无显著成就，康熙十九年（1680 年）以后，官窑的烧制走上正轨，在各朝帝王的直接关心下，取得了十分巨大的成就。

内心丰富的康熙大帝对瓷器有着自己独特的品位，其中最为精彩非颜色釉莫属。

康熙十九年九月，清廷指派广储司郎中徐廷弼、主事李廷禧到景德镇驻厂督造，康熙二十年二月又差工部虞衡司郎中臧应选、笔帖式车尔德驻厂督造。从康熙二十年（1681 年）起至康熙二十七年（1688 年）这一时期，景德镇官窑生产的瓷器称为"臧器"。《景德镇陶录》称臧窑的瓷器胎质细腻莹薄，颜色上"蛇皮绿、鳝鱼黄、吉翠、黄斑点四种尤佳，其浇黄、浇紫、浇绿、吹红、吹青者亦美"。从所举品种上看，臧窑以颜色釉（又称单色釉）为主，并未提及彩瓷及其他。事实上，整个康熙朝的官窑器，也是以颜色釉为重，传世器中的颜色釉，以郎窑红、豇豆红、天蓝釉最为名贵。

　　高温铜红釉的烧制技术难度极大，明代就已衰落的铜红釉技术，到康熙时期才重新振兴。在江西巡抚、督窑官郎廷极的督导下，景德镇制瓷艺人重新试验，极为成功地仿烧了宣德时期的宝石红，浓艳的色泽如初凝的牛血一般，被称为郎窑红。它的釉色晶莹透亮，口沿处因红釉流淌下垂而呈现出一圈洁白整齐的"灯草口"。郎窑红器底的削足工艺十分讲究，保证流釉不过足，因此郎窑红的施釉技术有"脱口、垂足、郎不流"之说。郎窑红的艺术成就极高，康熙时期人刘廷玑的《在园杂志》记载了郎窑的成就："仿古暗合，与真无二，其摹宣成，釉水颜色，橘皮棕眼，款字酷肖，极难辨别"。观音尊是郎窑红的代表性器物，撇口、直径、丰肩、收腹撇足，造型优美，像观音身披观音兜亭亭玉立，深得古意，因此就有了"观音尊"的美称。

　　高温铜红釉中，与郎窑红齐名的还有豇豆红。豇豆红以其淡粉红的颜色如豇豆一般而得名，又因它娇艳的颜色如小娃娃的脸，或如三月桃花、美女微醉之红颜，也被称作"娃娃脸""桃花片""美人醉"。由于在烧制过程中对釉中微量铜粉的氧化作用，会产生绿色的斑点，犹如绿苔，星星点点地错落在浑然一体的淡红釉色中，耐人寻味。十分成熟的豇豆红也是青红相间，所以"豇豆红"这个名字恰到好处地展现出那种红绿相互掩映的天然之趣。

　　豇豆红很少有大器件，康熙豇豆红洗，圆形，敛口，圈足，内施白釉，淡红釉中掺杂着星点绿斑，釉层薄而细腻，底书青花"大清康熙年制"六字三行楷书款。如用清人洪北江的诗句"绿如春水初生日，红似朝霞欲上时"来描绘，真是贴切得很。

　　康熙景德镇窑豇豆红釉太白尊，色泽稍微浓艳一些，器形浑圆，稳扎稳打的尊形，细腻精到的暗花团螭纹装饰，雄浑大气中含着精雅的古意，都与康熙大帝的多重性格有些暗合之处。值得指出的是，清帝在维持自己的统治，特别是在获得儒家文化长期传承的"正统之道"，以证明自己承继大统的合法性方面，他们更加推崇宋以前的汉唐正统观，因此在师法古意时也流露出这种色彩，这件太白尊就具有一种礼器的威严。

　　除了宝石般剔透的浓艳红色，康熙颜色釉还有着天空般高远的蓝。康熙天蓝釉是用微量的钴为着色剂的高温颜色釉，因釉色如蓝色的天空而得名，淡雅悠闲，传世量很少而十分珍贵。首博展出的几件天蓝釉珍品，简练的造型中透出优雅，或饱满，或修长，器身或塑出流畅舒展的柳条纹，或在表面暗刻团花纹，随着釉子的光泽而若隐若现，有的则光素无纹，以一种"素面朝天"的自信示人，更彰显出釉色的完美，给我们足够的空间来领略康熙的单色魅力。

　　康熙朝用铜作为呈色剂的低温绿釉技术也是很发达的。孔雀绿釉是用铜料在氧化气氛中，以低温烧成。因其釉面呈色翠绿似孔雀的羽毛而称为孔雀绿釉。孔雀绿釉荷叶式洗是一件十分精巧雅致的文房用具，卷曲的荷叶边，筋脉根根毕现，叶旁探出荷花和莲蓬，为造型注入了生命的活力。

康熙素三彩是用黄、绿、紫、白等彩料在瓷器上绘制图案，因为诸彩中没有红色，所以称"素三彩"。康熙素三彩看上去非常硬朗。记得高中时曾跟着在美院读书的嫂子去听欣赏课，老师说"现代艺术之父"塞尚，他画上的颜料像是用手枪打上去的，不仅十分结实，稳重简朴，而且具有一种理性的秩序。塞尚的画，色彩代替了体积，颜色关系代替了明暗关系，强调沉稳、厚重的体积感，以及物体之间的整体关系。塞尚追求的是实在的形体和永恒的视觉感受，所以老师说塞尚画上的颜料像是用手枪打上去的，十分形象地点明了塞尚作品的特点。塞尚画的苹果，就凸现出颜料像是用手枪打上去的那种结实感。

康熙素三彩花果纹盘也有这种感觉，白胎地上刻有云龙纹，施彩的果实颗颗饱满，石榴籽儿挣脱了皮的束缚，暴露在外；枝干挺拔，叶子片片坚挺有力，色彩非常结实，一笔是一笔，笔笔都不退让；画面底部的四颗果实构成稳固的基础，与塞尚的《水果盘、杯子和苹果》放在一起看，可感受到构图的异曲同工之妙。康熙一朝还创制了"釉里三彩"，是指用青花、釉里红、豆青作画的富有新意的品种。康熙釉里三色鹤鹿同春图橄榄瓶就是釉里三彩。苍劲的虬枝老干，健挺的松针，结实的色彩也像是用手枪打上去的。这种有筋有骨的画面，十分耐人咀嚼，这是否就是那种"强大而又孤独"的内心体现呢？沉稳结实的色调，厚重稳固的体积感支撑着孤独荒凉的内心，那件素三彩花果纹盘也就成了康熙官窑素三彩的代表作。

就像塞尚偏爱苹果那样，康熙偏爱的是牡丹雉鸡纹。康熙时期所绘牡丹花以夸张的手法将展开的花瓣分向两边，称为双犄牡丹。雉鸡立于牡丹花丛中的山石之上，山石瘦透的筋骨，分向两边如犄角般的牡丹花瓣，以及木本植物般的枝干，加上雉鸡那总是上翘的硬朗的尾羽，构成了十分沉稳而又刚劲的画面；而塞尚的苹果，有时仿佛要滚出画面，却又被一种无形的力量拉住，形成一种稳定的画面。塞尚的苹果无论是否符合透视关系，他的画面所追求的都是一种均衡与相互制约。

康熙朝的官窑器主要偏重于颜色釉，青花和五彩虽然不是官窑的重点，但也自有一番独特的美学境界。

康熙青花是继明永宣、成化及嘉靖青花之后的又一青花制作高潮。康熙青花瓷器的胎、釉原料经过精细的淘练，烧成的瓷器胎质洁白，釉质细润平整，釉色亮青，采用国产的浙江青料，青花发色青翠明艳，色泽十分鲜丽，被称作

"翠毛蓝"。康熙青花的一个重要特征就是采用"分水法",即将青料制成浓淡不同的料水,根据画面需求用不同浓度的料水绘制,造成了"墨分五色"那样的效果,很有层次感,素有"五彩青花"之称。

康熙青花构图层次分明,善用开光的形式而且开得很大,却又是大而有当。开光内有人物故事图及骑射图,周围则满缀缠枝纹、团花纹、云鹤龙凤的纹饰,颈肩部的装饰尤其精美,这对雍正一朝是有影响的。雍正青花颈肩部的装饰也十分考究,这直接造成了官窑青花富丽而又典雅的皇家气派。青花开光人物故事图大瓶是满画幅的形式,布局十分均衡又错落有致,能让人从容地欣赏,丝毫没有纷乱的感觉。画面内容丰富,情节具体,可以像看书那样,在感受整体美的同时又领略了每一个细节。这么高大的器形,烧制得如此规整,胎釉质量和青花发色都很完美,堪称清代青花瓷器之精品。

康熙五彩和康熙青花一样,是清代景德镇的一个重要品种,由明代万历五彩发展而来。但万历五彩较多的是青花五彩,而康熙时期,由于发明了釉上蓝彩,凡是需要用蓝色的地方,不再借助于釉下青花,而能以纯粹的釉上红、黄、蓝、绿、紫等色料,在烧好的白瓷及各种色地的瓷胎上作画,再经低温烧制而成,常见效果最好的是白地五彩。康熙五彩具有平面画的效果,十分讲究布局,仿佛把器物展开来就是一轴画。塞尚在自己的静物画中,有时也会撇开透视关系而做一种平面的表达,他认为:"画画并不意味着盲目地去复制现实,它意味着寻求各种关系的和谐。"这种对和谐关系的追求,也是康熙画面的特色。加之五彩俗称"硬彩",色泽分明,线条清晰,与塞尚"颜料像是用手枪打上去的"仿佛总能扯上些关系。塞尚是西方的艺术大师,且比康熙晚了近 200 年,但艺术是大同的,人类具有共同的审美基础,那就是对善良、光明的追求,以及对内心感受的表达。塞尚画面结实的颜色使人看到强大背后的孤独,他是一个很少被人理解的孤独者,他终生奋斗不息,为用颜料来表现他的艺术本质的观念而斗争。而一代帝王玄烨,同样具有强大而又孤独的内心,稳固有清一代的大一统,复杂的政治局面,"立了废,废了立,立了又废"的太子风波令康熙心力交瘁。而塞尚与康熙艺术品中的那种"相逢何必曾相识"的艺术感觉,再次说明了世界文化的交流与融合,乃是古代与现代社会的重要特征之一,令今天的我们,对理解文化、领悟艺术、体察人心都具有指导意义,这些丰富的文化遗产也是我们享之不尽的文化宝库。

1. 清康熙 素三彩花果纹盘 首都博物馆

皇家经典王者风范之高雅古美的呕心沥血之作

　　雍正（1723年—1735年）一朝虽然只有13年，但它的制瓷成就却达到了清代官窑的历史高峰，雍正对于瓷器，不再像其父康熙那样去追慕明朝，而是有着自己成熟的思考。对于制瓷无论是造型、纹饰，还是釉色，都在追求着一种境界，并且也达到了这种境界，在可人的鲜丽中不失淡雅的韵致。雍正朝的瓷器不仅康乾盛世不可望其项背，就是把它放到历史的长河中，也是佼佼者。其品种之多，制作工艺之精，都是其他朝代所无法比拟的。雍正朝的颜色釉，以仿官、哥、汝、钧为最著，而其青釉的烧制，是历史上最成功之作。雍正釉里红色泽的鲜艳更是空前绝后的。雍正粉彩在康熙的基础上有更大的发展，成为景德镇彩瓷的主流。

　　雍正皇帝是个工作狂，他把励精图治的治国精神也贯穿于艺术品之中，精益求精，一丝不苟，加之有年希尧与陶英这两位同样恪尽职守、刻苦钻研的官员，长期与工匠在一起，取得了巨大的成就。《景德镇陶瓷录》中说，雍正瓷"琢器皆卵色，圆类莹素如银，皆兼青彩，或描锥暗花，玲珑诸巧样，仿古创新……"。看雍正时期的作品，感觉在那些精致、唯美、古雅的瓷器中，似乎隐含着一种呕心沥血的成分，渗透到作品之中，构成了它的精髓。也许这就是雍正瓷器具有摄人心魄力量的原因吧。

　　早在20世纪80年代，就有文章论述过"雍正的治国思想与官窑艺术"，收录在《北京考古集成》中的文章认为，雍正瓷器的艺术特色与他的治国思想是密不可分的。作者认为许多学者都曾对雍正官窑器的造型进行过准确评价，"轻巧纤秀"四个字几乎成了评论雍正瓷器造型的口头禅，而以一种文化性的目光去审视其形态的文字并不多。其中原因，也许是雍正官窑器的文化内容，对于鉴赏并不具有明显的意义，也许是对雍正近乎残暴的政治的厌恶。但是，对于一件顶峰级的作品，不能不去探求一下其文化成因和内涵。

　　雍正一朝所面对的局面与康熙朝不同。到了雍正一朝，汉族文人开始重新得到他们原有的地位，满族统治者也越来越少听到抗清的呼喊。所以，康熙时期的艺术主题已过时了，新的主题是大清有一位仁德的君主。史学家曾这样评论：雍正不但从儒家传统来论述君主专制，而且借助佛道，通过意识形态宣扬自己的仁德。这就使我们从雍正的政治思想中，悟到了其器形的成因。雍正瓷器的造型，自一开始就从康熙对力量的张扬中摆脱出来，极为重视器形比例的协调美，"在外形上素有协调美之誉"，更多地倾向于从雅处着眼。那种秀雅内敛的造型，塑造出了一个仁德的形象。尽管他是一个惯用严猛手段的专制君主。

帝王都希望自己具有仁德之君的形象，对于雍正，是暴君也好，是深谙儒学的艺术家也好，"除了从雍正的政权思想上认识其器形外，雍正瓷器造型的艺术美，更主要的是来自无数艺术家们对传统的继承和天才的想象。尽管被统治者利用到了政治实践中，但是，艺术家们创造出的审美境界，则为后人享用不尽。"这段话是三十多年前谁说的？说的，对今天的我们仍有很大帮助。

无论是在首博、国博或者是故宫的瓷器展厅，我都特别青睐雍正瓷器，看得最用心，在拍摄上花的时间也最多。越看越难以自拔，越来越迷恋那独具一格的艺术风范。

一、我迷恋雍正瓷器的纹饰。

龙是皇权的象征，雍正瓷器中的龙纹是非常有气势的，身躯健硕，威风凛凛，两只炯炯有神的眼睛射出逼视的光芒，张着大口，舌头因咆哮而卷起，龙角如方天戟般直插云霄，结实的脖子充满力量，鳞片因为血脉偾张仿佛要张开来，真是不可一世。尽管雍正始终想树立仁君的形象，但是在龙纹上是丝毫不肯让步的。

雍正青花在整个青花瓷的历史上，虽不能像元青花、明永乐青花、宣德青花、成化青花和清康熙青花那么重要，但它采用浙江上等青料，加以精炼，因此青色幽静而均润。雍正、乾隆时青花采用人工点染方式来仿永乐、宣德进口钴料的结晶斑绘画效果，虽非天然形成，却保留了那份天然的画意，别有韵味，是雍正官窑青花中的杰出之作。

首博展出过一块雍正青花云龙纹盘，这块盘子的造型为唇口、折沿、弧腹、圈足。折沿及外壁绘海水江崖纹，内壁绘四条相互追逐的行龙纹，内底盘心为迎面龙环抱团寿图案，一个吉庆的纹饰，却画得龙目偾张，须发乍竖，身躯孔武有力坚韧无比，龙爪紧握像要抠进岩缝中似的，外底青花双圈内书"大清雍正年制"六字双行楷书款。此盘器形硕大，制作精湛，为景德镇官窑的精品之作。雍正的迎面龙，给乾隆留下了影响，乾隆也很喜欢这种迎面龙环抱团寿图案。只不过乾隆的龙更柔弱，用马未都先生的话说就是"乾隆的龙都像刚洗过澡似的"，刚从澡盆中捞出来的龙，还有什么力量可言呢？

我迷恋雍正瓷器的造型，迷恋它的均衡与流畅。雍正瓷器造型中有一类特别出色，就是天球瓶。这种器形最早见于明永乐时期，是受到西亚金属器影响而烧造的器皿。由于这种瓷瓶的腹部浑圆好像一只圆球，所以称为天球瓶。耐人寻味的名字，宛若天成的器形，一个"天"字，赋予它一种天瓶合一、傲视群雄的高贵气质。

景德镇窑青花釉里红云龙纹天球瓶是我心中的极品。青花釉里红因为青花与铜红的发色氛围要求不一样，一个要求氧化，一个要求还原，所以极难烧制。釉里红从康熙恢复以后，到雍正朝达到了历史的高峰，从这只瓶子的发色就可见其完美程度。钴的发色和铜的发色都烧得十分鲜艳，说明了当时烧造技术的高度成熟，青花釉里红是雍正釉下彩中特别成功的品种。唐英在《陶成纪事》中叙述："釉里红器皿，有通用红釉绘画者，有青叶红花者。"即是指青花釉里红而言。那天球瓶龙身上的颗颗铁锈斑，无论是天成还是人为，都为这条猛龙增风添彩，让它更加至臻至美。这种成功之作，后世很难仿制。

除了猛龙之外，雍正对古雅情有独钟。茶叶末釉是以其釉色青中偏黄且有点点星星、如同茶叶细末而得名，它最早是从唐代黑釉烧制过程中偶然出现的，宋代已烧制这一品种，明代的所谓"厂官釉"就是指此而言。雍正朝的茶叶末釉器常见的以各式瓶、尊、壶类的陈设器为主。这件茶叶末釉天球瓶，褪去了不可一世的气概与油画般的色彩，非常的古朴雅致，是领悟雍正器"更多地倾向于从雅处着眼"的一件器物。

雍正瓷器造型中还有一种就是橄榄瓶，瓶身似橄榄，造型秀丽，线条优雅流畅。雍正青花的图案花纹，很少出现人物故事图，特别是康熙时描绘战争场面的所谓"刀、马、旦"的画面更属少见。除了传统的缠枝莲、云龙、凤龙纹外，以幽雅娴静见胜的折枝花、团花、竹石、花蝶、石榴、三果、花鸟为多，并喜用忍冬纹、蕉叶纹、如意云头纹以及回纹等比较抽象却蕴含象征意味的纹饰进行装饰。青花纹饰清丽明晰，样式华丽，画面清幽古雅，层次分明。九桃是雍乾时期的著名图案，寓意圆满与长寿，大多采用粉彩来绘制，这只青花九桃瓶底足有青花双圈内楷书"大清雍正年制"六字款，画面非常干净，又于清秀中显露出古朴刚劲之风。观赏这件瓶子，真像是口中含了一枚橄榄，那悠长的味道在一点一点渗出来。

我迷恋雍正瓷器的釉色，它有宋韵又不同于宋，它没有那么浓重的文人气，那一股内敛的贵气反倒更加意味深长，它有明的精致却脱去了明的丰腴，没有那么性感却古韵十足。雍正单色釉里最令我着迷的是青釉和胭脂水。

雍正青釉有粉青、冬青、豆青和仿龙泉多种。以微量铁为呈色剂的青釉，是我国最古老的色釉，早在3000多年前的商代，我国就已经出现了原始青瓷，此后历代都有烧造。如果从工艺技术上看，只有到清代的雍正，才可算是绝对的成熟。因为只有在雍正时，才能达到相同器物，其色泽能保持一致的高成品率。雍正青瓷，犹如从自然中掘出的一颗青玉，受到天地精华的滋养，光润饱满，宛若天成，没有一丝瑕疵。

雍正皇帝崇尚古意，在仿古方面，不仅仿宋代的五大名窑，也仿永宣、成化、嘉万等朝的瓷器，但是雍正仿古不是一味模仿器形及釉色，而是有着自己的深入思考。宋代五大名窑钧窑首创的"窑变"，就是在釉料中加入氧化铜等元素，经过高温烧制，自然形成绚丽多彩的颜色，尤其以玫瑰紫色最为漂亮。这种高温红铜釉的烧成开创了颜色釉的先河。明清两代，仿前代瓷器十分兴盛，仿品的制作技术不断更新，有的几乎达到"乱真"的程度，有的甚至超过了原有水平。

雍正仿钧釉匜式尊，釉色鲜丽，不同于前钧器身上一块一块的窑变，这件钧器上有浅紫色细斑星星点点洒在淡青釉上，肩部色浓，腹以下渐浅渐淡，逐渐晕合于青色之中，就像天边的晚霞逐渐沉入水底。这种仿钧不似全钧，是非常难烧成的色釉，被人们誉为"新紫"。新紫釉器物十分少见，可以算得上是稀世珍品，雍正仿古瓷可称得上是"青出于蓝而胜于蓝"。

雍正仿哥釉六方瓶的器形已不是像宋朝贯耳瓶那么充盈着古意，而是带有本朝的鲜明特色。开片较小，青灰的色泽，釉色犹如宝石一般。雍正仿哥器釉色十分清澈莹亮，这与哥窑的厚润安定不同。古朴中彰显出的那种富贵之气，有一种难以言喻之美。

胭脂水釉碗是雍正时烧造的名贵品种，底有"大清雍正年制"两行六字青花楷书款。

康熙时期名重一时的郎窑红、豇豆红到了雍正朝已趋没落，康熙朝开始从国外传入的以微量黄金为呈色剂的金红釉，在雍正时期成了红釉的名贵品种。这是一种低温釉，其色红如玫瑰或蔷薇，因此有"玫瑰红""蔷薇红"之称，习惯上叫"胭脂水"，其深者亦称"胭脂紫"。胭脂水釉器一般胎体极薄，器里施纯净的白釉，在器物口沿处露出一道白色的边，内外相衬，愈发显出胭脂色的娇艳。所见之物大多是盘、碟、杯、碗之类的小件器，这两件胭脂水釉碗均为薄胎，釉色散发着水汪汪宝石般的光泽，美得不可言喻。

雍正彩瓷里有两类是他艺术品位最完美的体现，一是粉彩，一是斗彩。

粉彩是在先烧成的白素胎上绘画，并在胎体和彩料中引入了被景德镇称为"玻璃白"的砷化物粉末，随着玻璃白加入量的不同特别是它的乳浊作用，可将某种色彩形成浓淡不同的色调，这就使釉上彩的色调变得更加丰富也更加柔和。在绘画技法上，借鉴了"没骨法"的画法，过渡自然，使画面有了阴阳向背之感。它在利用多色阶的同时，通过对釉的厚薄控制，使纹饰微微凸起，产生出西洋画一般的透视感和立体性。

这一时期的粉彩瓷器在造型、胎釉和彩绘技法上都有了很大发展，盘、碗上的绘画常用"过枝"的图案。所谓"过枝"，就是图案花纹从器物外壁自然过渡到内壁，像红杏入墙般的枝干相连，花叶相属，形成一幅和谐的广阔画面，是雍正时期的一大特征。"过枝"的题材多为桃树及各种花卉，景德镇窑粉彩过枝茶梅纹盘以豆青釉为地，在器物的外底处绘有硕大的茶树和梅树各一株，深褐色的线条勾描，使树干显得更加茁壮刚劲。红色的茶花形成焦点，疏朗的枝干由盘壁经口沿至内壁及盘底，目光随着枝干的迁移，仿佛能感到生命的成长过程。纹饰以淡粉、褐、杏黄、珊瑚红等色彩渲染，"没骨法"的绘画技法，把粉彩发挥到极致，而微微凸起的花瓣是由于釉料的堆积，使画面具有了西洋画一般的立体感，外底书青花双圈"大清雍正年制"六字双行楷书款。

粉彩这么柔美，但是雍正帝是不会忘记古雅的，他有一件墨地粉彩，真是别出心裁。这件墨地粉彩花鸟纹瓶造型为小口、细长颈，溜肩、鼓腹，圈足微外撇。墨彩铺地，再用绿彩画出梅竹与花鸟图案，纹饰绘画风格与雍正著名的珊瑚红地珐琅彩花鸟瓶的风格一致，虽是墨地色调却雍容华贵，是精美的观赏陈设器。底足内施白釉，有"大清雍正年制"六字双行青花楷体竖款。墨地粉彩特别能体现雍正所追求的那一个"雅"字，它脱去了粉彩的柔媚，具有一种纯粹的高雅气质，这种气质乃是雍正瓷器的精髓。

雍正斗彩在康熙制作的基础上，仍有所发展。小部分是仿成化斗彩，更多的是当时流行的造型。由于多数为官窑器，雍正斗彩的图案花纹以传统的云、凤、缠枝花卉、花果为主。在彩绘方面，一类是传统的斗彩制作，即釉下青花和釉上五彩相结合；另一类是以釉下青花和釉上粉彩相结合，这种新型的斗彩工艺，开创于粉彩盛行的雍正朝。由于采用了粉彩，斗彩的"斗"不再具有张扬之气，而是更柔和，更有追求古雅的意境。

雍正斗彩五伦壶是雍正斗彩精品中的精品，淡青色釉地上的纹饰"五伦"，是古代儒家所倡导的处理人与人关系的行为准则，用五种飞禽来表示，分别象征君臣、父子、夫妇、长幼、朋友之间的关系。这件斗彩小壶像一个楚楚动人的女孩子，乖巧而不失优雅，惹人爱怜，令人流连。

雍正的粉彩与斗彩如此柔媚古雅，一个坚实的底蕴就是青白釉的地儿，如文献中记载的"莹素如银，皆兼青彩"，这一抹蛋青来自大元，被复古而不泥古的雍正帝发扬光大到至臻完美的地步，雍正帝真是个大艺术家。

在首博特展"走进养心殿"里，陈列着著名的雍正十二美人图，我爱它如同爱雍瓷，如同爱观音、爱小赫舍里墓的精品一样。它曾经装饰在圆明园深柳读书堂的围屏之上，红袖添香伴读，是中国文人向往的境界。雍正对十二美人图非常珍重，亲笔题字于上，当了皇帝之后还命人重洗装裱，所以才被称为"雍正十二美人图"。我说了那么多雍正瓷器的审美取向，雍正帝对女人的品位也是非常不同凡响的。这些仕女们都是鸭蛋脸，悬胆鼻，微抿着樱桃小口，用"三白"的笔法，即在脑门、鼻梁、耳后等处点白，使脸色更粉，把美人衬托得不仅端庄娴雅，而且十分大气因而也就显得非常高贵，从中可窥出雍正对美人的品位。雍正斗彩五伦壶也在展厅中，与十二美人图遥相对望。美人粉白的肤色与雍正瓷器梦幻般的淡雅，华丽、悠闲而又精致的风格相互印证，这种雍正风格告诉我们，这些艺术品不仅是险恶政治环境中的桃花源，是政治漩涡中的一座孤岛，更重要的是体现出对个人快乐的寻求，这种寻求反映出人们对自身能力的无限自信，最终也导致了个人情感价值的高雅化，这就是雍正审美取向告诉我们的。

1. 清 雍正的龙纹

2. 清 雍正景德镇窑青花釉里红云龙纹天球瓶 首都博物馆

3. 清 雍正青花桃蝠纹橄榄瓶

4. 雍正 景德镇窑粉彩过枝茶梅纹盘
首都博物馆-1

5. 清雍正 斗彩五伦图提梁壶 斗彩
团菊纹杯-2

皇家经典王者风范之精细秀雅乾隆工

　　清代自皇太极立国，传至乾隆，已历五代，经济的繁荣带动文化事业的发展，文化艺术领域中创新之举时有出现，考据、仿古之风亦为盛行，清高宗本人，是这一时期文化艺术活动的参与者、推动者，他扶植了创新之举，又提倡对经典的考据、器物的仿古，玉器、瓷器都达到了新的高峰，乾隆朝仿古玉器便是在这种情况下发展起来的。

　　乾隆爷酷爱仿古器物，厌恶纤巧烦琐的喧嚣之作，提倡"刻镂而不伤古雅"的艺术标准。清朝乾隆时期盛行的仿古玉器有两种类型，一类是仿古彝，另一类是仿汉玉。仿古彝就是仿商周青铜器的造型、纹饰而制的玉器，仿汉玉是指广泛的仿古，并非专指仿汉玉而言。

　　乾隆仿古彝继承了明代仿古彝玉，并有所发展，在器形花纹方面较明代更具有综合性、折中性。乾隆仿古不是用玉器再现古彝的形制和纹饰，而是集古彝之大成，去展现一种古香古色的艺术之美，还往往镌刻仿古款识加以标明，如"乾隆年制""乾隆仿古""乾隆御用""大清乾隆仿古"，公开声明它并不是为了遮掩耳目，而是为了"反璞"。这种仿古，反映了乾隆时代的艺术思潮。

　　首都博物馆玉器厅中有一套乾隆青白玉凤首衔梁卣、瓶，这套仿古玉器，是仿商周时期的青铜盛酒器卣而制成的。它在仿中出新，设计精巧，纹饰精美。器物雕成扁平形，使隆重的青铜器脱去王权的外衣而一下子具有了盎然的画意，非常具有观赏性。卣身上琢刻着蝙蝠等吉祥的纹样，融入了世俗的情感。高雅的凤首嘴里衔着一枚蝙蝠形银钩，巧妙地与卣相连，这枚雅致的银钩还为器物添上了唯美的一笔。如果没有它，器形也许显得平淡单调，有了它，器物顿时变得美轮美奂，仿佛奏响了华彩乐章。真是动人笔墨不必多，只要点睛的一笔。北宋词人秦观有句："宝帘闲挂小银钩"，这是婉约派词人所描绘的唯美，是在"自在飞花轻似梦，无边丝雨细如愁"的情景之中所悬挂的小银钩，具有与温庭筠"花落子规啼，绿窗残梦迷"同样的意境。以"乾隆工"为代表的清代帝王玉的新风格，涵盖着"精、细、秀、雅"的内涵，是乾隆工的精髓。这种风格在仿古彝中被发挥到了极致。

这件作品没有一点咄咄逼人的气势，显得非常亲切、娴静，平易近人，让人流连在它的周围不忍离去。小银钩的唯美一笔，体现着为仿古玉器注入新的生命，把审美发挥到极致。值得一提的是，这件器物的底座都是原配的，嵌有银丝的木座，更彰显出华贵典雅的气质。

清乾隆碧玉天鸡尊，是乾隆仿古玉的代表作，经常出现在精装书的封面上。玉樽为仿古型，通体琢刻兽面纹、夔龙纹，天鸡背负蕉叶纹四出戟花觚，长尾垂地后自然地一弯，形成了稳定的支点，胸前阴刻篆字"乾隆年制"，整器琢、刻、碾、光各工序精湛，是清代宫廷造办处的佳作。天鸡的体态极其优美，高贵健硕的头颅，脖子含蓄内敛地弯着，与躯干形成一道完美的曲线。这么优美的站姿，很值得模特们借鉴，挺拔而又柔美，毫无骄傲跋扈之气，可亲近中带着矜持的优越感，自有一种不可侵犯的气度。

在宫廷玉器取得巨大进展的同时，一支异军突起的痕都斯坦玉器也进入了清代宫廷，清代所言温都斯坦或痕都斯坦，位于印度北部，包括了克什米尔及巴基斯坦部分地区。清代宫廷将来自印度、土耳其及部分中亚地区的玉器统称为痕都斯坦玉器。痕都斯坦玉器于乾隆年间大量进入清宫内廷，有碗、盘、壶、盒等器皿及刀把、镜把、经架等用具，品种很多。痕玉的制造非常精致，一般具有以下特点：

1. 造型奇特，多呈花瓣形、叶形、橄榄形等植物形状；

2. 一器一色，胎薄如纸，微透明，体轻如叶；

3. 装饰图案细碎繁密，满布器面，多为花叶纹；

4. 嵌饰工艺精湛，或嵌金线，或嵌琉璃，或嵌彩石，色彩艳丽夺目，与底色对比强烈。

乾隆本人非常喜爱痕都斯坦玉器，使用并收藏了大量痕玉作品，还留下了约64首赞美痕玉的诗，其中对一些痕玉的评价，超过了对中国玉器的认同。在酷爱痕玉的乾隆帝督办下，清宫内务府造办处特设仿制痕都斯坦玉器的专门工坊，所仿器物被称为"西番作"，成为中国古代玉器家族中的新成员。

玉碗作为日常生活用品在明清两代十分流行。仿痕都斯坦菊瓣碗为白玉质，温润细腻，局部有褐斑，碗壁薄仅1毫米，重只有45克，外壁饰两层纹饰，口沿处为卷草纹和五瓣花，腹部琢外凸内凹的细瓣蕃莲纹，又称"菊瓣纹"，内壁光滑可透见纹饰。整器轻薄剔透如蛋壳，纹饰繁密柔美，琢刻技艺高超，抛光技术堪称一绝，这件具有玻璃光泽的仿痕玉制品是清代宫廷造办处仿痕都斯坦薄胎玉器中的代表作。

青白玉"绵绵瓜瓞"御制诗洗也是一件仿痕玉精品，用青白玉雕琢而成，均净无暇，细润而略透光，刻有口内填金的乾隆御诗：

> 天方瓜样伙，此器肖瓜形，
>
> 瓢讶留斯白，皮宁籍彼青，
>
> 一花承妥帖，五瓣列匀停，
>
> 贮水郑门市，擎浆裴驿亭，
>
> 种疑召家圃，泣匪楚王庭，
>
> 绵瓞虽微雅，宾夷亦惕经。

洗的形制就是御诗所描述的："一花承妥帖，五瓣列匀停。"即洗足是六角花形，五瓣肥硕的花瓣构成洗身，琢刻出牙齿形状的卷叶作为柄，充满清新活泼的自然情趣及勃勃的生机。工匠依照花瓣形状琢刻楷书乾隆御诗和"乾隆甲午仲春月御题"款，字口里填金，非常华贵。玉洗制成于乾隆三十九年（1774年），是乾隆时期宫廷造办处仿痕都斯坦玉器中的珍品。"瓜瓞绵绵"中的"瓞"意为小瓜，大瓜生小瓜，连绵不断，寓意子孙万代永无止境。

这一时期玉器中的御题诗句，或咏史述典，或追思往事，或宣扬政绩，或褒赞器物，或夸奖玉色，或推崇工艺，题赋颇丰，也是清宫乾隆玉器的特点之一。乾隆所题诗，多为儒臣所书，由内廷高手玉匠刻镌器上，风格工整绮丽。观其书，便可知清代馆阁体书法之一斑。这件御制诗洗既有皇帝年款，又有御制诗文，真可谓是双料珍品。它的最大特色在于，所仿的是痕玉一器一色、微透明的精美色调及新鲜活泼的植物造型，而在艺术风格上则是乾隆爷所提倡的"刻镂而不伤古雅"，极为精简的造型，花瓣上除口内填金的御诗之外再无多余的一笔，乾隆爷所咏叹的"匀停"，确是花瓣排列均衡的点睛之笔。

除了仿古玉器之外，乾隆时期的瓷器也是美轮美奂，粉彩即是乾隆工精细秀雅的典范。

乾隆粉彩鸡缸杯虽然没有斗彩鸡缸杯那么有名，但是有着明显的乾隆风格。可爱的童子、华美的衣衫、山石牡丹、羽毛绚丽的公鸡，还有器身上的题注与印章，都是乾隆工喜欢的元素。

九桃是雍乾时期的美学符号，乾隆粉彩九桃瓶，橄榄形的器身线条流畅典雅，没骨法画出的桃子颗颗莹润饱满，桃嘴儿上因为釉料堆积而具有油画般凸起的感觉，几种花卉只讲美学不讲季节的与桃子共存。这只瓶子就像一位娴雅的美人，削肩长颈，静静地站立在那里。

乾隆瓷器无论是仿哥窑、汝釉，还是粉彩鸡缸杯、窑变石榴尊，抑或是复杂无比的转心瓶及美妙的佛前供器，件件都美不胜收，处处体现着盛世滋养的富足与华美。乾隆一朝（1736 年—1795 年）60 年，曾被很多人看成是中国封建社会的鼎盛之世，至少是清代的盛世。实际上，乾隆是托庇祖荫，过度消费其祖父辈积聚的财富。嗜古成癖的乾隆爷酷爱各类工艺美术品，刻意求精、求奇、求巧，使各种工艺美术都有长足的发展，但在装饰风格上，由于整个上层社会沉醉于尽情挥霍财富、夸耀富有的风气中，因此盛行锦上添花、大红、大绿、金碧辉煌，太多富贵气而较少雅静之作。虽然乾隆爷有赏古、仿古的雅趣，但始终难免有尽享祖荫的痕迹，那些华美的器物中工巧多于天然，更感受不到雍正瓷器中那种呕心沥血的钻研、思考及情感寄托的深刻。

1. 清 乾 隆
　碧玉天鸡尊

2. 清乾隆 粉彩鸡缸杯-1

煌煌灵芝，淑气所钟

——小赫舍里氏墓的精品

　　赫舍里氏，一个普通人通过电视剧才知道的名字，她是康熙皇帝的第一任皇后——元皇后孝诚仁皇后，而电视剧对她的描述并不多，人们更熟悉的是索尼、索额图这样的名字，满族正黄旗，均为当朝大臣中最重要的实力派。老子索尼为大清的开国勋臣，辅政大臣一等公，为康熙皇帝的亲政起到了至关重要的作用。索尼的孙女即是康熙的皇后，太子胤礽的生母。儿子索额图，最显赫之处即在策划擒拿鳌拜，清除鳌拜势力时立下的战功；而最为成功的外交功绩则是以大清国重臣的身份签订了中俄《尼布楚条约》，从法律上肯定了黑龙江流域和乌苏里江流域的广大地区都是中国领土，为清朝开疆拓土立下了不可磨灭的功绩。

　　少有人知在这样一个显赫的家族中，还有一位万千宠爱的小女孩，诸多版本的清宫电视剧中也从未出现过她的面孔，这就是索额图的小女儿——小赫舍里。不幸的是，这样一个高贵而又可爱的女孩却与她的堂姐——康熙的第一位皇后大赫舍里一样具有悲剧命运，年仅七岁就因疹疾（天花）香消玉殒，花年早逝，给家人留下了无尽的怀念与悲痛。家人为她修建的墓室不大，却非常精致，其中的陪葬品很丰富，制作精工，且多珍稀之物，其中以瓷器、玉器最为丰富和精美。从中我们可以想象得到小姑娘当年的聪明伶俐与乖巧可爱，不愧将万千宠爱集于一身。然而我们在观赏的同时，心中却难免涌起一丝隐痛，那些华贵的文物也仿佛蒙上了一层凄美的色彩。淑气所钟，何天不佑，哀哉！悲哉！

小姑娘的墓志铭

清故淑女黑（赫）舍里氏墓志铭

　　淑女黑舍里氏法名众圣保，皇清光禄大夫辅正大臣文忠索公、一品夫人佟佳氏孙女；光禄大夫太子太傅部尚书保和殿大学士愚庵索公、一品夫人佟氏长女也。生而聪慧，三四岁俨若成人。至性温纯，动与礼合，事祖母、父母孝敬不达，咸谓异日必贵而多福也。启料遭，忽遘疹疾，时淑女犹跪祷：神前愿保稚年，以慰抚育之意，虽古之娴习四教者，不能及己。何天不佑，遽尔玉陨，祖母、父母俱痛惜悯悼，不能自已。因择吉壤以妥之。淑女年仅七龄，生于康熙戊申年七月十三日，卒于甲寅年十二月二十七日。今乙卯四月二十一日葬于德胜门外新阡。铭曰：

煌煌灵芝，淑气所钟，既秀而苗，遽陨霜风；玉折珠沉，魂返莫从。有鹤嘹唳，有树郁葱，千秋永世，常护幽宫。

国子监祭酒沈荃撰文并书丹

候补侍读冯源济篆额　　长沙府通判刘源填朱

康熙十四年四月二十一日立石

小赫舍里墓位于北京德胜门外小西天，此地俗称"姑娘坟"，传说是清初某户埋葬其家族未出阁姑娘的茔地。1962 年 7 月被发掘，甚可欣慰的是，这座墓的圹室没有遭到盗掘，文物颇为丰富，多是传世的古物，大多可作为断代的标准器。其中最为精美的九件玉器和五件瓷器展于首都博物馆，有多件一级文物，堪称首博的镇馆之器。

几乎是在见到小赫舍里墓精品的第一眼，我就深深地爱上了它们，即使是在一无所知的状态下，就无端地喜欢进而深爱。就像王蒙先生说他少时初读李义山的《锦瑟》便蓦然心动，觉得诗写得那么忧伤，那么婉转，那么雅美。虽不知道"望帝化杜鹃"的典故，也不知道"锦瑟""珠泪""玉烟"这类隐僻的字词也联结着那么多的书卷掌故，却能欣赏它，并能背诵上口。其意境、其情绪、其形象的幽美与形式的完美，其音乐性，似乎都是可以用现代人平常人平常少年的平常心感觉到的，也是完全接受得了的。真正的艺术就是具有这样的魅力与震慑力。

苏舅舅主持了小赫舍里墓的发掘，并主笔了发掘报告。他对我讲起发掘情况时说，当时墓内的环境非常艰苦，阴暗潮湿，汪着石灰水，苏舅舅坚决不同意用抽水机把水抽干后再进墓，他怕抽水机把文物抽坏了，他宁可被烧得一身泡，也要保证文物的完整性。苏舅舅身上被石灰水烧出来的泡养了一个半月才好，而小赫舍里墓里的 18 件玉器及 10 件瓷器完好无损，以非常完美的面目示人，现展在首都博物馆里的 9 件玉器及 5 件瓷器，是首博展陈中最值得炫耀、最有讲头的展品，也是我心目中精品中的精品。它们那精致唯美的器形、极其珍贵的文物价值，以及它所独有的、以小见大的气魄，都令我挚爱到痴迷。我花了几年的时间，反复地、不间断地拍了很多张这些文物的照片，一边拍，一边欣赏，一边理解，最后从中挑出 12 张，制成一个小台历，送给苏舅舅，作为对他为考古工作付出艰辛努力的回报，也表示一个晚辈对考古前辈的尊敬。

小赫舍里墓出土的玉器从宋元到明清皆有，其中元代的凌霄花饰是一件羊脂玉极品。

凌霄花是一种攀援植物，依物攀高，可达百尺，好像要凌空直冲云霄，因此名为凌霄花。朦胧诗人舒婷在《致橡树》中咏过：

"我如果爱你——
绝不像攀缘的凌霄花，
借你的高枝炫耀自己。"
"我必须是你近旁的一株木棉，
作为树的形象和你站在一起。
根，紧握在地下，
叶，相触在云里。"
"你有你的铜枝铁干，
像刀，像剑，也像戟；
我有我红硕的花朵，
像沉重的叹息，
又像英勇的火炬。
我们分担寒潮、风雷、霹雳；
我们共享雾霭、流岚、虹霓，
仿佛永远分离，
却又终身相依。"

这真是现代职业女性独立人格的咏叹调。然而凌霄花是元代饰物的常用题材，据说与宗教有关。这件羊脂玉佩饰温润洁白，微微泛黄。四朵凌霄花，花萼相连，两朵昂首向上，两朵垂头向下，花瓣皆作品字形如意云头状，花瓣外有三两条粗细不均的阴刻线，由花萼向上延伸。背面平素。该器造型浑厚，雕工简练粗放，磨工极佳，花瓣内外俱有玻璃光泽，镂空处亦平滑无琢痕。题材和做工都具有较为典型的元代风格，但玉质之佳、玉料之大在元代玉器中罕见，也是欣赏和田羊脂玉的最佳器物。

中国和田玉是指产于昆仑山的透闪石玉而言，亦可专指产于今和田市白玉河的籽玉而言，在质色、音域及韧性三个方面具有独到的优越性，是中国帝王心目中的真玉。分子构成为钙镁硅酸盐，矿物形态主要为隐晶及微晶纤维柱状；矿物的组合排列似毛毡状结构，犹如毛交织成的毡毯一般非常均匀地无定方向的密集分布。文献中记载着怎样辨别真玉，云："其色温润如肥物所染，敲之其声清引，若金磬之余响，绝而复起，残声远沉，徐徐方尽，此真玉也。"我国玉概念均为矿物的和文化的二元组合，东汉许慎规范"玉"字时指出"玉，石之美有五德者"，石之美是其物质属性，而"仁、智、义、勇、洁"这五德则是文化的内涵，和田玉始终遵循着首德次符的原则。

和田玉玉器最早见于齐家文化，亦以璧、琮为其代表性器形，盛于夏、商，作为文明曙光在望时刻的齐家玉文化，其所用玉料大多为球琳（和田玉），它承前启后、兼收并蓄，融会东西两种玉文化传统，成为中华文明最直接、最坚实的一块奠基石。可以这样说，中华文明是远眺中西部仰韶彩陶文化和红山、良渚文化，直接吸收了龙山玉文化，尤其齐家玉文化养分融汇铸造成功的。

玉器是中国的国粹，而和田玉玉器则是国粹中的艺术楷模和光辉典范。和田玉工艺鬼斧神工精美绝伦，至明代，见诸文献记载的玉工唯有秦代孙寿（用蓝田玉做传国玺）、西汉丁缓（长安巧工）、五代颜规（吴越广陵王钱元璙时苏州玉工）及明代陆子刚四人。

明清两代城市、商业发达，文化繁盛，在强大的经济基础之上，玉坛上拟古主义之风劲吹，社会上掀起的一股慕古主义风尚及艺术上的仿古潮流，玉坛受文人画的思潮与艺术影响，出现了拟古主义的创作倾向，其代表人物是陆子刚，乾隆皇帝弘历也起到了推波助澜的作用。

弘历对清玉的要求可概括为"细、雅"二字。所谓"细"是指雕琢工艺要精致、严谨，与粗糙、纤巧、烦琐、华嚣等劣工相对而言；所谓"雅"是指简约、高古、淳朴、典丽的韵致。从实践上分析，"雅"可析为"良材精雕""尚古简约""提倡画意""推崇痕玉"等四个方面。

1755年至1760年乾隆平定准噶尔。平定西域后，和田玉内运的道路被打通，这件事对于中国宫廷玉器的制造，有着极大的意义。从此以后，新疆和田玉从开采、运输到制作被皇家垄断。和田玉玉器最后的光彩一页是乾隆二十五年至六十年间（1760—1795）这35年间。以宫廷玉器为龙头，带动了苏州、扬州、杭州、南京以及北京等地玉肆的长足发展。和田玉玉文化的中心不在和田，却在中原，在东部，在帝王家，和田玉是帝王真玉。

除了羊脂玉的凌霄花饰，小赫舍里墓还出土了一件仿古玉樽，非常珍贵，就是明代的青白玉夔凤纹子刚款樽。

明代玉器制造业最发达的两个城市是北京和苏州。苏州琢玉的代表人物为陆子刚，子刚是江苏太仓人氏，明代玉雕行业的杰出代表，生活在嘉靖、万历时期。嘉万时期城市经济繁荣，手工业兴旺，造就了子刚这名艺术巨匠，在当时就有"名闻朝野"，"可与士大夫匹敌"之说。子刚制玉选料严格，工艺上应用绘画透视技法，以及各种雕琢工艺，并将诗文印款琢于玉器之上，把中国书画艺术与玉器工艺完美地结合在一起，深化了玉器制造工艺的艺术魅力。子刚治玉有如下特点：

（1）精选用料，所制玉器选料严格，大多为新疆和田青玉。杨伯达先生指出，古人将玉的质地和颜色归纳为"德符"关系，直到晚清，人们都是首德次符，即先看玉质，再看颜色。玉的颜色有白、青、黄、黑四种，羊脂白玉是德、符兼优的最上等美玉，白玉无瑕，美轮美奂。子刚选玉，以德为首。

（2）雕刻技艺绝佳，作品多为装饰物和器皿容器。他所雕刻的水仙玉簪，玲珑奇巧，花茎细如毫发，一支价值五十六金。他把中国的书画艺术与玉器工艺完美结合在一起，深化了玉器制造工艺的艺术魅力。

（3）第三点，也是最为传奇的一点。子刚琢玉，喜欢留款。据说在玉器上刻作者名字的，只有明代陆子刚一人，这件樽的把下面有阳刻篆书"子刚"二字。不仅留款，还是阳刻篆书，分明侵用了皇家的规制，子刚也忒特立独行了。虽然子刚的款都留在隐秘之处，但他的留款确实是个危险嗜好，随时会给自己带来不测。这件青白玉夔凤纹子刚款樽是一件仿古玉器，樽盖上立雕卧狮、卧虎、辟邪，樽的外壁，刻有夔凤纹和螭虎纹，樽把上有一象鼻钮儿，樽把下刻有"子刚"款，非常精美。这件樽采用浅浮雕的形制，即在极其均匀平整的底子上，浅浅的起一层浮雕，这种手法用在田黄石印章上被称为"薄意"，真是画面浅淡却又意境深远。浅浮雕是一种很难的技法，却是子刚的拿手好戏，这种活儿后人很难达到，而子刚以高超的琢玉技艺，用浅浮雕的形式，将书画图纹表现得曲尽其美，淋漓尽致。这件作品是迄今所知北京地区出土的唯一带"子刚"款的玉器，不论是鉴宝还是文物中都经常提到，很有代表性，是研究子刚款玉器难得的实物资料。

小赫舍里墓出土了一对仿古玉佩非常精美。习惯上把片状的垂饰物称为佩，商周以后形式繁多。组玉佩由多件组成，戴在身上，走路时相互撞击，环佩之声清越悠长，是西周时期上层社会人士必备的饰物。鸡心佩出现于汉代，以后历代经久不衰。清代宫廷玉器中，佩玉占有很重要的组成部分，造型多种多样，很多都模仿了汉代风格，有的竟与汉玉佩极为相似，此对玉佩便是一例。它一

224

为碧玉，一为白玉，碧玉佩莹绿略透光，局部泛黄色并有黑色瑕点。以镂空技法琢制，一面是螭纹及鸳鸯戏水，另一面为凤鸟依附在祥云之中。纹样繁缛，琢刻线条细密流畅，非常精美，出土后仍有极好的光亮。高超的雕琢技艺，代表了清初仿古玉器的成就。白玉鸡心佩器身布满祥云，也是清初仿汉玉的佳品。

由于女孩的早逝，如此华贵的玉佩不免带上了一层凄美的色彩。人们在观看玉器时，总是拥有一份宁静、祥和的心态，唯独面对它时，内心会有一丝隐痛，心情也变得复杂起来。

小女孩的墓志中说她"生而聪慧"，"至性温纯"，她墓中出土的几件玉文房用具也很有价值。

玉质的书写工具起源很早，后来品种逐渐增多。文房四宝包括纸墨笔砚，书房文玩则特指具有赏玩价值的文具与书房陈设，如笔筒、笔架、镇纸、砚滴、水丞等。出生于城市的明代文人，求仕不得，蛰居家中，却又得不到前朝文人隐逸的真实自然环境，于是他们便于书案之上营造环境、寄托幽思。书房文玩融实用价值与艺术价值于一身，工艺精湛、华贵大方的玉文房是文人雅好情趣的展现。而七岁的小女孩就拥有一套玉笔及笔架。

这种玉笔具有明代的鲜明特色，粗大，纹饰朴拙，直来直去，不具曲线之美；笔架为鹿衔灵芝，山石与鸟兽构成一种自然山林之美，体现出明代文房用具于书案之上营造环境、寄托幽思的特色。

镇纸是写字时由来压纸的，小赫舍里墓的这件小玉镇纸，令我爱到痴狂。它是一件瑞兽镇，玉质精良，小小的籽玉，带着黄色的玉皮，瑞兽极其可爱，通身柔软卷曲的绒毛，潮乎乎的小鼻子，两只充满灵性的眼睛，眼角上翘，不知在寻思什么。小家伙匍匐在地上，人小鬼大，聪明无比，让人对它充满怜爱之心又弄不清它心里的鬼主意。试想把它握于掌中，轻轻抚摩它的卷毛与脑门，那种滑润与温暖，将会通过掌心传遍全身。小赫舍里墓的精品都具有这种以小见大的气魄，物件儿虽小，却非常压手，这种压手指的不是分量，而是它的精神与内涵。

小赫舍里墓出土的明代瓷器中，经专家鉴定，最珍贵的是成化年间的斗彩葡萄纹杯和嘉靖年间的斗彩折枝花卉八卦纹三足炉，这两种瓷器过去很罕见。三足炉仿明成化斗彩，炉下部绘折枝莲花，色彩浅淡，近于成化；而上部绘八卦纹，属道教图案，反映出嘉靖时期的纹饰特征。尤其是成化斗彩葡萄纹杯更是明代瓷器中最为珍贵的品种，它主要作为宫廷赏玩品而烧造，生产数量不多，很快就成为名贵的珍品。据文献记载，成化年间的斗彩瓷器，到一百年后的万历年间就已经被视为珍品。相传万历皇帝御前有成化斗彩鸡缸杯一对，价值十万钱。不仅皇家，达官贵人家中也有收藏，《红楼梦》中的"贾宝玉品茶栊翠庵"中，妙玉用此种杯款待刘姥姥饮茶后却嫌不洁要扔掉，幸亏被宝玉讨要了回来。妙玉之清高，可见一斑。

所谓"斗彩"，是先用青花勾绘花纹轮廓，罩上透明釉后入窑烧制，再填入五彩，进行二次烧制，烧成后釉下青花与釉上五彩争奇斗艳，因此称为斗彩。斗彩瓷器以器小胎薄著称，器形就十分精美，加上斗彩纹饰，娇贵无比，我真不敢想象该如何把玩它，这样的珍玩简直就不敢上手。

这件斗彩葡萄纹杯，外壁绘有葡萄、癫瓜、桑椹、竹子等图案，绿彩为叶，黄彩为蔓、紫彩为果实，色泽浓淡相宜，清雅透明，造型轻盈小巧，外底青花方框内标有"大明成化年制"楷书款。一个七岁的小女孩，墓中竟殉入这样稀有的官窑斗彩，清代官僚贵族生活之奢华可以想见。有意思的是，在首博的玉器展厅里，那些著名墓葬，如明代万贵墓，乌古伦窝伦墓，金代石椁墓以及小赫舍里墓出土的玉器，其品质比清代皇子墓出土的不知要高多少倍。清代皇子墓出土的那些玉器，在这些王公贵族墓的面前，显得畏首畏尾的寒酸，一副可怜相。由此器也可直观地理解北京都城文化的特色。

这件器物的拍摄与小瑞兽一样不是件容易的事。像这样的器物，只有在摄影棚中布好灯光，用小光圈获得足够的景深才能拍好，只依靠展厅中的光线不得不采用大光圈，很难拍得理想。而且由于它的胎体不是纯白色，而是白中闪出青灰，很难把握它的色温，色彩还原也不甚满意。反复拍了多次，还是不能获得满意的结果。

小赫舍里墓出土了一件甜白釉小壶，与那件籽玉小瑞兽一样，都非常精致可爱，除极具观赏性之外，总是能引起人的怜爱之心。

甜白釉是明代永乐年间江西景德镇创烧的新品种，这是在单色釉瓷器发展过程中一个很大的进步，为其后的粉彩打下了基础。它采用含铁量极低甚至不含铁的胎土，并在釉料中加入一种白色呈色剂，烧成后的釉色白润甜净犹如白糖，因此有了甜白釉的称呼。

明代的文人饮茶以壶小为贵，甜白釉小壶就是当时典型的代表性器形。它的器形创烧于元代，形体由玉壶春瓶演变而来，壶形似梨所以又称梨式壶，明代各个时期均有烧造，唯独永乐时期烧造的最为精致美观。你看它圆口、小嘴、短颈、溜肩，下腹圆鼓丰满，圈足稍外撇，香蕉式流，半球形盖，宝塔式钮，弯曲的圆柱形柄，柄上端的圆孔与壶盖孔对应，便于穿系。腹部的主题纹饰是两条首尾相逐的五爪暗纹龙及数朵流云纹，足壁为卷草，盖上还有四朵暗纹变形如意云头。这种甜白釉的暗刻纹十分纤细，不仔细分辨几乎看不出来，被称为"锥拱器"，这种若隐若现的隐逸风格也正是文人所喜爱的。

这只小壶胎质坚密洁白，壁薄而均匀，釉汁纯净，施釉精细，器面肥润光亮，造型优雅秀巧，制作工艺精良，为景德镇甜白瓷中的精品。已列为国家一级文物收藏，在1993年国家文物局对全国一级文物进行核审时仍定为国家一级珍品。

小赫舍里，一个年仅七岁的女孩子，无论是子刚杯还是成化斗彩葡萄纹杯，这些在当朝就已经成为珍玩并流芳后世的珍品，仅仅因为小女孩生前的喜爱就为她而殉入墓中。小赫舍里的墓志铭也是充满着溢美之词，称她为"煌煌灵芝，淑气所钟"，即拥有像灵芝那样的光彩，钟灵毓秀集于一身；而且为小赫舍里墓志的撰文、丹书均为当时的头面人物。仅仅因为她的爷爷是清朝的开国元勋，又是康熙辅政大臣一等公索尼，父亲索额图不仅协助康熙清除了鳌拜，而且代表大清签订了著名的中俄尼布楚条约（1689年），将黑龙江、乌苏里江流域的大片土地纳入清朝版图。围绕着一位王公贵族家的女孩子，竟发生了这么多隆重的事情，所以，北京的王公贵族以及王公贵族墓出土的文物，都带有北京都城文化的浓厚色彩。

我曾经想象过，如果当年苏舅舅不是固执地坚持不使用抽水机，这些文物会是什么状况呢？我们的祖先创下了绚烂多彩的文明，我们的父辈为保护它们，付出了终生的精力与心血，今天的我们站在这些文物面前，除了在优越的博物馆环境之中尽情欣赏它们的美，我们还应做哪些思考，付诸哪些行动呢？

1. 元 羊脂玉凌霄花饰 小黑舍里墓出土 首都博物馆

2. 明 青白玉夔凤纹子刚款樽 小黑舍里墓出土 首都博物馆

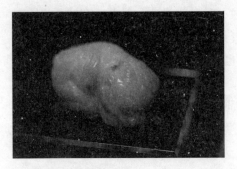

3. 清 瑞兽镇 5

4. 明 成化 斗彩葡萄纹杯-6

5. 明 甜白釉梨式壶 小黑舍里墓出
土 首都博物馆

拥有一颗智慧的清凉之心

——从乾隆御笔《般若波罗蜜多心经》看他的佛学修养

当我第一次走进首博通史展厅时，就被一件文物所吸引，这就是乾隆御笔手书的《般若波罗蜜多心经》，而让我花功夫去了解《心经》的也是首博的一件藏品，就是宋代的羊脂玉《心经》勒子，因为它们我爱上了《心经》，爱它的韵律感，爱那些字句，学着去理解般若思想的核心要义，渐渐去体会什么是"空"。我也庆幸我当时拍下了这两件文物，之后它们很少在展厅露面，难得一见了。

乾隆手书的《心经》能告诉我们些什么呢？

有清一代，学识最为渊博的佛教学者当数三世章嘉若必多吉。章嘉，原系青海土族寺院佑宁寺活佛系统，其一世生于互助土族张家村，故称"张家活佛"。在康熙年间，清圣祖玄烨以"张家"二字不雅，遂改称"章嘉"。三世章嘉于雍正二年（1724年）进京，先后学习二世土观活佛、七世达赖、六世班禅及其师阿旺曲丹广学显密经论和本派教法，除藏语和梵文外，还通晓汉、满、蒙多种语言。乾隆九年（1744年），他主持了雍正王府的改建工程，使雍和宫成为北京最大的藏传佛教寺院。不久，他又在妙应寺（今俗称白塔寺）创建了专习满文经藏的寺院，他还亲自为乾隆帝授胜乐灌顶，讲授胜乐二次第及瑜伽母、空行、六臂怙主诸法，随同乾隆学法的还有数位皇子、宗亲及满、汉大臣。这与乾隆十八年（1753年）重修妙应寺白塔，并于塔顶封入大批珍贵佛教文物有着密切的关系。因缘契合，1978年，古建队在修缮妙应寺白塔时，发现了乾隆十八年修塔时用以"镇塔"的那批珍贵文物，其中，乾隆皇帝亲手书写的《般若波罗蜜多心经》是较为重要的一件。这件手书不仅具有独特的宗教、艺术价值，而且还具有重要的历史价值，它为研究乾隆皇帝崇佛及其佛学修养提供了重要的依据。

乾隆御笔《心经》为经折装形式。首尾书衣皆以锦缎装裱，外再套一个锦缎裱糊的经夹。经书纸质甚佳，绵软而富有韧性，颜色微黄。全经展开长度四十六厘米，宽度为二十三厘米。经首页是一幅观音画像，观音站立在一朵仰莲之上，莲下浪花翻滚，菩萨眼帘微垂，体态婀娜，头戴发髻冠，有圆形头光，通肩袈裟衣纹流畅，曳地长裙轻柔飘逸，左手搭右手于腹前提着一个篮子，篮中有一尾鱼。根据这些持物特征，可以断定她是我国民间信奉的三十三种观音之一的鱼篮观音。《心经》的正文采用唐朝玄奘大师的译本，书写工整，柔中带刚。经文结尾处有乾隆题跋，跋云："妙应寺在京师乾方，浮图岌然，标处胜势，自辽阅今六百余载矣。乾隆十有八年，岁在癸酉，鸠工鼎新，敬书般若波罗蜜多心经，别依梵文手书尊胜咒一册同装秘帙，用镇宝塔。真言所在，常口人天拥护，永久坚固。爰识缘起于此。浴佛日御笔。"这段题跋虽然文字不多，但很有史料价值。它作为塔中发现的佛物之一，不仅有力地证明了塔中发现的文物全部就是乾隆十八年（1753 年）修塔时置入的镇塔佛物，同时从乾隆手书《心经》的时间还可以看出，他奉置这批塔藏是做了充分准备的，因为乾隆写经的时间是四月初八日的浴佛节，而奉置佛物的时间是"秋七月"即农历七月份。另外，在经书的首尾处共有四方印章也颇值得注意。第一方为椭圆形，阳文篆刻"如水如镜"；第二方为长方形，阳文篆刻"莲花室"；第三方为方形，阳文篆刻"天龙三昧"；第四方也是方形，阳文篆刻"乾隆宸翰"。

在这份手书里，体现乾隆佛学修养的内容有多处：御笔亲书《心经》经文，经文前面的鱼篮观音以及具有佛教意义的印章。这不仅体现了乾隆多方面的艺术才能，透过这些艺术形式，让我们发现隐藏其中的更为重要的用意和思想。

《心经》是佛教大乘经典中最短的一部经典。"般若波罗蜜多"的意思是"通过智慧而到达彼岸"，而"心"是核心、是纲要，即《心经》是大乘般若经的内容提要和精髓。此经言简意赅，背诵起来不仅朗朗上口还富于韵律感，所以历史上十分流行。

鱼篮观音是中国民间信奉的三十三种观音之一，是在观音应化民间的灵应事迹上产生的，她的艺术形象就是根据其灵应事迹塑造的。虽然鱼篮观音不属于正统观音，但是在中国民间社会有着广泛的影响，不仅广为传诵，还在很多佛教经典中留下了记载。

据元人《释氏稽古略》卷三记载，唐元和十二年（817 年），陕西有一位经常挎鱼篮卖鱼的女子，她姿色出众，惹得许多人向她求婚。这位女子对求婚者说如果有人在规定的时间内背诵出《观世音菩萨普门品》《金刚经》《法华经》就嫁给他。结果只有一位姓马的青年如期背出。在青年迎娶女子过门那天，贺喜的宾客正在欢宴之际，新娘却突然一命归天了。下葬那天，一位身着紫衣的高僧来到墓地，他用锡杖拨开棺木，里面赫然现出黄金锁子骨一架。高僧对围观的人群说，"这是观世音大士怜悯你们业障深重，为度化尔等而现的方便之身"。众人听罢顿时明白了生死无常的道理。"无常"是指世事生生流转、变化不息，而众生之所以在三界六道中不停地轮回始终达不到菩提境界，就是因为不明无常之理，我执法执，障蔽了自身的心智，才不得解脱。如果能按照佛教导的方法，以"无常"遍观一切，对待一切，断除执障，扫除情见，众生的心智便会大开，便能于复杂的大千世界"照见五蕴皆空"，便能任运自然地"度一切苦厄"。"无常"（变化）就是"般若"，就是智慧，就是辩证的方法论，我们在哲学课程中都学习过唯物论与辩证法，只不过它们与佛教的表述形式和教授方法不一样罢了。乾隆皇帝在种类繁多、神态各异的观音之中，唯独选择中国民间信奉的鱼篮观音作为观音菩萨的代表，正体现了他对"无常"的理解。

另外，手书《心经》中的三方印章也都深含佛理。第一方"如水如镜"，喻示佛教理体，它像一汪净水，一面明镜，能映照万物，乾隆用在自己身上其目的不言而喻。第二方"莲花室"是乾隆冠于自己居室上的雅称，佛教意味很浓。"莲花"以其清净的特征常被佛教用来喻示最高真理——真如佛性，作为莲花室之主自然亦如莲花一样达到了不染一尘、超脱自在的高深境地。乾隆爷以此来显示其佛学修养的水平，恰好也是他好大喜功性格的另一种展现。第三方阳文篆刻"天龙三昧"，是乾隆显示其佛学修养的又一枚印章。"天龙"应为自称，"三昧"是佛教名词，意思为一种高深的修行境界。不过它不像上两方印章在佛教思想上有具体明确所指，它与第四方印章"乾隆宸翰"之印对应，意在显示乾隆在佛学上的造诣。在汗牛充栋的佛教三藏十二部典籍中，乾隆独选《心经》作为书写的内容，体现了他对《心经》所阐述的般若思想的向往与认同，而对鱼篮观音情有独钟，体现了他对通达般若智慧的深切体悟，他将"莲花室""如水如镜"等蕴含佛教理体和智慧的名词法用于自己印章之上，更是体现了他对佛教理智的追求。乾隆对佛教般若思想的这些崇尚和追求，充分地体现了他在佛学上的高深修养，同时也反映出他一生利用佛教的同时又正信佛教那真实的一面。

在故宫乾清宫的西侧就是养心殿，养心殿里有一间仙楼佛堂，乾隆是否在这儿手书的《心经》我不得而知，但是他在这御笔亲撰的《喇嘛说》被制成了一幅缂丝，我在首博特展"走进养心殿"见到了这幅缂丝，在它的旁边，陈列着上乐金刚像，也就是欢喜佛，再走过去，就是著名的佛前供器——"八宝"。"八宝"，是以佛家象征吉祥的八件宝物制成的佛前供器，它的排列是有一定顺序的，法轮代表佛法圆轮，代代相续，是生命不息的象征；法螺代表佛音吉祥，遍及世界，是好运常在的象征；宝伞代表覆盖一切，开闭自如，是护佑众生的象征；白盖代表遮覆世界，净化宇宙，是脱贫解困的象征；莲花代表神圣纯洁，一尘不染，是拒绝污秽的象征；宝瓶代表福智圆满，滴水不漏，是取得成功的象征；金鱼代表活泼健壮，是趋吉辟邪的象征；盘长结代表回贯一切，永无穷尽，是长命百岁的象征。

这一条展线，串联起我对《心经》的心路历程，从单纯的喜爱到了解，在博物馆欣赏《心经》之美，又深入它背后的历史背景及清帝的政治作为。养心殿的"养心"二字取自《孟子·尽心》中的一句话，"养心莫善于寡欲"，它提醒帝王要善于控制自身的欲望，滋养美好的心性品德。如今"养心"已不只有"寡欲"，养心的内容越来越多，甚至包括了"欲"，知识欲、探索欲、美欲、爱欲等。"欲"不是魔鬼，"欲"能带给人享受，就像欢喜佛，在双修之中既享受了物欲之美，又达到了瑜伽境界，何乐而不为呢。而我，如果不是"欲"的驱使，又怎能在博物馆一泡十几年，拍文物而乐此不疲呢。也许佛前"八宝"和《心经》一样，对我们都有所指引。沉浸于万丈红尘之中，拥有一颗智慧的清凉之心，才是美好的吧！

1. 乾隆手书《心经》

男人的嗜好——等级与身份的象征

——明清礼仪玉佩饰

首都博物馆玉器展厅中专门有一个单元就是"礼仪化玉饰"，其中展出的玉带板、玉带钩、带扣十分精美。腰带及带扣是男人的重要配饰，也是男性奢侈品的一项重要内容。那么腰带与扣饰具有怎样一条文化演变的道路呢？

在中华悠久而古老的文明中，玉器扮演着重要的角色。玉以其质地的温润细致及色泽光彩，再经由匠人细心琢磨而成的"器"，成为那些拥有权位的显贵阶级的人在特殊公开场合中最重要的装饰品，远古时代就已如此。当阶级分化的社会形成以后，各种公开的礼仪活动产生，形成一种特殊的礼俗，即不同场合、不同阶级佩戴不同的玉饰品，这种与服饰相结合的特殊文化现象中的玉器，被称为"礼仪化玉饰"。随着文明的进步与发展，阶级地位的严格分化，含有礼仪功能的玉饰用品，不仅品类形制日益增多，内容也更趋于复杂化。它的时代演化轨迹，在于使用时重点部位的不同。

红山文化中出土了具有代表性的玉饰——"箍形饰"，被认为是巫师在行礼法时用于束发的，巫师的那一头长发真是很迷人，随着他的舞动而甩动，非常性感。良渚文化中，最值得注意的象征礼仪性意义的玉饰是"玉冠饰"。冠状器有着均正的几何造型，最迷人的纹饰就是那对大眼睛，还有族徽的纹饰，冠饰顶部有插羽毛的小孔。史前文化的原始宗教信仰主要以"天"和"神"为重点，祭祀场所一般在祭坛之上，当巫师进行祭祀礼仪时，这种玉佩饰与羽冠一起佩戴于身体较高的部位就更醒目，更具有象征意味。

进入文明时期之后，举行祭祀的地点，已由高台式的祭坛逐渐转向建筑性的宗庙或社等场所，祭祀场所的改变，使人们对于主祭人的视线由仰视转为平视，礼仪化玉饰在身上的重点部位也有了下移的趋势。更重要的是，因阶级分化的加强，促使掌握政权的英雄式人物产生，人们由原始社会的"敬天"转为阶级社会的"法人"，羽冠所代表的象征意义已随着巫信仰的衰弱而淡化，人成为社会的统治者，因而促进了具有浓厚"人格化"装饰意义的组佩的发展，装饰的重点位置，呈现出转向颈部或胸腹部为主的趋势。西周王室贵族十分流行佩戴大型的玉组佩，所谓组佩就是由两件或两件以上玉器组合而成的玉佩，一般由璜、珩、瑗及珠、管用丝线串联而成，一方面用来表示身份地位及权势，另一方面则用来规范自己的行为举止。西周玉器礼仪化的特点更加突出并开始赋予玉以道德精神，成为礼制和最高伦理的载体。燕国公主墓的组佩由璜和玉管组成，看似简单却有着严格的等级制度。然而西周也有奔放的一面，琉璃河西周墓出土了一串玛瑙绿松石项饰，由110块玛瑙、48块绿松石和21件玉佩饰组成。这串项饰与宗周地区出土的玉组佩有所不同，充满了粗狂野性之美，弥散着澎湃的生命力，显示出受北方少数民族文化影响的痕迹。令人联想到原生态民歌盛典中的那些歌舞，这种生命力的展现非常令人着迷。

到了战国时代骑兵已成为战争的主力，西周时期长及膝部、叮里当啷的组佩在那风起云涌的时代已太过啰唆，精美而又简洁的带钩出现了，能与戎服完美结合的带饰受到极端重视，玉饰观念也因此加快了变化的脚步。

汉朝解体后，胡人南下，形成了胡汉文化的长期融合，南北朝历史时期的展开，结束了中国的上古时期。古代的礼仪制度，随着这种重大变革而逐步瓦解，玉器亦在此一重大变化的过程中，逐渐丧失其礼制功能的主流价值，转化成为生活中的艺术品与装饰品。约至隋唐时期，在正式的官服制度体系中，玉器与服饰搭配的礼仪服饰依附于官服制度系统中，例如正式场合所着用的"朝服"制度。玉器礼仪化的装饰功能，乃正式转向腰间，以"玉带饰"的形式，继续扮演着深具传统象征意义的礼仪功能。

在首博特展"美好中华"中，我见到了一套隋炀帝的玉带板，是非常珍贵的蹀躞金玉带（扬州隋炀帝墓出土）。玉器文化在历史时期展开之后，随着阶级地位的严格分化，逐渐与官服制度结合，形成了中华礼仪文化的重要特色。玉带板是官场礼服必不可少的组成部分。玉带由听、銙、铊尾三部分组成。听是皮革制作的腰带；銙是皮带上的镶嵌之物；铊尾是镶嵌在皮带尾端的饰物。玉带板实际上包含銙和铊尾两部分，不同的銙数和纹饰标志着佩戴者不同的身份地位。以前说玉带板的制作始于唐代，但隋炀帝墓中已出现了玉带板，而且是一套蹀躞带。所谓蹀躞带是指在带饰上可系配实用的小工具，体现了北方游牧民族马上生活的特点。辽金时蹀躞带较多，是草原民族的专属。据说隋炀帝也是个混血儿，这套蹀躞带是他珍爱的宝贝。带板玉质极佳，羊脂白玉均匀纯净温润，光素无纹，上面都带着金铆钉。玉器有"良材不雕"的说法，越好的玉质越少纹饰，以展现玉色之美。除去带扣和铊尾，一共有30块带板，如此之多真是令人震惊，后世好像没有超越它的。我注意到它的带扣与通常的带扣不同，与现今的皮带扣几乎一样，这样的带扣常见于辽金时期。这套玉带板也证明了草原游牧文化与农耕文化的交融。隋炀帝的这套玉带板真是非常珍贵，令人大开眼界。

首博玉器厅中有一副明代的青玉胡人戏狮纹带板。玉带板的制作始于隋唐五代，宋、辽、金、明时期都沿袭玉带制度。明早期是玉带板的鼎盛时期，晚期开始衰落，它是官场礼服必不可少的组成部分，不同的銙数和纹饰标志着佩戴者不同的身份地位。明代只有皇帝、皇后、妃嫔、太子、亲王、郡王、公、侯、驸马、伯及文武一品官才有资格使用。明初玉带板数量不一定，目前所见明永乐之后的玉带多为20块，其中銙18块，铊尾2块。明中叶以前玉带銙纹饰极为丰富，多用镂雕法。明中叶以后，则以素面居多。此套带板青玉质，色青白匀净无瑕，构思新颖，琢刻规整，光亮度好。全套20块，其中长方铊尾2块，銙包括6块桃形，12块尺寸略有不同的长方形，都是深雕地子，有边框。其中10块浮雕人物戏狮图案，6块桃形的雕刻人物，4块小长方形的雕刻如意云纹。玉带板的制作虽然遵从严格的封建等级制度，但它传达的却是民族文化交流的信息，反映出"五胡十六国"的统治、胡汉文化长期融合的影响。銙上刻有胡人戏狮图，图中的人物尖帽短靴、窄袖短袍，正在逗弄狮子，狮子姿态各异，有的温顺可爱，有的则奋蹄咆哮，活灵活现，非常生动。

明清时期玉带钩的用途由实用的腰带扣，演变为装饰性的玩赏之物，造型趋于统一，以龙首玉带钩为主流。明代青白玉龙首带钩，青白玉质地上带着土沁，龙首为钩，钩背上浮雕一子螭，阴刻细毛发飘拂，圆钮上附一金别子。纹样为"苍龙教子"，老龙在与小螭亲切对话，小螭仰着头向前做依偎老龙状，无论是祖孙还是父子，都表现得非常活泼可爱，充满了人性化、生活化的情趣，说明审美已上升为主流。

明代玉器虽然有"粗大明"之说，但这件白玉鹅首带钩却是例外。它造型颀长非常简洁，随钩形琢制鹅首，弯弯的脖子十分优雅，充满着宋代遗风，文人气十足。在明代带钩中显得凤毛麟角，佼佼然风姿无限。

除带钩之外，带扣也是男人嗜好中的心爱之物，它与带钩的作用一样，只不过形式不同。带扣可以拥有更多的雕琢内容，看上去更抢眼。带钩与带扣较之带板，没有那么森严的等级制度，更具有赏玩的性质，当然也更容易炫耀。

带钩从工艺上讲明代较粗宽，清代较细腻，清代玉带钩质地优良，做工精细，光亮度高，造型及图案不拘一格，特别是清代还出现了较多的翡翠龙钩。翡翠又称硬玉，清乾隆时期进贡内廷，是我国古代玉器制造业中的后起之秀。翡翠雕龙带钩的主人荣禄为清末大臣，深受慈禧太后信任，地位显赫，其墓葬位于朝阳区朝阳门外高碑店乡西花营村荣家茔地，墓中随葬大批金、银、玉器珍品。此带钩为翡翠和碧玺配饰而成，这种色彩与材质的搭配是清代喜用的形式。它也是"苍龙教子"，但与明代的那件相比，活灵活现的生活化气息变淡了，纹样上更多了一些抽象的意味，雕琢得有些铜器的味道，反映出清朝摹古的艺术思潮，同时又为摹古的苍茫加上了碧玺的华丽与飞扬，这就是清代玉器仿古而不泥古的艺术风范。

除了腰带，扳指也是男人心爱的饰物。首博玉器厅中有一只翠扳指居于展厅中的醒目位置，它颜色翠绿，水头极好。扳指的主人李莲英，直隶河间（今河北）人，深得慈禧宠信，由梳头房太监升总管太监，赐二品顶戴，在宫中50余年，历咸丰、同治、光绪、宣统四朝，慈禧死后出宫，其墓在恩济庄的太监坟，占地20余亩，随葬品均为奇珍异宝。对翡翠质地的要求可概括为四个字，即"浓、阳、正、和"。"浓"，即翡翠的颜色要浓艳，"阳"意为色泽明丽通透不晦暗，"正"是品质纯正无杂质，"和"则是质地均净和谐，无突兀感。李莲英的翠扳指可以说是这四条面面俱到，称得上是清代男人翡翠饰品中的上品。

勒子也是一种配饰，可悬挂在颈部或腰间。这件夔龙纹勒子由黄玉琢制而成，品质上乘。黄玉因为谐音"皇"，更因为它的稀有难得而比白玉具有更高的身价。这件黄玉勒子莹润如脂，透出淡淡的黄色，抽象的青铜纹饰遍布全身。越是品质上乘的玉料，它的纹饰就越古朴、越抽象，要不就是"良材不雕"，以纯粹展示玉色，要不就是"良材古雕"，令它具有深远的意境。玉器的这种雕琢审美已经成为一种共识。古代男人的饰物已不仅仅是装饰作用，它还是一种"玩好之器"，能够欣赏雅玩。比起当代男人佩饰的名牌化及奢侈与炫富的心态，是不是更多一些文化的内涵呢？

在首博玉器厅时，我总喜欢在宋代的《心经》勒子与这件夔龙勒子之间来回徘徊，感受它们的玉色，感受它们的纹饰。泡在首博我总能遇到这样的"徘徊"：在两只元代青花凤首扁壶之间徘徊，在雍正粉彩五伦壶与十二美人图之间徘徊，在两件玉勒子间徘徊。我只有在博物馆才会有这种徘徊与流连，享受时空穿梭，体味文物之美，那种慢品真是美好。

1. 冠状器-1

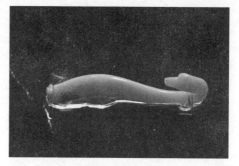

2. 明 白玉鹅首带钩-3 (1)

3. 西周 玛瑙
绿松石项饰 琉璃
河出土

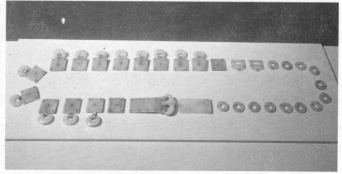

4. 隋 隋炀帝白玉蹀躞带-2

5. 清 黄玉夔龙纹勒子 首都博物馆

庐斋素琴，笔墨遣兴

——明清书房文玩

　　斯有庐斋，素琴青帘。书香沁心，墨香遣兴。在首都博物馆圆厅的顶层，曾有一处竹影婆娑的清雅场所，那就是书房文玩展厅。书房不仅是中国文人工作、学习的场所，也是文人为自己营造的自由世界，文房用具成为连接文人与这一自由世界的桥梁，成为文人挥洒胸怀、寄寓幽思的工具。书房文玩特指具有赏玩价值的文具与书房装饰品，起源于汉代，唐宋时期品类渐多，至明清时期最为丰盛。书房文玩融实用价值与艺术价值于一身，其品质体现着书房主人的地位、品位与修养，工艺奇巧，华贵大方的文具、摆设是文人雅好情趣的展现。

　　中国文字自秦代统一后，八方通用，促成了政治、社会教化和民族统一。文字的传播要借助书写工具的不断演进，因此书写文字的工具，成为中国文化的基石。

　　中国文具的发端很早。笔墨纸砚，汉朝已十分完善，为官吏和文人广泛使用。到了三国、晋代，砚滴、水呈、水盂等文具开始出现。

　　文房四宝，砚为其一。砚台何时开始为人所用？考古学家在仰韶文化遗址中曾见到石质的研磨器具，如果说它是砚台或许有些牵强，但从其形制和功用上看，它已经近似于后来的砚台了。所以，有的专家认为中国墨砚的起源可以追溯到六千年以前。

　　唐代的澄泥砚，品质优良，以材取胜，古朴端庄的造型，在大唐盛世的浮华与艳丽之中，显得卓尔不群。

　　在中国所产的四大名砚中，尤以端砚最为称著。端石出产于广东肇庆，因古代称端州而得名。端砚从问世于唐代至今，历经一千三百多年的漫长历史，端砚石的质地致密坚实，细腻滋润、幼嫩，素有"呵气研磨""墨不损毫"的特点，发墨恰到好处，"油油然与墨相恋不舍"，为历代书法家、画家创作丰富多变的线条与墨色提供了可能。就像玉石"首德次符"的二元文化观，端砚的优劣也是石质为本，石品为辅。好的石质加上丰富多彩的石品花纹和巧妙的构思设计与精湛的雕刻工艺，才能构成一方端砚的艺术珍品。所以有人说："端石是养在水中的，而端砚是浸在文化中的。"

首博展出过一只琴式端砚，它的形状犹如一架古琴，端部是项实与岳界，隐约现出弦眼，墨池就像琴的槽腹，古人挥弦动操，"状若崇山，又像流波；浩浩汤汤，郁兮峨峨"，而文人笔走龙蛇，把纸张当作自己的舞台，用笔墨也能演绎出音乐般的画卷。

砚台的边沿趴有一只小螭，小螭虽然脱去了龙的威猛，但它背部的线条仍然是刚劲有力的。三角形背脊上一条柔韧弯曲的脊骨，从颈部延伸至尾部，强劲的后腿与脊柱一起令身躯拱起，蕴含着蓄势待发的力量，不可小视。

在砚的背面，有这样几行铭文："琴兮砚兮，以写我心。但得琴趣，何动弦音。松风一榻，花雨满庭。挥毫濡墨，和秋虫吟。——振涛"这位振涛兄，在松风吹拂，满庭花雨之中，和着秋虫的吟唱，挥毫濡墨。只要能抒发胸臆，又何须去弹拨琴弦，这只端砚，就是能唱出心声的名琴。

唐代的昌盛，带来了靡华的社会风气，宫廷及豪门对金银器情有独钟，而民间的工匠则将中国最伟大的陶瓷制作推向高峰。陶瓷独有的雅致和实用，使文具的生产和形式也随之丰富起来。不仅是盛放水的文具，如砚滴等文具在形制上出现了巨大的变化，同时笔架、笔床等也从砚台上分离出来，成为独具功用的文具。

宋代开启了一个文人的全盛时代，皇帝的爱好造就了中国艺术发展的高峰，书法、绘画获得了空前的成就。皇家和文人对于创造这些艺术过程中使用的文具，也越来越讲究。现今所见的文具成长于汉晋，兴盛于唐宋。从文具的角度来评价，宋代的尚文意识与审美趣味，对明清文具所能够达到的艺术高峰，有着巨大而深刻的影响。

书房陈设的讲求，至明中期成为一种时尚，由民间影响及皇宫。有人认为这是中国明代的手工业和商业发达的原因，这也是书房陈设发达的经济基础，然而从另一个角度讲，它也是中国文人命运的一种写照。

承平时代，百姓敬祖教子，耕读传家，自给自足的生活养成了读书人一种独特的品格：外界纷扰，而内有余闲。他在宁静的书斋度过一生，并无囚禁之感，反而是一种最高的修炼。两汉以后，中央政府通过科举考试，从农业社会里选拔出优秀的读书人，秉国持政，文人在对整个社会的管理中，为自己理想的实现全力以赴。而当他们的自尊受到皇权和同僚的贬抑，来自乡间的士大夫便会退隐山林，因此他们中间更多的人成了史家、艺术家、鉴定家和哲学家，而不是一位优秀的官僚。

明代经济发达，供养出大批读书人。有些才子屡考不第，湮没民间不得扬志。来自民间的读书人参与改革而引起党争、官宦之争最终多被罢黜，或贬斥，退隐还乡。隐忍于喧闹乡间的文人，在心里产生出一种痛苦。宋代文人拥有与自然相连的园林，元代异族的苛政将文人逼进山林，因此当他们从仕途隐退，都可以得到与自然融为一体的慰藉，不失孔子所谓"仁者乐山，智者乐水"的志向，以及"采菊东篱"的优雅。而出生于城市的明代文人，求仕不得，蛰居家中，却又得不到前朝文人隐逸的天然环境，这种无所依托的苦恼，令明代文人对自然山水充满向往与深情。潦倒失意的文人将琴、棋、书、画和投矢的壶，搬进自己的房间，布置成一个"六艺"皆在的书房，而且竭一切可能将自然山水再现于案头的文具上，使自己身居的书房有一种结庐山林般的雅逸。明代文人的这种心理需求，以及亲近自然的强烈欲望，是明清文具产生出辉煌艺术成就的主要动因。因此，自明代文具始，文具的造型越来越崇尚自然形态。

到了明代中期，文人的人生观，在城市经济的滋养下，已不再是济世经国，而是以乐观豁达的态度，在悠闲游乐中，尽情发挥艺术的怡情养性的功用。因此，明代艺术与前朝有了根本性的变化，个人精神的张扬成为艺术的主题，所绘人物从仙境佛界中走入民间，描绘着身边的乡亲友好、妇孺翁妪及自然景物，其艺术创作开始被普通百姓逐渐理解，而且十分喜爱。如明代中期以前，在文具中并没有笔筒这一品种，它的出现完全是文人的一种即兴创作。

竹雕笔筒是文人的挚爱，不仅因为竹子具有不屈的气节，更因为那种"撷取一支清瘦竹，秋风江上做鱼竿"的清高与雅趣。明代中叶后，因竹刻名家辈出，竹刻笔筒应运而生，并且从实用型向实用和欣赏二者兼备的类型转变，为书房画案又增添了别样的风格。

明代隆庆、万历年间，嘉定文士朱松邻，孤介绝俗，建安风骨，工韵语、通古篆，兼长镂雕图绘，平日喜以余技雕刻竹筒，放在书案上，用于插笔。他的竹刻，在不寸之质作山水、人物、亭阁、鸟兽，因势象形，出人意表。朱松邻自己也没想到他的这些自娱自乐的竹器不仅受到广泛的喜爱还渐成法宝，被纷纷求索，所得者还炫耀示人。后人称他所刻用于盛笔的竹筒为笔斗，而朱松邻也从带有游戏消遣意味的创作中，进入专业化的制作，后人又将竹刻的文具，如笔筒、臂搁等推向艺术的高峰。

明代竹雕名家张希黄的作品也很有名。竹刻文具中，最为独特的是留青竹刻。即利用竹皮之青和竹肌之红两者的色差在刀刻时以留青皮为主做出一层浅浮雕，具有中国画的笔墨神韵。那层在青皮上做的浅浮雕，刻画出山水楼阁，一层薄意，却层次丰富，给人留下无尽的意趣。在竹子上做薄意比在石头上更难，因为竹子的纤维是纵向的，横扭很有韧性，竖刻稍不留意很容易就劈了，而留青竹刻的薄意，更是大师级的功夫，不仅胸中要有沟壑，手上的力度更要把握得炉火纯青，手中的刀仿佛已经变成了画笔，依靠中锋的运用，描绘出一派水墨意境。

如此精美多样的文房用品，仅凭文人的个人欲望是难以实现的，它有赖于当时社会的经济支持。商品经济和手工业市场的发达，产生了一个新的文化赞助阶层，即富裕的商人、缙绅、收藏家和士大夫，这一阶层的人士以自己雄厚的财力，对艺术家提供财力资助、作品收购、结社交际、宴聚雅集、聘请入幕。那些屡试不第的读书人和失意宦海的官员，进入列野文人之列后，得到有助于社会的人生信念，而优渥的生存保障和对自己文化的欣赏，激发文人去追求完美案头的清供，书画之余，与人雅兴十足地品玩。文人和商人、收藏家、官绅们的文化交往，使整个社会形成了装饰书房，追求美异文玩清供的风尚。皇室贵族受其影响，竞相效仿，争奇媲美。"上有所好，下必甚焉"，文房清供成为帝王贵胄和文人生存环境艺术水平的代表。

这与意大利文艺复兴时期美第奇家族对艺术家的供养多么相似。资本主义萌芽下的大明，本就与文艺复兴时期平行，这种文化上的交汇与渊源，总是带给我们无尽的享受。

明代虽然是文具发展的鼎盛时代，真正将其艺术推向极致的是清代郁闷的文人和他们的统治者，康、雍、乾三朝皇帝。

民族和国家的危亡，在文人心灵上造成了巨大的创痛，清朝统治的严酷，使文人胸臆间充满了悲怨。大多数文人蜗居家中，出于对前朝的怀念，他们把兴趣和激情转移到那些代表着传统文化的物质惜恋上，从中求得生存信念。最突出的表现是在笔筒等文具的图案中，传统的历史人物和故事成为普遍的主题，其花鸟树石也带有鲜明的象征意义，如枯木寒鸦、林鸟回瞻。题材的变化，在文具上生出了更深刻的艺术力量，这种变化不仅是文人一日不可或缺的心灵诉说对象的改变，而且使艺术家们的表现天地也变得越来越广阔，导致清代瓷器、玉器纹饰图案的繁盛。

笔洗是用来涮笔的，它是案头的一件重器，文人为它付诸心血。首博的福寿花形洗，用一整块青白玉雕琢而成。花瓣组成洗身，两侧用蝙蝠作成双耳；笔洗的底部分为三层，外面两层雕刻出繁密的云朵，底部中间雕刻一"寿"字，取吉祥长寿之意，是明清工艺品常见的纹饰之一。明清的文房用品喜欢采用自然界的花卉植物作为题材，这件花形洗，由片片花瓣不经意地围成一个不规则的圆形，花瓣娇柔，仿佛用手轻轻一捻，它就会卷起来，又仿佛会随清风吹过而自由开合，捧在手里，仿佛能感受到花瓣的滑嫩与清香。

笔舔为舔笔而生，这样一件作用单一的用品我们看它却不可掉以轻心。首博的书房文玩展厅中曾经有一件翡翠笔舔，它形体较大，上面隐约分布着淡紫色。用这么大的一块好料，琢成一张荷叶，虽然不是圆形的，但这种"主题变奏"式的艺术手法，更加令人赏心悦目，是玉器"随形而雕"原则的完美运用。

文房中最为奢侈的大概要算是象牙文具了。象牙雕松竹梅臂搁真是一件精妙佳作。象牙原料接近牙尖部分，材质十分难得。借用釉质层很厚的特点，臂搁的竹梅用深浮雕雕成，那支竹子的竹叶雕成悬空状态，叶柄部也很细，想必是费尽心力一点一点剔出来的。不仅如此，不单是梅花给我们以季节的提示，竹叶本身也有明显的季节特征，那是冬天的竹叶，稍微有一些干枯陈旧的感觉，上面的筋脉显得有些粗重，叶子的边缘有些粗糙，与春雨中的竹叶截然不同。而在臂搁的反面，工匠不肯放弃良材，利用牙尖部分竟然也剔出了梅枝，真是把匠心用到极致，不得不让人佩服他的高妙。

古人的文具盒什么样？没见过，但是这件大概是个类似文具盒的东西，放些笔墨及一些零散的用具。它不仅拥有精美的雕工，在组装上采用了榫卯结构，因为器身带有斜度，像一个楔形的斗，安装起来就更为困难，想必是需要几个人的共同努力，协作一致地同时将四面拼装起来。这件东西现在还有人敢于测绘吗？一旦拆开，不仅再难装上，搞不好还会毁掉了。

入主中原的清帝，对汉人儒学文化表示出极其谦恭的态度，尊为正宗。尤其清前期的三位帝王，在中国传统艺术上投入了巨大的精力。宋朝开创了文人的全盛时代，对其后的历朝历代都产生了深远影响，令历代诸帝花费更多的精力去附庸风雅，树立"儒帝"的形象，具有深厚儒学修养的清代诸帝当然也不能落后，而且还要赶超前人。康雍乾三帝虽然经历戎马征程，却都铁血柔情，更喜欢那种柔肠百结的情调。红袖添香伴读，或者是一人于灯下独览，都是很自我的境界，这种时候，一炉香烟渺是必不可少的。香熏是我国古代存放鲜花的器物，清代的皇室及达官贵人多在厅堂中安置花熏，将名贵的鲜花放置其中，使人只闻花香不见花朵，或在香熏中放置香料，而香熏本身也是名贵的艺术陈设品。清代从草原民族而来，与大自然更亲近，更喜欢花卉植物类的纹饰，这只青铜香熏以桃树为题材，虬枝上结着个头饱满的桃子，古朴的树桩作为出香口，炉顶小巧，最妙的是用一片桃叶作为足，与器身上的桃枝枝叶相连，具有一种动态平衡的意境。青铜的材质复古怀旧，纹饰则清新活泼，这种融合手法，是清朝盛世追求的一种艺术风尚。

　　品位极高的清帝，他们竭力将民间的艺术家网罗到自己身边，以自己深湛的修为，督导着艺术家的创作，致使更多风格与内容的工艺作品得到了迅猛发展。清代的陶瓷、玉器、竹木牙角雕等艺术制作都达到或超过了前朝的水平。

　　工艺上的提高，使文具在艺术上的完美表达成为现实，最突出的是瓷质文具。清代的彩瓷烧制是中国四千年陶瓷艺术的集大成之作，它不仅运用了青瓷、白瓷胎釉烧制工艺的全部成果，还将西汉以来的低温色釉充分运用到制瓷的彩绘与烧制工艺中，康熙孔雀绿釉荷叶笔洗就是杰出的代表作，那一汪蓝绿犹如宝石，釉子薄厚不同，随着叶脉形成的阴影宛若天成，具有极强的水墨效果。"假作真时真亦假"，康熙单色釉具有梦幻般的色彩，带着我们在实与虚中穿梭。成熟的工艺，使清代无论是高温釉的烧制，还是低温釉，都在官、民窑的努力下，达到历史最高水平。清代商业进一步繁荣，形成了瓷器营业"官民竞市"的局面，文具乃至瓷器价值的社会性张扬，极大地刺激了瓷质文具艺术水平的提高，造型从商周青铜玉器到唐、五代金银器，及至宋明仿自然生物的瓷器的摹制，均获得了极高的造诣和成就。其表面装饰上，清代瓷质文具的图案、纹饰更加丰富于前朝各代，不仅完美继承了前代的各种釉色，而且新创烧出粉彩、墨彩、珐琅彩及描金、郎红、浇黄、吹青等几十种单色釉。但是由于皇家对工艺的过度要求，清代文具典雅中纤巧、精致有余而古朴不足。进入清中晚期，文具等瓷器的纹饰逐渐繁缛，形成精细而艳俗的时代特征。然而当我们回顾清代的文具，无论其出自清宫造办处，还是民窑烧造，其所闪烁的艺术光彩，仍然光耀前古。

 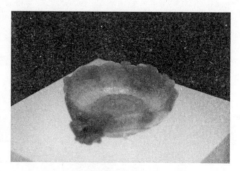

1. 明 琴式端石砚 首都博物馆　　　　2. 清 福寿花形洗 首都博物馆

3. 清乾隆 象牙雕松竹梅臂搁 首都
博物馆

4. 青铜香薰 首都博物馆

案头秀色，掌中江南

——清帝雅好中的玉陈设与鼻烟壶

　　"江南好，风景曾旧谙。日出江花红胜火，春来江水绿如蓝。能不忆江南?"白居易的著名辞章，在我们心中深深播种下江南文情的种子。一个"能不忆"中的"能"字，与《长恨歌》中"天生丽质难自弃"的"难"字一样，都具有一种刻骨铭心的无奈：这样的景致不去想都不行，犹如贵妃的美貌想要自暴自弃都不行，主观上的依恋早已超出了客观的事实。江南的烟雨楼阁，深街小巷，咿呀的橹声，油纸伞下的靓影，超越了地理的范畴，而具有浓厚的主观色彩，它集艺术趣味、人格精神乃至生命理想而构成了文人的心灵家园。余秋雨先生说过："西湖即便是初游，也有旧梦重温的味道。"就是指出了江南文化的根脉伏延千里、一脉相承地扎根于人心，变成了生命中不可或缺的一种情愫。

　　清帝以少数民族身份入主北方、中原，马背上的强悍却也能将江南的美好意境玩得了然于胸，不仅如此，还将这种理解与向往化作具象的艺术佳作置于案头，使江南春色始终缭绕于宫中。清代的玉陈设，有不少精品集中体现了清朝皇帝独特的审美情趣和艺术修养，形象地再现了盛世王朝皇家生活的豪华气派以及清代诸帝的文治武功，显示了清代工艺美术的辉煌成就。

　　乌篷船是江南小桥流水中不可或缺的元素，在皇家贵族的案头上自然也少不了这样的陈设。一艘青玉船立体透雕成江南常见的乌篷船，船帆敛于顶上，船锚收于船头，面含浅笑的船娘于船尾摇橹，船夫在船头撑篙，可爱的孩子帮母亲扶住橹绳。竹节式船帮，带有流苏的船篷，船尾所放的存水罐，船篷上的席纹，所有细节的描述，都显示出一个小康之家的温暖劳作，这是农耕文明社会最为满足的生活状态。清帝结束了金戈铁马的征战，长居紫禁城并数次下江南，自然十分受用这种汉化的生活，同时也乐于表达其统治下承平盛世中的一些细微场景。

　　把一块玉料通体雕琢成山形的摆件，俗称"玉山子"，这是清代玉雕工艺中的新品种之一。清代玉山子多以历代名画为蓝本，与绘画艺术相结合，将玉雕工艺推向一个新的水平。仙人出行玉山子为青玉质，青绿色间夹有黄色皮绺，整器用籽玉琢刻，采用中国传统绘画中的远山近景技法，人物脚下是小桥流水，山侧树木茂盛，一派自然风光。走在陡峭山崖间的老少三人则姿态不同：仙人衣袂飘飘，徐缓而行，一派仙风鹤骨；两个徒儿，一个顽皮活泼，蹦跳前行，一个老成持重，背着琴默默地跟在后面，一副好学生样。三个小人，没鼻子没眼，也能让我们感受出他们各自的性格特点，用四个字来形容，就是"气韵生动"。

中国绘画艺术的精髓就是以形写神、神形兼备。中国古代的文人画家通过笔墨丹青，来表现格调、意境、韵味等精神世界的内容，反映出中国古代文化的独特魅力。而玉匠所追求和表达的意境美，由于是脑力劳动和体力劳动相结合的结果，为文人墨客所不为或不能为。玉雕作品的传神和意境不是任何人都能做到的，可以说每一块玉料都有其本身之意境，只有天才的艺术家才能发现其中奥妙，才能根据自己长期的艺术实践，将自己内在的意与境和玉石本身的意与境相结合，从而用自己的艺术思想和艺术技巧在雕琢的玉器中表现出来，使之成为具体的可供人们欣赏的艺术珍品。

玉插屏是清代较为盛行的陈设品，一般为方形、圆形、长方形或椭圆形的玉片，琢制后插于名贵的木座上。《李白夜宴桃李园图》玉插屏是一件精美的作品。清代玉作内容越来越具象，特别喜欢表现庭院楼阁，在具体的环境中展现具体的故事情节，李白和朋友们被安排在有流水栏杆、云影掩映芭蕉的景物优美的庭院中，我们可以感觉到夜宴的人们正在豪饮，右边两个人借着酒兴正聊得酣畅，是在研读诗文还是在欣赏画作？左边那个形态最为恣肆狂放的，就是李白吧。整个画面夜色朦胧，我们甚至可以看到桌上的杯盘碗盏被月光投下淡淡的阴影。值得玩味的是，屏中的画面彻底颠覆了李白"对影成三人"的那种孤独求索的状态，转而成为豪饮的娱乐场面，这反映了一种什么样的时代风貌呢？

玉插屏的反面是一副极具动感的山水人物：天上漂浮着流云，岸边下垂的枝条令我们感到秋雨的沉重与冰冷，一条小船顺激流而下，艄公在奋力摇橹，以至于身子都弯成了弓形，坐船的人注视着前方，紧握雨伞的手与身躯因紧张而略显僵硬，我们似乎听到了哗哗的水声，感受到激流飞溅的水点儿。这幅画面没有宋元文人画中旷远孤高的意境，而隐含着一种拼搏的力度。这种貌似不得文人画要领的做法想要表现的是什么呢？

鼻烟壶作为一种袖珍的掌中雅玩受到王公贵族们的挚爱。吸鼻烟的习俗，源自烟草发明者印第安人。意大利人大约在十四世纪时选用上好的烟叶、掺入薄荷、冰片等药材碾成粉，密封入窖陈化，经数年而生产出商业化的鼻烟。汉人吸闻鼻烟始于明代，鼻烟传入中国，鼻烟盒渐渐东方化而产生了鼻烟壶。康熙对西方工艺品情有独钟，他吸纳了一批通晓玻璃烟壶制作和画珐琅的西方人，于紫禁城内制作鼻烟壶。鼻烟壶艺术在乾隆一朝达到极盛，玩赏收藏鼻烟壶成风，鼻烟壶盛装鼻烟的用途渐退于次。

鼻烟壶是集中国传统艺术之大成者，几乎囊括了中国传统艺术之全部：绘画、书法、烧瓷、施釉、碾玉、冶犀、刻牙、雕竹、剔漆、套料、荡匏、镶金银、嵌螺钿、贴黄等都用在了鼻烟壶上。鼻烟壶小可手握，便于携带，原是北方马上民族的便利之器，但在有清一朝却越来越多的被赋予了江南文化的内涵。

料器鼻烟壶制作中有一种复合工艺，叫作玻璃胎珐琅彩，即将珐琅彩釉绘在玻璃上，焙烧后乃成。这项工艺因采用乳白色玻璃而珐琅效果尤佳，将珐琅的质色美衬托得淋漓尽致。因二者熔点接近，烧制非常困难，技术难度相当大。清代的珐琅人物鼻烟壶，以极细的笔触勾勒出一幅江南妇婴图。柳枝柔嫩，桃花灼灼，整个画面被笼罩在江南的氤氲气氛中，堪称一幅工笔画。

料器鼻烟壶制作中，最著名的工艺当推"套料"，也称"套彩"，即在藕粉地上再饰以红、蓝等各色颜料，并琢碾成不同图案，随类敷彩，色波流动。套料技法有两种，一种是在料胎上遍套与胎色不同的另一色料，再于外套料色上雕琢花纹；另一种是用经加热半熔的色料棒直接在胎上做花纹，具有很强的凸雕效果。一只白套红玻璃鼻烟壶，白地上盛开着硕大的红色花朵，生机勃勃。

周乐元内画花卉纹鼻烟壶具有典型的文人画色彩，青绿与墨色构成的基调，就是文人所追求的那种意境高远而又孤洁的感觉。

乾隆贝壳象牙雕凫式鼻烟壶别具一格，一只鸭子弯着脖子凫卧在那里正在睡觉。鸭脖子那部分是象牙材质，身子为贝壳，凫卧的绿色荷叶也是象牙材质。古人很喜欢回头鹿、回头马以及交颈雁，都是非常恬静的神态，是悠游自然、安逸满足的姿态。

清帝汉学修养之深厚，一方面是对于汉文化的兴趣与敬仰，更重要的是治理天下的政治需要。清帝认真研习汉文化的同时，并不是毫无创造力地被动接受汉族的同化，而是主动利用其核心价值为己用，康雍乾三代不仅有建立其"大一统"王朝的整体规划，还有着全面的皇家治理技术，对于政治控制严酷又富于高超的技巧，其心思之缜密，思考之深谋远虑，不能不佩服"清三代"的帝王都是手段高明的政治家。清朝在形成超越以往朝代的疆域一统之后，有效地整合了多民族的文化。

面对清帝极深厚的汉学修养，我们不应将理解的立足点仅放在清帝的"汉化"上。政治总是以文化价值与取向的具体物质作为表达，征伐与统治同样受到文化理念核心价值观的制约，这从宋代以后就成为历代统治者的共识。清帝也不例外，即使他们比以往皇帝更加热衷于军事扩张，但在统治上，他们必须注重具有文化取向的士儒群体，因为他们知道统治的合法性离不开这些文化取向。因此那些充满江南意蕴的艺术精品便层出不穷。令人感慨的是，清帝不仅使自己的统治"正统化"，而且通过大兴"文字狱"等一系列的治理设计，使得士阶层的精神气质发生了巨大的变化，这使江南士人在与清朝君主争夺"道统"拥有权的博弈过程中，不仅逐渐丧失自身操守，最终还沦为建构"大一统"意识形态胁从者的悲剧命运，成为历代以来与君王博弈的最大失败者。清帝对士人知识分子的"改造成功"以及清朝前、中期"士人"与皇权的复杂博弈关系，引发了我们对知识分子与国家政权关系的深入思考，这些都是历史与政治的话题了。面对那些极具中原风格与江南意蕴的清代文物，我们最需要记取的是陈寅恪先生的教诲，无论是"胡化"还是"汉化"，都早已不是单纯的种族问题，而是文化相互涵摄融合的问题。首都博物馆中的清代艺术品，"江南"之中蕴含着丰富的北方草原民族特色，以文物的形式向我们展示了民族纷争下的文化交融对于历史的推动作用，这也是北京历史乃至都城文化的核心与内涵，它丰富了历史的内容，增加了历史的层面，自然也给我们留下意味隽永的赏玩空间。

1. 清 青玉船 首都博物馆-1   2.《李白夜宴桃李园图》玉插屏

3. 清 画珐琅人物图鼻烟壶 首都博物馆

甜美与神性生活的丰富画面

——清代外销瓷

　　2010 年 2 月至 5 月，首都博物馆举办了"中国清代外销瓷展"，这一专题展览给广大观众提供了一次难得的面对面领略、感悟清代外销瓷的机会。2012 年6 月，国家博物馆举办的大英博物馆与英国国立维多利亚与艾伯特博物馆藏瓷器精品展，以更大的规模展示了明清外销瓷的风貌。轰轰烈烈的清代外销瓷，具有什么样的历史背景与文化渊源呢？

　　兴盛于 16 世纪覆盖整个欧洲的文艺复兴运动，挣脱了中世纪极端宗教的黑暗桎梏，执着地探究着生存的本质与灵魂的归附，意大利文艺复兴使得西方文化所关注的中心不再是神，而是人自己，正如古希腊德尔菲神庙中的神谕所说"认识你自己"。专家指出，这种对生命意识的复兴与回归，引导人们找回自我，而为了寻找回自我，首先要寻找回人类的感受能力，艺术就是在这个求证过程中以美的方式留下的文明印记，而造型艺术也就成为思想与情感宣泄表达的最佳手段。

　　文化在社会诸要素中占有十分重要的地位。相较于经济、政治等要素，文化要素是最具革命性的，因为它极富生机与活力。文化能够激发人的才智，特别是在摆脱了精神桎梏之后。这场广泛持久的思想文化运动，在意识形态领域中，冲破了封建专制和宗教神学思想对人的束缚，解放了人的思想，推动了欧洲文化思想领域的繁荣，为欧洲资本主义社会的产生奠定了思想文化基础。

　　也正是在这样的历史背景之下，从康熙二十三年（1684 年）起，清朝的统治在南方稳固后，重新开放对外贸易，允许欧洲各国商船前来广州，中国瓷器恢复大规模出口。中国外销瓷重返欧洲市场后，很快以自己的特色赢得了人们的喜爱。中国外销瓷输出的数量之巨，在欧洲社会流传之广，产生的影响之大，是迄今为止任何一种外国产品所无法比拟的，以至于欧洲人一提到中国艺术，往往想到的就是青花瓷与釉上彩瓷。

　　文化的传播，除了战争之外，很多是靠贸易牵线搭桥的。china，英文意思为瓷器，China 同时又是中国的英文名称。一个国家的名称以一种物品来命名，这种物品如果没有冲出国门，以巨大的数量及丰富的品类销往西方文明社会，以自身的文化与艺术力量冲击着西方文明，中国会被以"瓷器"命名吗？从西方收藏的大量藏品以及沉船打捞的瓷器看，很多瓷器已经并非手工业贸易品的含义，中国的瓷器与丝绸都是西方的奢侈品，是为了满足观赏、审美这些精神层面的需求被大量进口的，由于繁复的工艺及富丽的外表，瓷器也成了西方人彰显身份、品位的象征。所有这一切，都不是贸易所能代表的，而被深深打上了文化的烙印。

随着瓷器出口数量的增加，欧洲国家的绘画、图案、手工艺品也传入中国，不少欧洲国家的画家被富豪派遣到广州，设计并指导瓷器的设计。也有一些广东的艺术家毅然跟随欧洲的商船，漂洋过海，出国学习西洋艺术。清代外销瓷器是在中西贸易中，逐步适应国外市场的需求和喜好而发展起来的一种独特的艺术彩绘瓷。它既保留了中国陶瓷彩绘艺术的传统，又吸取了欧美的艺术精华，堪称中西文化交流的结晶。

生活于 1754 年至 1838 年的一位法国贵族说："如果没有生活在十八世纪，那你就永远无法真正体会到什么是'生活的甜美'。"那是一个社会物质发达，日常生活安逸，文化生活丰富多彩的西方，那个时代是一个奢华的年代。而中国美学中注重人的自在自为的境界，追求人性的真善美，强调人与自然、社会、自身的完美关系，这种以人为中心的美学思想恰到好处地暗合了当时西方正在萌芽的启蒙思想。中国艺术善于强调以艺术品位为媒介，传达主体的精神内涵，中国陶瓷无疑是这种文化媒介中的典型代表。中国人通过艺术作品超越自身的局限，让心灵浸润在天地宇宙之中，通过艺术的媒介传达着最美、最真实的人格形象，这就是中国艺术的魅力之所在。

外销瓷中有哪些精美之作呢？

第一要提的是纹章瓷。纹章是一种按照特定规则构成的彩色标志，是专属于某个个人、家族或团体的识别物。它诞生在 12 世纪的战场上，最初的作用是为了从远处可以识别披盔戴甲的骑士们。并不是贵族才能佩戴纹章，每个人，每个家族，每个个人或团体，都可以按照自己的选择自由地采用纹章，并根据自己的意愿去使用它，但是不得盗用他人的纹章。纹章虽然兴起于十字军东征期间，其出现却与封建时代西方社会新秩序密切相关，"纹章为正在重新组织的社会带来了新的身份象征，并将团体置于整个社会体系之中"这大概就是纹章的历史作用。

清代外销瓷中有欧洲特别订制的纹章瓷。15 世纪时，中国尚未生产纹章瓷，最早出现的纹章瓷可能要算明正德年间（1506年—1521年）到达里斯本的一件执壶，上面带有葡萄牙人提供的图案：葡萄牙国王马努埃尔的徽识，浑天仪图案。16世纪至19世纪间生产的纹章瓷都是为有身份的特殊用户制作的，上面除了年代、族徽之外，有的还印有格言，如："天赋我权""心怀恶意者必自取其辱"等。苏格兰纹章餐盘雅丽柔和，羚羊的眼睛极其妩媚，体态窈窕；另一件普鲁士国王腓特烈二世纹章纹盘则富丽堂皇，盘心彩绘两名力士站立的台座上刻有德语箴言："上帝与我们同在。"1751年，腓特烈二世专门成立与中国进行贸易的"普鲁士皇家贸易公司"，接受皇室、贵族和富人的订单。1756年，普鲁士王子号和伯格·冯·埃姆登号商船驶入埃姆登港，船上货物包括59件珐琅彩和描金餐具，此盘即是一件。

粉彩VOC字母杯碟，其图案源自荷兰东印度公司1728年铸造流通至1751年荷兰银币的背面。中心绘制荷兰共和国纹章，即一只头戴王冠的狮子，手握代表7个省份的7支箭以及荷兰东印度公司的缩写VOC，周围饰有荷兰格言"团结弱小来实现强大"，纪年为1728年。这是官方首次允许铸造在亚洲流通和用于中国贸易的货币，这套茶具可能就是1728年为庆祝这种货币的铸造而烧制的。

荷兰坎普斯家族纹章纹甜点盘，绿丝绒般的底色及纹饰华丽得令人炫目，可以想见这些贵族家庭"钟鸣鼎食"的奢华生活。

显而易见，纹章瓷为我们留下了许多珍贵的历史信息，也为确定其他外销瓷的年代序列提供了断代的依据。现存的纹章瓷订货单还保存着原始的设计图和船运记录，这些记录告诉我们这些图案的传递过程和开支情况。专业工作者甚至能够看出质量监控在何时开始放松，需求的变化也可以通过家族后裔的继续订制进行追踪，这也许就是纹章瓷的文物作用吧。

第二是宗教故事。外销瓷既然是销往西方社会，其中就必然包含着西方的文化内容，然而东方的工匠能把圣经故事临摹得这样出神入化，就令人略感到有些匪夷所思了。墨彩阿格硫斯浸礼图盘用铅笔素描的笔法，描绘出婴儿阿格硫斯被他的母亲忒弥斯和两个侍女浸入冥河的故事。母亲的本意是要让阿格硫斯的身体刀枪不入，可是却忽略了被她握住的那只脚并未浸入冥河，因此留下了一个致命的弱点，被后人称之为"阿格硫斯的脚后跟"。此盘的图像虽然完全模仿版画《阿格硫斯浸礼图》，但水中的倒影恰好在盘子的折沿处，这样就增强了倒影的效果，仿佛水正自盘中流出，使整个画面的节奏非常舒缓。

耶稣受洗图盘是最早图说《圣经》的器物之一，耶稣正在接受他的堂兄约翰洗礼。远处有小木屋，圣灵化身鸽子从天而降。《马太福音》中说："耶稣受了洗，随即从水里上来。天忽然为他开了，他就看见神的灵仿佛鸽子降下，落在他身上。"这段文字出自《新约·马太福音》第 3 章第 16 节，它的缩写"Mat. 3.16"被标注在磁盘边缘的椭圆形装饰中。此盘最吸引我的是图画所拥有的气氛，宗教氛围中充满着人间的温暖，幽深的树木将他们包围，远处有小木屋，牧歌般的画意引人入胜。

第三是人物戏剧故事。清代文学艺术的繁荣，为外销瓷纹样提供了丰富的题材，以诗词典故、历史故事、小说戏剧取材的比比皆是。从洛神到唐明皇杨贵妃，以及《封神演义》《三国》《水浒》甚至《红楼梦》都被取来入画。《三国》故事是最经典的，而康熙瓷器中的刀马旦也极具风采。提到外销瓷中的戏剧故事，一直潜心研究清代外销瓷的胡雁溪先生指出，清代外销瓷中大量采用"西厢"故事题材是一个耐人寻味而又值得探讨的现象。《西厢记》主要是张生与崔莺莺在红娘的帮助下，冲破封建伦理的束缚，摒除"父母之命、媒妁之言"而私下结合且有情人终成眷属的故事。以西厢故事为题材的纹饰，早在明代青花瓷中就已若隐若现地出现过，入清以后突然出现了"爆炸似的泛滥"，整个清代，在外销瓷中以西厢故事为题材的瓷器数量远远多于以其他中国戏剧和小说为题材的瓷器，出现了"独钟西厢"的局面。

接着胡雁溪先生的问题，我不妨再问一句，元代王实甫写《西厢记》，明代汤显祖作《牡丹亭》，二者都大胆地将"金风玉露一相逢，便胜却人间无数"的爱情体验描述得刻骨铭心，后世为何不双倾二剧，却独钟西厢？《西厢记》不过是冲破封建礼教的束缚，勇敢追求真爱；而《牡丹亭》除此之外，更具有了超越生死的力量。"情不知所起，一往而深。生可以死，死可以生"一往情深的力量在生生死死中穿越，最终成就了一对有情人，这样的故事难道不更值得描述吗？

观看清代外销瓷中的《西厢记》故事图，人物都被安排在优美的亭台楼阁之中，刻意地营造环境，甚至将建筑作为第二主题进行描述，用环境烘托故事，是清代瓷器、玉器陈设画面中的特点，这也许更扣《西厢记》中的那个"厢"字。而《牡丹亭》中能超越生死的爱情，是需要唱、需要吟诵的，也许只有中国版的咏叹调——昆曲，才更能适合它的主题。

汤显祖被称为"中国的莎士比亚"，他与文艺复兴鼎盛时期的艺术巨匠莎士比亚同期，都生活在商品经济活跃，市镇扩张，社会风气开放，思想活泼跃动的时代，这样的社会充满新的憧憬与挫折，拓展了思维与感情伸展的空间，给模拟人生与展现想象的戏剧提供了"美丽的新世界"。杜丽娘的"一往情深"，不仅仅是普世的世俗情感，其深刻含义在于将个人主体归结于一个"情"字，乃是汤显祖对于个人主体力量与价值的解读。在这样的时代背景下，汤显祖写出比王实甫更为深刻的戏剧也就顺理成章了。

甘愿为《牡丹亭》做义工的白先勇先生，打造了青春版的《牡丹亭》。台湾影人许培鸿更是跟踪着《牡丹亭》的世界巡演，用手中的镜头，用一场心力与体力的马拉松，长时间记录着同一出戏曲的演出，留下了上百场青春版《牡丹亭》演出的珍贵画面。无论是古人还是今人，对艺术的执着追求，对个人主体力量与价值的讴歌，始终感动着我们，无论是史诗格局或是对称平衡之美，都深刻地影响着我们，我们不仅仅局限在对艺术品的玩味之中，而是学会了用历史的大坐标更深入地认知。

第四就是外销瓷中那些甜美而又神性的生活图案了。东方的生活是什么样儿？那些来到中国的洋人，参观广州富商的宅邸，见到家中众多的妻妾，"很多长得相当漂亮，极美的手和天然的小脚"。仕女的手确实是极美的，白皙、细长而又圆润，十指尖尖，保养得极好的、贝壳般的指甲，而作为"第二性器官"的天然的小脚，不要说被洋鬼子所注意，就是大谈"中国人的精神"的辜鸿铭老先生对女人的脚也是颇有感觉的。

女人是生活色彩的主体，仕女是艺术家最为钟爱的主题，而康雍二帝对仕女有着极高的品位及非凡的鉴赏力。画风细腻的闺阁美人图最早见于康熙晚期的瓷器上，到雍正时期盛行起来。雍正十二美人图中的仕女，不仅端庄娴雅，而且十分大气因而也就显得非常高贵，绝无小家碧玉的小模小样，这是我最为喜欢的。图中不仅仕女神形兼备，而且配景中的房舍器具、树石围栏无不精细入微，件件都值得细细玩味。这样的器物，不仅令十八世纪的洋人着迷，即使是今天的我们，对那样的生活情境也是很迷恋的。

康熙春水照影图中仕女那种三道弯的体态，多么的华贵，天生的一种雍容大气，而雍正瓷器中抚琴的美人鸭蛋脸，悬胆鼻，微抿着樱桃小口，一副专注而又沉浸其中的神态。从未关严的抽屉中，飘出一角粉绢，为这个场景增加了一抹香艳气氛，从中可窥出雍正对美人的品位。

法国路易十五的宠姬旁帕朵夫人是洛可可艺术的倡导者，也是这种女性化艺术的"代言人"，她对法国艺术领域起到过决定性的影响作用，因为她的审美趣味，导致了我们今天称作"路易十五风格"也就是洛可可的艺术趋向。旁帕朵夫人非常偏爱"中国风格"，鲜艳夺目的大花和金鱼是旁帕朵图案的主题。"旁帕朵风格""洛可可风格""路易十五风格"与"雍正风格"，在美人图上都有着相似的内涵，都是帝王贵族对仕女的审美品位。耐人寻味的是，这种品味是通过工匠、画匠的手表达出来的，这些不属于上流社会的匠人们，为什么能这么准确而又传神地传达出这种品位？如果说旁帕朵夫人还有宫廷画师为她写生，那么那些中国工匠在男女授受不亲的年代，是如何揣摩出这些仕女的风范的呢？他们是被什么人教出来的，这始终是我百思不得其解的问题。

粉彩妇婴图也是仕女图中的精妙佳作。母子情深的婴戏图大量存在于外销瓷中，母亲仍然是仕女的形象，两腮淡淡的红晕烘托出白净的面孔，眉眼中除妩媚之外又多了些慈爱的温暖，活泼可爱的儿童，小小年纪就衣着考究。由于这些画片的影响，在西方普通人的心目中，中国是一个田园牧歌的所在，是欢快和享乐的。中国文化中人们对美好生活的强烈向往与热烈追求的审美精神，在外销瓷中得到了印证。清代外销瓷的这种精神内涵，很好地解释了它们能在西方长驱直入、深入人心的原因。

外销瓷除了洛可可式的细腻典雅，也有豪迈之风，"潘趣碗"就是代表。

"潘趣"一词源于北印度语的 panch，是东印度公司的官员和水手将喝潘趣酒的习惯带到了英国。最初这种酒混合了果汁、葡萄酒和白兰地，17 世纪中期以后又加入了由牙买加蔗糖提炼蒸馏出的甜酒，这也许就是早期的鸡尾酒吧。潘趣碗的绘画方法就是广彩喜用的"斗方"，即满地开光，图案装饰性极强，人物场景被安置在中心，纹饰繁缛、满地加彩却层次分明，繁而不乱。广彩用色十分注重调子，用金色和黑色压住原色，从而统一了色调的倾向并凸显金碧辉煌的艺术效果。"广彩"也许是最贴近洛可可风格的了。始于清康熙晚期的广彩，很大程度上就是为适应欧洲市场而诞生的。为适应外销市场的需要，景德镇部分釉上彩瓷器移至广州加工生产。釉上彩瓷与当地的烧青艺术（铜胎珐琅画）相结合，根据欧洲市场的来样来稿，融汇中西，形成辉煌浓重的艺术风格，是欧洲市场酷爱的品种。

潘趣酒碗个头很大，可以痛快地将各种饮料兑在一起，它到底是用来调酒的还是用来喝酒的不得而知，但潘趣酒是口感浓郁的，试想如果用这种大碗来喝酒，那些带有刺激性甜味的汁液"咕咚、咕咚"滚下喉咙，会是一种什么样的体验。

18 世纪，是中国瓷器风盛行欧洲之日，正值欧洲巴洛克艺术衰弱，洛可可艺术勃兴之时。它继承了巴洛克的高雅和贵族化风格，追求的却是华美闲适，更加致力于个人快乐的寻求。洛可可式审美趣味为欧洲流行的"中国风格"奠定了生根发芽的基础，其倡导的艺术风格与中国艺术风格中的精致、柔和、纤巧和优雅殊途同归。洛可可那种看似不经意的、随意的、柔和纤细的风格特点，正是优雅精致的中国艺术品特性，特别是清代外销瓷等装饰艺术所展现的特性。洛可可风格盛行于法国，那时法国正是欧洲文艺、美术、戏剧、礼节、服饰、装潢仿效的中心,所以具有典型"中国风格"的清代外销瓷器和其他中国外销艺术品得以流传整个欧洲社会。

清代外销瓷弥漫着浓郁的贵族风气。华丽的纹饰与环境,悠闲精致的生活,那种极力挖掘现实生活与理想憧憬中美好事物的精神,那种牧歌式的轻松愉快的抒情,都切合了洛可可的艺术风范,即将雄伟、神秘的宗教与王权转向愉悦、享乐的世俗化生活,反映出人们对自身能力的无限自信。而致力于个人快乐的寻求,最终也导致了个人感情价值的高雅化。同时,"中国风格"的引进,又促进了洛可可的多样化与繁荣,"中国风格"与洛可可是同期同步发展的。当中国艺术和欧洲艺术撞击的时候,人类艺术史上绽放出了一朵令人耳目一新的奇花。

18世纪德国哲学家莱布尼茨曾经诗意地赞美中西文化交流,称它为天意,这种美好的天意就是要让这两个文明程度最高的民族携起手来,逐渐过上一种更为神性的生活。

多么令人向往,那种神性而又现实的生活。不同民族文化的交流、碰撞及相互养育,在世界文明史上开出了一朵又一朵奇花。思想的解放,古典的回归以及对人性的重视,赋予这些艺术花朵以深刻的内涵。多姿多彩的清代外销瓷所具有的多元性、荟萃性与创新性,也正是北京文化所具有的特点,这些文化为我们展现的甜美而又精致的生活画卷,犹如一曲大同世界的盛世华章,那悠长的余音始终伴随着我们,滋养着我们……

1. 清 康熙 景德镇 苏格兰纹章餐盘　　　2. 清 康熙—雍正 青花耶稣受洗图
大英博物馆藏-1　　　　　　　　　　　盘 维多利亚与艾伯特博物馆藏-1

3. 康熙 矾红描金西厢故事图盘 首都博物馆清代外销瓷展-1

4. 康熙 青花仕女春水照影图盘 首都博物馆清代外销瓷展-1

5. 清 雍正—乾隆 景德镇 粉彩妇婴图盘 维多利亚与艾伯特博物馆藏-1

6. 清 乾隆 景德镇 人物场景纹潘趣酒碗 维多利亚与艾伯特博物馆藏-5

257

后记

固执孤旅，低首前行

——致敬我的前辈

这本《幽燕拾珠》算是捡一漏万地写完了。我能写出这些文字，要感谢我的父辈对我的影响与帮助，没有他们，我不会有今天的这些努力与感悟。

在我的《幽燕拾珠》里，我经常会提到一个人——苏舅舅，他是何人，与我又是什么关系呢？

20世纪70年代，中美之间的坚冰解冻，在美国的伯父们终于可以回国探亲了。一天，爸爸从友谊商店买回一架缝纫机，一起来的还有一个人，高鼻梁、大嘴，妈妈让我叫他苏舅舅，原来他就是四伯母的弟弟，考古学家苏天均先生。

苏舅舅生性开朗乐观，幽默又喜欢开玩笑。他的姐姐嫁到了老金家，姐夫就是台湾成功大学的教授、曾经对台湾现代建筑实践产生影响的金长铭先生，苏舅舅也就成了老金家的一员，整天跟在父亲和伯父们的屁股后头。苏舅舅少时就读于由爱国人士高息冰等人创建的"国立"东北中山中学，后来到台湾台南一中念高中，就住在四伯父金长铭在台南小东里19号的家中。苏舅舅考取台中农学院之后，金长铭伯父不赞成他留在台湾，建议他去英国读书，并资助了他300美元外加100现大洋。苏舅舅听从姐夫的意见，登上一艘名叫"利民号"的英国轮船，到香港时，不幸染上了伤寒，发起高烧。多亏当时牛皋湾码头的一名码头工人把他带到家里，让他能安心养病，捡回了一条命。病好之后，苏舅舅觉得手中资费不能支持他在英国读书，于是他下决心去考清华的公费生。当时清华的录取标准是数理化、英文、语文这五门功课的总成绩在495分以上的才能录取，苏舅舅的功课很好，对自己数理化、英文的成绩信心满满，他由香港转道广州，又坐火车回北京，投靠到金毓绂爷爷家。金毓绂爷爷的长子金长佑伯父在日本早稻田大学读书时与郭沫若相识，其时正任郭沫若所办五十年代出版社的社长，由于社里正缺人手，金毓绂爷爷让苏舅舅一边准备功课，一边给金长佑伯父帮忙，于是苏舅舅就到了五十年代出版社。

　　苏舅舅顺利考取了清华大学历史系的公费生，1952 年历史系并入北京大学历史系考古专业，苏舅舅毕业后在北京市人民政府教育委员会文物调查研究组工作，后来就一直在社科院考古所从事考古研究工作。身为一名考古学家，苏舅舅参加了新中国成立 50 多年来北京地区大部分的考古发掘，其中包括北京多所著名大墓的考古发掘工作。

　　1956 年 5 月 17 日，定陵开始发掘。这是经国务院批准的第一座按国家计划发掘的古代帝王陵墓，也是我国唯一主动发掘的皇陵。在这里共出土了 4000 多件文物，是研究明代陵寝制度、社会发展的重要实证。

　　苏舅舅提到当时的情况时，说他只是进到了地宫的前室，在距离金刚墙前壁数十丈那有个洞，挖开洞后有封门砖，把封门砖启开几块，前室的门掏开后他就进去了。一进去很漂亮，渗透的地下水把石灰石给溶解了，变成像冰溜子一样，这个现象就跟石花洞里的钟乳石一样，很漂亮的。面对那些复杂纷纭的往事，苏舅舅只提到了那神秘而又恐怖的地宫中的美。在这样一个重要的考古发掘活动中，谁是明陵探秘第一人，是谁第一个踏入地宫入口的，苏舅舅对那些不堪回首的往事纷争没有兴趣，他治学严谨，工作作风一丝不苟，从不争名逐利，他的学术功底与人格精神足够支持他在考古界的位置。苏舅舅所关心的是要用客观真实的态度来进行考古，他怕那些不负责任的行为对后人没法交代。

　　1964 年，北京进行关于金中都和元大都的考古工作，苏舅舅代表当时的北京市文物工作队，与他的北大同学、中国考古学会理事长徐苹芳先生共同工作，配合北京环城地铁基建考古，发掘元大都遗址。这在个人的工作经历中，是光彩的一笔。但当我问及此事时，苏舅舅只说道，徐苹芳是中国社会科学院考古研究所的，属中央部门，要做北京市地方的考古，需要得到地方政府的许可才能做，所以苏舅舅说他只是帮着联系、协调这些手续上的事，主要工作是徐苹芳做的。

　　1963 年至 1965 年，时任北京市副市长的红学家王昆仑，曾组织力量在全市范围内查找曹家坟，目的就是要找到有关曹雪芹的家世、身世资料。苏舅舅参加了这项工作，参加这项工作的还有周汝昌、冯其庸这些大红学家，以及历史博物馆馆长史树青等人。当时有一件引起广泛争论的"曹公碑"事件，就是在通州区张家湾发现了一块石碑，上刻"曹公讳霑墓"，这块碑跟曹家祖坟有关系吗？曹雪芹是埋在通州区张家湾吗？苏舅舅提出了自己的疑问：第一，"曹公讳霑墓"的写法不合规制，"讳"与其他四个字写在了一条直线上，这不可能是文人干出来的事，应出自门外汉之手。第二，这块碑是马圈里的一块垫脚石，碑和字的打刻新纹迹象明显。第三，曹雪芹去世时早已穷困潦倒，生活十分窘迫，曹雪芹死在他的西山住所，那里距张家湾有100多里地，即使雇一辆最便宜的小驴车，曹家或是他的朋友都没有能力承担这笔"巨资"路途遥遥地把他从西山拉到张家湾安葬，这不合情理。曹家在通州区张家湾一带的确拥有田亩，但是没有确指在张家湾的哪个地方，所以苏舅舅认为在张家湾不可能发现曹雪芹的坟。史树青馆长曾问过苏舅舅，这块碑根据考古字体来讲对吗？苏舅舅幽默地调侃道："马蹄子印还在上面呢，那个讳字刻在一行，弄错了。"然而苏舅舅并不据一己之见，他也很尊重其他人的意见。那份关于曹雪芹墓刻石的资料，被存在北京市文物局资料室，后又被苏舅舅编入《北京考古集成》，提供了研究曹雪芹多方位的视角。

1986年在北京房山区琉璃河地带，考古工作者发现了大面积的燕国文化遗址，清理出西周时期大量墓葬和车马坑，其中带有铭文的堇鼎、伯矩鬲就是代表。考古工作进一步调查和发掘，查明了琉璃河董家林村有一座西周时代的城垣遗址。从古城遗址、墓葬规模和带有燕铭文的青铜器等推断，这里就是燕国的都城。这是已知北京史上最早的城邑，距今已有3000多年的历史。我们所说的北京建城，就是从这时开始的。苏舅舅参加了这项考古发掘工作。曾经在北京居住多年，身为外交官夫人的阿南史代女士，在她的书中回忆起苏舅舅带领她寻访这处西周文化遗址时的情景。

"苏教授的故事实在是太多了。我们沿着建于公元前700年的土墙遗迹一路走过去。这里曾经是西周燕国的都城，有不少王公贵族的墓葬出土，供今人了解那个时期复杂的文化。苏教授说，这里不仅发现了青铜鼎，还有当时人们所吃食物的残余。我们进入一个发掘坑，苏教授为我解说不同的土层所代表的文明阶段。不过最有趣的是一条9米长的排水渠，从都城里经城墙下面一直延伸到一块吸收废水的地里。衣着讲究的苏教授在旁边捡起几块碎陶片，用手指轻轻摩挲着陶片上的纹理。他把陶片递给我，让我也摸一下，然后随口说道，这些东西可能有数千年的历史了。"历史的痕迹在苏舅舅手里，已不知被抚摸过多少遍了。

大葆台汉墓，一座规模宏大的木结构地下宫殿，其中最著名的就是"黄肠题凑"。所谓"黄肠题凑"，是天子葬制的组成部分。"黄肠"指的是黄心柏木；而"题凑"的意思就是将木头朝里摆放的这样一种聚集位置。大堡台汉墓的"黄肠题凑"保存基本完好，共用10厘米见方、90厘米长的黄心柏木15800多根，并有很多随葬品。过去，汉代天子陵墓之制，由于缺乏发掘实物作为例证，历代研究者只能根据古代典籍记载做些说明，很不具体。这次大葆台燕王陵墓的发掘，使大家亲眼得见"黄肠题凑"，为研究汉代帝王和诸王侯丧葬制度和建筑艺术提供了重要的实物资料。

苏舅舅在大葆台汉墓发掘工作中主要负责车马坑，最需要处理的是地下水的问题，地下水一翻上来那些马骨头就会被腐蚀碎了。苏舅舅在中国科学院化学研究所呆了7个月，研究地下水的治理办法。他用最简单又风趣的话告诉我，最后的办法是往车马坑里注入一种化学药品，使地下水变成了肉皮冻，那水就翻上不来了，从而保住了坑中的文物。多年后，我站在大葆台汉墓的车马坑前，看着那些被凝固住的车马遗骸，心中油然升起对老一辈考古学家沥尽心血将历史定格于此的敬佩与感念之情。

北京是历朝古都，不仅有雄伟壮观的皇家陵园，还拥有众多的王公贵族墓，这些墓葬出土的文物，尊贵奢华，充满贵族风尚，具有很高的艺术价值和历史价值，不仅是断代的标准器，也为破解许多历史疑案提供了确凿的证据，每一件都以自身诠释着北京都城文化的特色。苏舅舅参加了多座王公贵族墓的发掘整理工作，其中包括：金代乌古伦窝伦墓、明代的万贵与万通墓、纳兰性德家族墓、北京小西天清代小赫舍里墓、清代太监恩济庄茔地及李莲英墓、荣禄墓等等，其中小赫舍里墓是极具代表性的。

1962年7月，北京师范大学拟在德胜门外小西天西南角修建房屋时，发现了清代赫舍里氏墓，苏舅舅主持了这次发掘，此墓的文物价值极高，墓主人虽然只是个七岁的小女孩，却是出身名门，声名显赫。她是清康熙辅正大臣一等公索尼的孙女，索额图的女儿，小女孩因疹疾卒于康熙十三年（1674年），去世时只有七岁。次年四月安葬，其墓建造精致，做工考究，随葬品以瓷器和玉器为主，象征着小女孩娇贵脆弱的生命。随葬的玉器和瓷器非常奢华考究，是首都博物馆的重点展品，有多件一级文物。当时墓内的环境非常艰苦，阴暗潮湿，还有石灰水，苏舅舅不同意使用抽水机把水抽干，他怕抽水机把文物损坏了，他宁可被烧得一身泡，也要保证文物的完整性。苏舅舅身上被石灰水烧出来的泡养了一个半月才好，而小赫舍里墓里的18件玉器及10件瓷器完好无损，以非常完美的面目示人，展在首都博物馆里的9件玉器及4件瓷器，是首博展陈中最值得炫耀、最有讲头的展品，也是我心目中精品中的精品。它们那精致唯美的器形、极其珍贵的文物价值，以及它所独有的、以小见大的气魄，都令我挚爱到痴迷。我花了一年多的时间，反复地、不间断地拍了很多张这些文物的照片，一边拍、一边欣赏、一边理解，最后从中挑出12张，制成一个小台历，送给苏舅舅，作为对他为考古工作付出艰辛努力的回报，也表示一个晚辈对考古前辈的尊敬。苏舅舅接到这份新年礼物，高兴得合不拢嘴，他对我说："没想到老金家出了你这么一个喜欢文物的"。

　　苏舅舅不仅是文物发掘与鉴定方面的专家，还终身致力于保护文物。在那个令人痛心的年代，不仅文化断代，无数珍贵文物还遭遇灭顶之灾。当年李莲英的宅邸被抄时，苏舅舅曾赶去抢救出一些文物，并把书和瓷器都送到了文物局。在首都博物馆的玉器厅里，至今还陈列着一枚李莲英的翠扳指，色泽浓郁通透，焕发着水一样的翠色。一位清华大学的老教授在讲解这枚翠扳指时，总爱深情地提到它是被人拼了性命抢救出来的，如果不是这样的保护，我们今天也许就看不到它了。这位拼命保护文物的人是谁我不得而知，但是苏舅舅凭着终身的职业操守和无畏精神，奋力保护文物，他始终是我心中最受尊敬的人。

　　卢沟桥附近的万佛延寿寺，素以它甘冽的泉水与明代的铜佛闻名。那里有一座高8米的铜佛，苏舅舅闻知这座铜佛要被破四旧的人们化成铜水，便赶了过去，却被那些狂热的人们关了起来，三天之后，在给市委打了电话之后才被放出来。苏舅舅绞尽脑汁，把铜像切成三段，用平板车装上，运到了城里安全的地方。现在那座巨大的观音菩萨铜像，就坐落在那里，身姿优雅、面孔圆润，头戴精美的花冠，那些精致的珠饰和流畅的裙裾仿佛在随风翩翩飘动。苏舅舅也很高兴这件珍宝能够完璧归赵，他寻找和保护北京遗迹的艰辛努力没有白费。

　　金毓绂老先生的《静晤室日记》，系金老先生每日治学的记录，亦为半个世纪史料之汇集，卷帙浩繁，分169卷，装订成17函，170册，共约550万字。这套毛边纸、朱丝栏、行草、文言的珍贵手稿，在抗战时期颇历艰险而没有遗失，后来却险些被拿走当垃圾扔掉，苏舅舅雇人把这些"垃圾"装麻包拉到社科院近代史研究所，后来交给了长春的邹有恒教授，也就是金毓绂的大女婿、东北师范大学日本史专家。资料保存下来了，《静悟室日记》于1993年10月得以出版，了却了金老先生最大的一桩心愿。

　　苏舅舅不仅足迹遍及考古现场，在风吹日晒中寻访考察先人遗迹，二十世纪五十至八十年代北京的田野考古很多都是他参与并主持的，而且还笔耕不辍，撰写了大量的文史资料、考古报告以及研究论文，完成了众多的媒体约稿。

　　北京是一座历史文化名城，面对浩繁的历史文化史料，众多的历代古迹，异彩纷呈的文物，丰富多彩的民俗，如果能将这些资料整理成一部类书，当作手册使用，那么对于文物工作者、博物馆、史籍编纂人员以及众多的文物爱好者有重大意义，将给他们提供极大的方便。苏舅舅的已故恩师苏秉琦先生对他讲过，如能将几十年来北京地区文物考古的学术论文和发掘报告编辑成册，供给科研人员使用是非常重要的一项工作……恩师的教诲促使苏舅舅下决心编制《北京考古集成》。1979年苏舅舅在参加北京大学侯仁之教授主编的《北京历史地图集》的编绘时，就已开始着手这方面的工作。他作为主编，与副主编孔繁峙、齐心、崔学谙及众多编委共同努力，将新中国成立后至二十世纪九十年代有关北京考古分散出版的史料、著作和见于各种报纸、杂志的论文、文章收集在一起，配以大量图片资料辑成 15 卷，于 2000 年 3 月出版了《北京考古集成》，著名历史地理学家侯仁之先生为此书题写了书名，至于此书何时获得了一等奖，苏舅舅已经记不清了。

编制这样一部鸿篇巨制，对于主编来说必须有深厚的学术功底，同时也是费时费力的琐碎工作。苏舅舅在编制《北京考古集成》时，先在书房中牵起几根绳子，再将那些做好摘录的卡片一张一张穿在绳子上，用这种原始而又非常有效的方法，分门别类、融会贯通，依靠对考古事业的情有独钟和顽强执着担当着这项重任。

考古不仅对于搞清历史、弄清楚人类社会生活史至关重要，而且对于现实，对于正在进行的北京大规模的城市建设同样具有举足轻重的作用。文物和文物埋藏都是国家宝贵的文化资源，而且是不可再生的资源。然而这些资源过去、今天乃至将来都在遭到那些不得已的破坏，遭到没有文化素养的、利欲熏心的人们的损毁。苏舅舅主编的这套《北京考古集成》，里边的许多发掘、考证就已经人为地成了永久的"历史"。北京社会科学院院长高启祥指出，苏舅舅"是在含泪编制花环，诚惶诚恐地敬献给有名的、无名的中华文明与中华文明的创作者们"。

苏舅舅送给我一套《北京考古集成》，一共 15 本。我把这套沉甸甸的精装书搬回了家，先从目录入手，挑出重点，标明卷数及页码，再一篇一篇地阅读。

这真是一部好用的类书。苏舅舅按照北京历史的特点，将北京历史考察、北京城的建设沿革、燕京佛教及其相关文化考论、最具代表性的文物、著名的汉墓及明清时期的王公贵族墓、著名佛教寺院、北京名胜按照新中国成立以来的文物法规分门别类进行编纂，使读者能够根据自己的需要，按书索骥，很快找到自己需要的资料和答案，而不必为了一篇文章、一个史实在浩如烟海的书堆中苦苦搜寻。

苏舅舅主编完成了《北京考古集成》，他还协助地理考古学泰斗侯仁之先生编纂出版了《北京历史地图集》。这部地图集，是根据周总理的意见——像北京这样历史悠久的古城，从城市到郊区，历代变迁十分复杂，只是用文字说明，难以使人看得清楚，能不能用绘制不同时代地图的办法，把前后变迁的情况尽可能地表示出来，曾任北京市副市长万里亲自过问下编纂而成的。它不仅是一部历史图集，而且还是一部北京市政区与城市沿革图。苏舅舅也送了我一本，打开这本绿丝绒封面的书，我想起了一位在中学教了一辈子历史的老师说过的话："收复台湾，奠定了东南沿海的疆域；乾隆平定西域，奠定了西北地区的疆域，到达了巴尔喀什湖的北岸；《尼布楚条约》签订使东北地区的疆域达到了外兴安岭以北的区域，总共约 1400 万平方公里的土地。讲清楚这一版图，才能说明近代史中清晚期的丧权辱国及反对帝国主义瓜分中国的斗争。"这就是历史地理图集对于理解历史的重要作用。侯仁之先生说过，沿革地理与历史地理是两个脉络，沿革地理讲的是变迁，而历史地理讲的是根源。

苏舅舅在谈到他与侯仁之先生一起工作时说，他不过是个小伙计，是给侯先生打杂的，思想都是侯先生的，他只是按照先生说的去做。而先生对他的指点，总是让他有豁然开朗之感，只一句话的点拨，指给他读的一本书，都让他终身受益。在大师身边工作、学习所带来的收获真是太大了。

《北京考古集成》对于我的帮助也是非常大的。我是从文物入手开始学习历史的，本来是为了几件玉器去翻书，可是在《北京考古集成》的引导下，最后把北京通史捋了一遍。《北京考古集成》中涉及的大量文物，在首都博物馆均有展示，这套书可以说是首博的大全套。我从乌古伦窝伦墓这个具有明确纪年的贵族女真墓，理解了"从文献到文物"的考古原则，文献中的记载从出土文物中得到了实证，那么这个历史事实就成立而被永久地流传下来。北京地区金墓出土的玉器，带有浓厚的中原文化的风格，有的专家认为是宋玉，有的则认为是本朝的东西。因为有《北京通史》垫底，我认为把它定为哪朝的只是考古鉴定中见仁见智的事情，关键是要从中领会文化相互交融与相互推动的作用。安史之乱揭开了少数民族登上中国政治舞台的序幕，从此，契丹、女真、蒙古、满族等民族相继崛起，并以北京为政治中心，影响中国社会政治、经济与民族文化长达 1000 年。北京就是在中原与东北、西北的民族融合与民族纷争中，地位日趋重要，逐步上升，而文物也必然会带上这一历史的痕迹。

因为有了这些书，北京的那些文物不再是一件件孤立的东西，历史也不再是零散的碎片，这些书把我从对文物单纯的欣赏喜爱引领到历史的长河之中，文物的美与历史融会贯通，使我对它们的理解有了深度，有了厚度，并让我懂得了更多的道理。因为这些书地引导，我开始了文物摄影。背着相机，徘徊徜徉于各个博物馆和历史文化遗迹，一天又一天，一年又一年，用我的相机记录下一个个、一尊尊文物，为它们编写短文，叙述它们的历史，讴歌它们的美，这一过程带给我极大的乐趣，充实了我的生活，滋养了我的生命。

对我产生影响的还有一个人，就是我爷爷的哥哥，我的伯祖父金毓黻老先生。

我一直在想，血脉与遗传到底有多大的力量，金毓绂老先生的治学领域与治学成就很多集中在宋金元史，而我在没人影响的情况下自发地对宋金元史情有独钟，冥冥中是谁把我带到这个领域。北京建都 860 周年时首博推出了"白山黑水海东青——纪念金中都建都 860 周年特展"，这是个获奖展览。为了讲好这个展览，我看了很多书，其中就包括梁启政、张韬主编的《金毓黻研究文集》，里面有对《辽东文献征略》《渤海国志长编》等的论述。这些文章帮助我理解为什么东北的少数民族能从白山黑水间，由游牧民族走向农耕文明进而建立了都城北京，清朝为何能成功地实现汉及多民族国家的大一统等重大历史问题。

早在抗战时期的 1934 年，金老先生就已经厘清了通古斯族系发展的三个阶段，指出肃慎——"满族一系，启于渤海，盛于完颜女真，极于满清"，指出渤海国是中国历史的组成部分，而渤海国向唐进贡 143 次这种最为明确的政治隶属关系，正是由金毓黻老先生最终确定的，它和崔忻刻石一起驳斥了日本"满洲非中国人"的谬论。《渤海国志长编》是金老先生在被日寇拘禁期间，受到周文王编《周易》的启发，立意厮守学道，把这次幽禁撰书看作是"天假之缘，何可放过"，在很短的时间内就完成了《渤海国志长编》初稿的撰写任务。

然而金毓黻爷爷却在自己的日记中写此书之不足，那就是没有进行考古发掘，以利用地下考古之资料。他说："不佞研究渤海史迹，凡中国、日本、朝鲜诸古籍之所载，一一搜求，罔敢遗漏，然犹以为未尽者，盖于地下之藏，尚未发掘故也。"此言发于 1932 年，当时他还预言："然则此后果于渤海故壤，多所开发，其可资证史之处必多，而向所叹为不足者，必有以弥其阙憾矣。"

新中国成立后，考古工作的空前发展，考古发掘工作所取得的空前成绩，均足以弥补金老先生"犹以为未尽""叹为不足"的缺憾。在首博"白山黑水海东青"的展厅中，众多的珍贵文物都在告慰着金老先生，弥补着他的缺憾。那些扁铲式的铁镞昭示着渤海国学习中原文化，从"楛矢石砮"迈入了铁制兵器时代，迅速提升了军事实力，为巩固发展海东盛国打下了军事基础。文字瓦当告诉我们渤海国受中原文化影响之深的历史事实。那块为纪念粟末靺鞨首领大祚荣接受唐朝的册封，将震国正式更名为"渤海国"而刻的"崔忻刻石"，以实证的方式讲述着渤海国正式定名、成为唐王朝藩属国的政权归属过程。小金佛说明渤海国的佛教文化既传承中原，又有自己的特色，而那只丰满圆硕的象牙马球，展现了渤海人的体育娱乐活动，试想这样一只莹润细腻的马球，在飞奔的马蹄下被贵族们反复击打，欢腾的呼啸声和着嗒嗒的马蹄声，应该是《渤海食货志》中最为奢华的场面吧。

当我面对那些丰富而又生动的出土文物讲解时，我就像对着金毓黻爷爷述说一样。亲爱的二爷，您听到了吗？您所期盼的通过考古发掘来进一步印证渤海国历史的文物，它们都已经被陈列于博物馆中，通过它们，人们对渤海国那段辉煌而又珍贵的历史，都有了切实的感受，您当年的"阙憾"，在今天的博物馆里都能够得到弥补，您觉得开心吗？当我站在"白山黑水海东青"展厅中渤海国地图前面的时候，我又想起金毓黻爷爷于囹圄之中撰写渤海国历史，心中不禁感慨万千。通古斯族系在我国东北史中占有相当重要的位置，半个多世纪过去了，后辈学者在老一辈学者研究成就的基础上，进一步发扬光大，令东北史这块园地里，不断结出累累硕果，特别是形成了通古斯族系研究的繁荣局面。每当我向观众们讲解这段历史时，内心中总是充满对前辈的敬仰之情，而由于与金毓黻爷爷的血缘关系，我在敬仰之中更有着一份难以言表的温热的亲情，那种想告慰先祖的血肉之情，首先感动了我自己，继而也感染着每一位观众。

　　父辈对我的影响，带我进入一个丰富多彩的领域。我不是一个用心的人，却在不知不觉中按照先辈的足迹走进历史，对先辈付出心血研究的题目一见钟情，还像滚雪球一样越滚越大。难道这就是遗传，这就是文化的血脉传承？苏舅舅走之前曾坦然地对我说过："等我走的时候，我会开一个书单，上面写着这些书都送给谁，你就按书单上列的去拿你的书。我有很多好书，只能给用得着的人，给真正'好'这个的人。等我走了，你按照这个书单去拿书，那些书都是你的。"我觉得眼睛有些发潮，我确实属于"好"这个的人，有一天我也会离开这个世界，我会留下些什么，或者说我想让什么留下？

　　2013年的秋天，我在金毓黻老先生的长孙女儿，也就是我堂姐的陪同下，来到他的墓前，这是我第一次来看望金毓黻爷爷。回想这些年的经历我在想，我的先辈们勤奋了一辈子，他们固执孤旅，低首前行，他们不图名利，耐得住寂寞，是什么力量支持着他们，生命中最令人感动的又是什么？

　　如果说一生只做一件事，似乎有点虚夸，但是一生中为一件事或几件事而努力，却是我的父辈们的真实写照。生命是极其精致而又宝贵的，我们所做的一切努力，都是为了生命这个主题。生命中最令人感动之处，是那种巨大的、不惜一切的生命热情，是为了那些值得付出的生命对象，始终处于一种热情饱满的生命状态。苏舅舅编辑《北京考古集成》是这样，金毓黻爷爷于囹圄中撰写《渤海国志长编》也是这样。这些付出除了学术意义之外，最珍贵的是它们的价值指向，也是推动固执孤旅、低首前行那些人的动力。

　　人这一生都会遇到些什么，都会被哪些事情所触动，都会有哪些因触动而生发的感悟？美国大片《云图》中有几句经典的台词，"我们生命的不朽性质在于我们的言语和行为所带来的永久传播的深远影响""我们的生命不是我们自己的。从子宫到坟墓，我们与其他人紧紧相连""个人生命的影响会掀起永恒的涟漪"。这些话与东方的哲学多么接近。父辈的涟漪扩展到我这里，我随着这些涟漪荡漾其间，如果不是这些教诲与影响，我能有念头要写这本书？我有能力写这本书吗？这些影响犹如晚秋时分那些层层叠叠的缤纷色彩，比春时的鲜花层次更丰富，更使人流连。让我们记住"春华秋实"这句话吧，因为老一辈的影响及教诲，才会有我们今天的成长与感悟。为了那些永恒的涟漪，让我用这些文章告慰他们的在天之灵，也激励人间的我们。

1. 苏舅舅给阿南史
代讲解 阿南史代摄

2. 苏舅舅抢救的大
佛完璧归赵 阿南史代摄

参考文献

［1］苏天钧．北京考古集成［M］．北京：北京出版社，2005.

［2］中国国家博物馆编．文物中国史：全册［M］．北京：世界图书出版社，2018.

［3］梁启政，张韬．金毓黻研究文集［M］．长春：吉林教育音像出版社，2008.

［4］侯仁之．北京城的生命印记［M］．上海：三联书店出版社，2009.

［5］杨伯达．巫玉之光［M］．上海：上海古籍出版社，2005.

［6］杨建芳师生古玉研究会．玉文化论丛［M］．北京：文物出版社，2006.

［7］高凯军．通古斯族系的兴起［M］．北京：中华书局，2012.

［8］黄春和．汉传佛教像时代与风格［M］．北京：文物出版社，2010.

［9］冯先铭．中国陶瓷［M］．上海：上海古籍出版社，2001.

［10］赫俊红．晚明清初的女性绘画［M］．北京：文物出版社，2008.

［11］侯文咏．没有神的所在：私房阅读金瓶梅［M］．北京：华人出版社，2010.

［12］田晓菲．秋水堂论金瓶梅［M］．桂林：广西师范大学出版社，2019.

［13］胡雁溪，曹俭．它们曾经征服了世界：中国清代外销瓷集锦［M］．北京：中国大百科全书出版社，2010.

［14］白先勇．白先勇说昆曲［M］．北京：中国友谊出版社，2018.